新编工科化学立体化教材

无机化学实验

包新华　邢彦军　李向清　主编

科学出版社

北　京

内 容 简 介

《无机化学及其实验课程建设系列教材》是上海大学、东华大学、上海应用技术学院等院校近年来教学改革的成果。该系列教材包括《无机化学》、《无机化学实验》、《无机化学学习指导》。本书内容包含三部分：第一部分介绍化学实验的基本原理、基本方法和基本技能；第二部分为实验项目，包括基本操作训练、浓度测定、无机化合物的制备与提纯以及表征、重要无机化合物的有关性质、化学特征常数的测定等；第三部分为附录，包括化学实验中的常用数据及危险化学品名录。

本书内容全面、新颖，适用于化学、化工、材料、环境、生物、食品、印染、纺织等专业的学生，也可作为“卓越工程师教育培养计划”的实验课程教材。

图书在版编目(CIP)数据

无机化学实验/包新华，邢彦军，李向清主编. —北京：科学出版社，2013.3
新编工科化学立体化教材
ISBN 978-7-03-036742-6

Ⅰ.①无… Ⅱ.①包…②邢…③李… Ⅲ.①无机化学-化学实验-高等学校-教材 Ⅳ.①O61-33

中国版本图书馆 CIP 数据核字(2013)第 034308 号

责任编辑：谭宏宇 王艳丽 彭晓敏 / 责任校对：赵桂芬
责任印制：刘 学 / 封面设计：殷 靓

科学出版社 出版
北京东黄城根北街 16 号
邮政编码：100717
http://www.sciencep.com
广东虎彩云印刷有限公司印刷
科学出版社发行 各地新华书店经销
*
2013 年 3 月第 一 版 开本：B5(720×1000)
2024 年 2 月第十二次印刷 印张：15 3/4
字数：296 000

定价：35.00 元

■ 前　言

创新教育已成为21世纪高等教育的主流，加强创新能力培养是全面贯彻国家教育方针的需要。从创新能力培养的角度看，实践教学的重要性日益凸显。实验教学是实践教学的重要环节，对创造性思维和创新能力的培养起着更为重要的作用。

本教材是根据《高等学校化学类专业指导性专业规范》(高等教育出版社，2010年)的精神，充分借鉴上海大学、东华大学、上海应用技术学院三校的基础化学实验教学改革成果，以及近年来国内各高校在化学实验教学研究和改革方面所取得的宝贵经验，在包新华主编的《无机化学实验》(上海大学出版社)基础上补充、修改而成。

本教材的特色包括：

(1) 为适应无机化学实验的独立开课，本教材在每章实验前安排相关的理论内容，使其既紧密配合理论课的教学，又注意保证其相对独立性和完整性。保证学生通过实验不仅能更好地掌握理论课所学的知识，还能提高实验操作技能，养成良好的实验习惯和尊重科学、实事求是的科学素养，为后续实验课奠定坚实的基础。

(2) 教材内容和结构安排合理，既有课程自身的独立性、系统性，又考虑到与相关化学课程及其他专业课程的联系与衔接。增加了"扩展实验"部分，以满足化学与近化学专业化学实验教学多样性的需求。

(3) 为适应"卓越工程师教育培养计划"，强化培养学生的工程能力和创新能力，在无机化合物的制备、提纯与表征实验项目中，注重实验内容的新颖性、前沿性以及实验方法和手段的多样性，并与工业生产紧密结合。

(4) 为提高学生对实验课的兴趣、激发学生的求知欲望和探索精神，使学生位于实验课的主体地位，本书选用与环境保护、生活实践等密切相关的题材作为实验或扩展实验、兴趣实验的素材，如"水处理剂聚合硫酸铁的制备及其性能测试"、"化学暖袋"、"示温涂料"等实验，让学生意识到化学无处不在。

本教材由包新华(上海大学)、邢彦军(东华大学)、李向清(上海应用技术学院)主编。教材经编委反复讨论后确定编写方案。全书最后由包新华统稿。书中英文实验项目由朱守荣教授校阅。感谢上海大学基础化学实验中心的大力配合和支持。感谢董晓雯、金永林老师对本书前期工作的贡献和支持。感谢无机化学教研室同事的大力支持和帮助。

由于编者的水平所限，难免有疏漏或不妥之处，恳请使用本教材的老师和同学们批评指正。

编　者

2012年10月

■ 目　录

绪 论

第一节 无机化学实验的目的

化学是一门实验科学，任何化学上的发现、发明几乎都离不开实验，化学中的理论、学说、定律都来源于实验并且不断地经受实验的检验。从化学的发展史来看，通过实验人们不仅发现了元素，了解了物质的组成，而且通过对物质组成的研究，不断合成新的物质。通过实验课程的学习与实践，不仅可以培养学生的实验操作技能和实事求是、严谨认真的科学态度，而且可以培养学生初步掌握开展科学研究与创新的方法，提高学生的科学素养。

开设无机化学实验的主要目的有以下几点。

1. 培养学生的动手能力

无机化学实验中有各种各样的实验操作，都要求学生能准确掌握操作规程和技能(包括操作手势等)，为今后的学习、工作打下基础。

2. 培养学生观察事物的能力

无机化学实验中有许多实验现象，要求学生仔细观察，对于细微的变化也不能有疏漏。稀有气体的发现就是因前辈科学家有敏锐的洞察力，通过空气中分离氮气所测出的相对分子质量与氨分解出氮气的相对分子质量之间的微弱差别而发现了稀有气体。

3. 培养学生独立思考和解决问题的能力

对学生来说化学实验中有许多新问题需要解决，要求学生独立思考，找出解决问题的方法，并且通过实践去验证自己的方法正确与否。

4. 培养学生的创新能力

本书中引入了一些设计性的实验，让学生自己提出实验的方案，教师适当指导，只要符合安全要求，鼓励学生去做自己想要做的实验。

5. 培养实事求是的工作态度

在实验中决不允许有弄虚作假、乱凑数据的伪科学作风，培养学生实事求是的科学品质。

第二节　无机化学实验的基本要求和学习方法

无机化学实验的学习，不仅需要有一个端正的学习态度，而且还需要有一个正确的学习方法。现将学习方法归纳成如下几方面。

1. 预习

预习是做好实验的前提和保证，预习工作可以归纳为看、查、写。

(1) 看：认真阅读本书有关章节、有关教科书及参考资料，做到明确目的，了解实验原理；熟悉实验内容、主要操作步骤及数据的处理方法，明确实验的关键步骤和注意事项，合理安排实验时间，事先了解仪器的基本操作。

(2) 查：通过查阅附录或有关手册，列出实验所需的物理化学数据。对于设计性实验，要认真查阅实验教材中提供的以及近期有关的参考文献，制订出切实可行的详细实验方案。

(3) 写：在"看"和"查"的基础上认真写好预习报告。

2. 讨论

(1) 实验前以提问的形式，师生共同研讨实验原理、操作要点和注意事项。

(2) 观看操作录像，或由教师操作示范，使学生的基本操作规范化。

(3) 实验后组织课堂讨论，对实验现象、实验结果进行分析，对实验操作技巧进行评价，以提高学生的综合能力。

3. 实验

(1) 按拟定的实验步骤独立操作，既要大胆，又要细心，仔细观察实验现象，认真测定数据，并做到边操作、边思考、边记录。

(2) 观察的现象，测定的数据，要如实记录在预习报告上。不用铅笔记录，不记在草稿纸、小纸片上；不凭主观意愿删去自己认为不对的数据，不杜撰原始数据；原始数据不得涂改或用橡皮擦拭，如有记错可在原始数据上作出记号，再在旁边写上新数据。

(3) 实验中要勤于思考，仔细分析。碰到疑难问题，可查资料，力争自己解决问题，也可与教师讨论，获得指导。

(4) 如对实验现象有怀疑，在分析和检查原因的同时，可以做对照试验、空白试验，或自行设计实验进行核对，必要时应多次实验，从中得到准确可靠的结论。

(5) 如实验失败，要检查原因，经教师同意方可重做实验。

4. 实验后

完成实验后，接下来更为重要的是分析实验现象、整理实验数据，把直接的感性认识提高到理性思维阶段。要做到以下三点。

(1) 认真、独立完成实验报告，对实验现象进行解释，写出反应方程式，得出结论，对实验数据进行处理(包括计算、作图、误差表示等)。

(2) 分析产生误差的原因，对实验现象以及出现的一些问题进行讨论，要敢于提出自己的见解，对实验提出改进的意见或建议。

(3) 回答问题。

5. 实验报告

无机化学实验大致可分为物质化学性质和常数的定性和定量测定、化合物性质检验和鉴定以及化合物制备三大类。要求按一定格式书写，字迹端正，叙述要简明扼要，实验记录、数据处理使用表格形式，作图准确清楚(图纸绘图或计算机作图)，书写报告要求整洁、规范。

实验报告的书写，通常包括三部分。

(1) 根据实验内容写出实验目的、扼要的实验原理、主要使用的仪器和试剂、简明的实验步骤。

(2) 根据原始记录写出实验现象、测定数据，包括作图等内容。

(3) 结论部分(实验后完成)，包括对实验现象、所测数据或产品产量进行分析、解释并得出结论；对原始数据进行处理、误差分析和对实验进行讨论。

第三节　无机化学实验成绩的评定

学生实验成绩的评定主要依据如下几点。

(1) 对实验原理和基本知识的理解程度。

(2) 对基本操作、基本技术和实验方法的掌握程度。

(3) 实验结果的好坏，包括合理的产量、纯度，以及实验的准确度、精密度等。

(4) 原始数据的记录情况(是否及时、正确，以及表格的设计是否合理)，数据处理的正确性，有效数字、作图技术的掌握程度，实验报告书写的工整性与完整性。

(5) 实验过程中的综合能力、科学品德和科学精神。

根据不同化学实验的特点，成绩评定的重点会有所不同，实验结果不是唯一的决定因素。

第四节　无机化学实验室规则和安全知识

一、无机化学实验室规则

1. 第一次进入无机化学实验室，首先清点实验所需的仪器。如发现有破损或缺少，应立即报告教师，按规定手续补领；实验时如有损坏，按学校仪器赔偿制度进行处理。未经教师同意，不得动用实验规定外的药品和仪器。

2. 每次实验前应认真预习，明确目的要求，弄清有关基本原理、操作步骤方法以及安全注意事项。写出实验预习报告，做到心中有数，有计划地进行实验。

3. 实验时应遵守纪律，保持安静，集中思想，认真操作，仔细观察现象，如实记录结果，积极思考问题。

4. 实验时应保持实验室和桌面整洁。废纸、火柴梗等固体废物以及各种强腐蚀性废液等应放入废物缸或其他规定的回收容器内，严禁倒入水槽，防止水槽和下水管道堵塞或腐蚀；有毒废液、有毒固体应集中回收处理。

5. 爱护国家财产，小心使用仪器设备，节约药品、水、电和煤气。

6. 使用药品应注意下列五点：

(1) 药品应按规定取用。如果书中未规定用量，应询问指导老师，并注意节约。

(2) 取用固体药品时，勿使其撒落在实验桌上。

(3) 药品自药瓶中取出后，不应倒回原药瓶中，以免带入杂质而引起瓶中药品变质。

(4) 试剂瓶使用后，应立即盖上塞子，并放回原处，以免和其他瓶上的塞子搞错，混入杂质。

(5) 各种公用的试剂和药品都放在试剂架的指定位置，使用后要物归原处。

7. 使用精密仪器时，要细心谨慎。如发现仪器有故障，要停止使用，及时报告指导教师，由教师来处理，以避免仪器损坏。

8. 实验结束后，应将玻璃仪器刷洗干净，放回原处，整理好药品及实验的桌面。

9. 值日生打扫整个实验室，最后检查自来水开关及煤气开关是否关紧，电源是否切断，门窗是否关好。经教师同意后才能离开实验室。

10. 根据原始记录，认真地写出实验报告，及时交给指导教师。

二、无机化学实验室中的安全操作和事故处理

化学药品中，有很多是易燃、易爆、有腐蚀性和有毒的。因此，在化学实验室中工作，首先必须在思想上十分重视安全问题，决不能麻痹大意。其次，在实验前应充分了解本实验中的安全注意事项，在实验过程中应集中注意力，并严格遵守操作规程，避免事故的发生。假如由于各种原因而发生事故，应立即紧急处理(措施见后)。

1. 安全守则

(1) 一切易燃、易爆物质的操作都要在离火较远的地方进行，并严格按照操作规程操作。

(2) 有毒、有刺激性气体的操作都要在通风橱内进行。有时需要借助于嗅觉

判别少量的气体时，决不能将鼻子直接对着瓶口或管口，而应当用手将少量气体轻轻扇向自己的鼻孔。

(3) 浓酸、浓碱具有强腐蚀性，使用时不要溅在皮肤或衣服上，更应注意保护眼睛。稀释时(特别是浓硫酸)，应在不断搅拌下将浓酸、浓碱慢慢倒入水中，不能进行相反顺序操作，以避免迸溅。

(4) 不了解化学药品性质时，不可将药品任意混合，以免发生意外事故。

(5) 绝对禁止在实验室内饮食、抽烟。严格防止有毒的药品(如铬盐、钡盐、铅盐、砷的化合物、汞及汞的化合物、氰化物等)进入口内或接触伤口。剩余的固体、强腐蚀废液及有毒物质禁止倒入下水道，可回收后集中处理。

(6) 加热、浓缩液体的操作要十分小心，不能俯视加热的液体，加热的试管口更不能对着人。浓缩溶液时，特别是有晶体出现之后，要不停地搅拌，更不能离开工作岗位。尽可能戴上防护眼镜。

(7) 使用的玻璃管或玻璃棒切割后应马上将断口烧熔保持圆滑。玻璃碎片要放在回收容器内，不能丢在地面或桌面上。

(8) 水、电、煤气使用完毕应立即关闭。

(9) 每次实验结束，应将手洗净后才可离开实验室。

2. 意外事故的紧急处理

实验过程中，如果发生意外事故，可采取如下救护措施。

(1) 玻璃割伤：伤口内若有玻璃碎片，必须先挑出，然后涂上红药水并用消毒纱布进行包扎。

(2) 烫伤：切勿先用水冲洗，而应在烫伤处抹上烫伤膏或万花油。

(3) 酸(或碱)溅入眼内：立刻先用大量水冲洗，然后用饱和碳酸氢钠溶液(或硼酸溶液)冲洗，最后再用水冲洗。

(4) 吸入刺激性或有毒气体：吸入氯化氢气体时，可吸入少量酒精和乙醚的混合蒸气使之解毒；吸入硫化氢气体而感到不适时，应立即到室外呼吸新鲜空气。

(5) 触电：立即切断电源，在必要时进行人工呼吸。

(6) 火灾：如果不慎起火，要立即灭火，并采取措施防止火势蔓延(如切断电源、移走易燃药品等)。灭火要根据起因选用合适的方法。一般的小火可用湿布、石棉布或沙子覆盖燃烧物；火势大时可使用泡沫灭火器；电器设备所引起的火灾，只能使用四氯化碳灭火器灭火，不能使用泡沫灭火器，以免触电；实验人员衣服着火时，切勿惊慌乱跑，应赶快脱下衣服，或用石棉布覆盖着火处(就地卧倒打滚，也可起到灭火作用)。

3. 实验室的“三废”处理

1) 废气

对少量的有毒气体可通过通风设备(通风橱或通风管道)经稀释后排至室外，

通风管道应有一定高度，使排出的气体易被空气稀释。对于氮、硫、磷等酸性氧化物气体，应用导管通入碱液中，使其被吸收后再处理。

2）废液

可根据废液的化学特性选择合适的容器和存放地点，密闭存放，防止挥发性气体逸出而污染环境。储存时间不宜太长，储存数量也不宜太多，存放地应通风良好。将废液 pH 调节为 3～4，加入铁粉，搅拌 30 min，再用碱调 pH 至 9 左右，继续搅拌 10 min，加入高分子混凝剂进行混凝沉淀，次氯酸钠氧化处理后，清液可排放，沉淀物按废渣处理。废酸、废碱液通过酸碱中和后再进一步处理。

3）废渣

实验室产生的有害固体废渣虽然不多，但是决不能将其与生活垃圾混倒。固体废弃物经回收、提取有害物质后，其残渣可以进行土地填埋。要求被填埋的废弃物应是惰性物质或能被微生物分解的物质。填埋场应远离水源，场地底土不透水，不能渗入到地下水层。

第一章

无机化学实验基本知识

第一节　常用器皿与仪器

实验室常用仪器种类很多，图 1-1 列出了无机化学实验室常用的仪器。

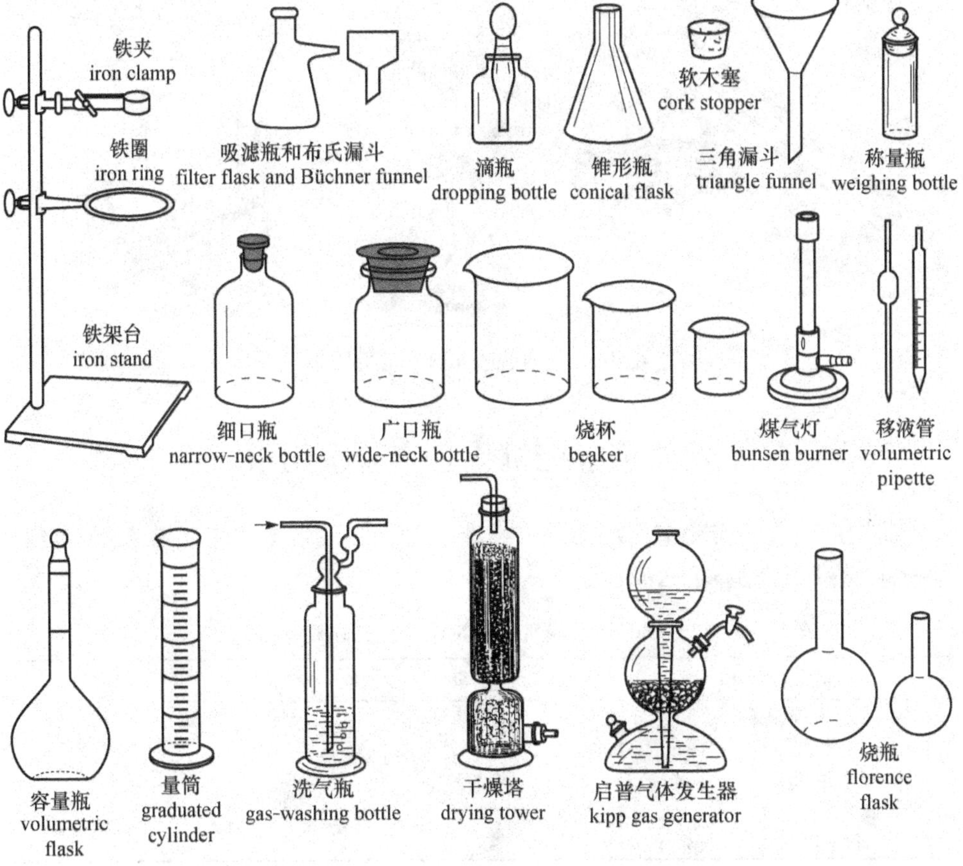

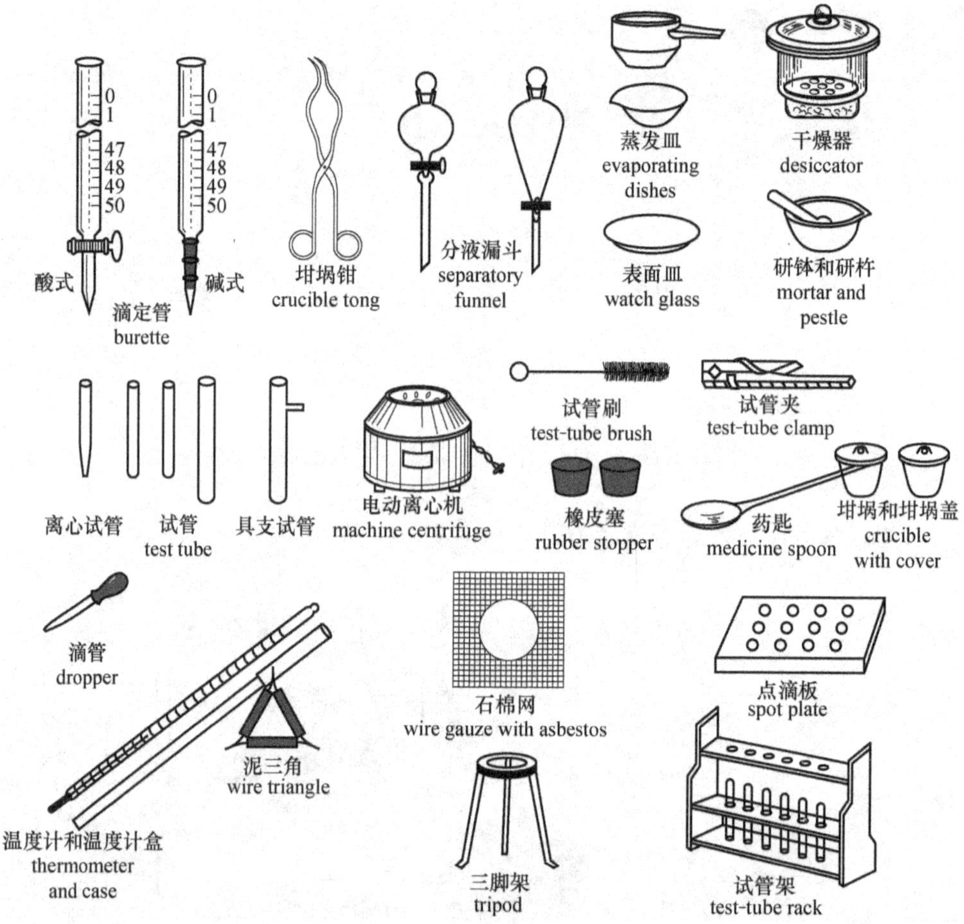

图 1-1　无机化学实验室常用仪器

第二节　无机化学实验室用水

我国已建立了实验室用水的国家标准(GB6682-92)，规定了实验室用水的技术指标(表 1-1)、制备方法及检验方法。

表 1-1　实验室用水的级别及主要指标

指标名称	一级	二级	三级
pH 范围(298 K)	—	—	5.0～7.5
电导率(298 K)/(mS·m^{-1})	≤0.01	≤0.10	≤0.50
吸光度(254 nm,1 cm 光程)	≤0.001	≤0.01	—
蒸发残渣(105 ℃±2 ℃)/(mg·L^{-1})	—	≤1.0	≤2.0
可溶性硅(以 SiO_2 计)/(mg·L^{-1})	≤0.01	≤0.02	—

有些实验室对水还有特殊的要求，可根据需要检验有关项目，如氧、铁、氨含量等。

实验室常用的蒸馏水、去离子水和电导水，它们在 298 K 时的电导率分别为 $1\ mS \cdot m^{-1}$、$0.1\ mS \cdot m^{-1}$、$0.1\ mS \cdot m^{-1}$，与三级水的指标相近。实验室用水的制备方法分为如下几种。

(1) 蒸馏水：将自来水在蒸馏装置中加热汽化，再将蒸汽冷却，即得到蒸馏水。能除去水中的非挥发性杂质，比较纯净，但不能完全除去水中溶解的气体杂质。此外，一般蒸馏装置所用材料是不锈钢、纯铝或玻璃，所以可能会带入金属离子。

(2) 去离子水：指将自来水依次通过阳离子树脂交换柱、阴离子树脂交换柱和阴、阳离子树脂混合交换柱后所得的水。离子树脂交换柱除去离子的效果好，因此称为去离子水，其纯度比蒸馏水高。但不能除去非离子型杂质，常含有微量的有机物，是现在实验室的常用水。

(3) 电导水：在第一套蒸馏器(最好是石英制的，其次是硬质玻璃制的)中装入蒸馏水，加入少量高锰酸钾固体，经蒸馏除去水中的有机物，得重蒸馏水。再将重蒸馏水注入第二套蒸馏器中(最好也是石英制的)，加入少许硫酸钡和硫酸氢钾固体，进行蒸馏。弃去馏头、馏后各 10 mL，收取中间馏分。电导水应收集保存在带有碱石灰吸收管的硬质玻璃瓶内，时间不能太长，一般在两周以内。

(4) 三级水：采用蒸馏或离子交换来制备。

(5) 二级水：将三级水再次蒸馏后制得，可能含有微量的无机杂质、有机杂质或胶态杂质。

(6) 一级水：将二级水经进一步处理后制得。如将二级水用石英蒸馏器再次蒸馏，基本上不含有溶解或胶态离子杂质及有机物。

第三节　实验结果的表示

一、误差和数据处理

1. 准确度和误差

1) 准确度

准确度是指测定值与真实值之间的偏离程度。

2) 误差

绝对误差是指测定值与真实值之差；相对误差是指绝对误差与真实值之比的绝对值(占百分之几)，即

$$绝对误差 = 测定值 - 真实值 \quad (单位与被测值相同)$$

$$相对误差 = \left|\frac{绝对误差}{真实值}\right| \times 100\% \quad (无单位)$$

例如，真实值为 0.1000 g 的样品，称出的测定值为 0.1020 g，则

$$绝对误差 = 0.1020\ g - 0.1000\ g = 0.0020\ g$$

$$相对误差 = \left|\frac{0.0020\ g}{0.1000\ g}\right| \times 100\% = 2.0\%$$

又如，真实值为 1.0000 g 的样品，称出的测定值为 1.0020 g，则

$$绝对误差 = 1.0020\ g - 1.0000\ g = 0.0020\ g \quad (与上例相同)$$

$$相对误差 = \left|\frac{0.0020\ g}{1.0000\ g}\right| \times 100\% = 0.20\% \quad (为上例的 1/10)$$

绝对误差与被测量的大小无关，而相对误差却与被测量的大小有关。从上例可知若被测的量越大则相对误差越小。一般用相对误差来反映测定值与真实值之间的偏离程度（准确度）比用绝对误差更为合理。

2. 精密度和偏差

1) 精密度

精密度是指测量结果的重现性（重复性）。

2) 偏差

通常被测量的真实值很难准确知道，于是用多次重复测量结果的平均值代替真实值。这时单次测定的结果与平均值之间的偏离就称为偏差。偏差与误差一样，也有绝对偏差和相对偏差之分。

$$绝对偏差 = 单次测定值 - 平均值$$

$$相对偏差 = \left|\frac{绝对偏差}{平均值}\right| \times 100\%$$

相对偏差的大小可以反映出测量结果重现性的好坏，即测量的精密度。相对偏差小，则可视为重现性好，即精密度高。

3. 产生误差的原因

产生误差的原因很多，一般可分为系统误差和偶然误差两大类。

1) 系统误差

在做多次重复测定时，由于某种固定因素的影响，结果总是偏高或偏低。这些固定的因素通常有实验方法不完善、所用的仪器准确度差、药品不纯等。系统误差可以用改善方法、校正仪器、提纯药品等措施来减小。有时也可以在找出误差原因后，算出误差的大小而加以修正。

2) 偶然误差

在多次重复测定中，纵使操作者技能再高，工作再细致，每次测定的数据也不可能完全一致。而是有时稍偏高些，有时稍偏低些。这种误差产生的原因常难以察觉，例如，在滴定管读数时，最后一位数字要估读到 0.01 mL，则难免会估读得有些不准确。这种误差是由偶然因素引起的，误差的数值有时大些，有时小些，而且有时是正误差，有时是负误差。通常可采用“多次测定，取平均值”的方法来减小偶然误差。

3）过失差错

除了上述两类误差以外，还有由于工作粗枝大叶、不遵守操作规程等原因而造成测量的数据有很大的误差。如果确知由于过失差错而引起了误差，则在计算平均值时应剔除该次测量的数据。通常只要我们加强责任感，对工作认真细致，过失差错是完全可以避免的。

二、化学计算中的有效数字

1. 有效数字

各种测量都难免有误差，因此记录和计算测量的结果就应与测量的误差相适应，不能超出测量的精确度。例如，用 50 mL 滴定管测量液体体积时可以准确到每格刻度 0.1 mL，再在两个刻度之间进行估计，可以估计到 0.01 mL（实际上往往只估计到 0.02 mL）。如果被观测的液面位于 24.1 mL 和 24.2 mL 之间的正中，那么就可记录为 24.15 mL；如果位于 24.1 mL 的刻度以下 0.02 mL（估计）处，则记录为 24.12 mL。在 24.15 mL 和 24.12 mL 中，各数字都属有效数字。在有效数字中，除最后一位数字有一定误差外，其余的数字都是准确的。例如，在 24.15 mL 和 24.12 mL 这两个数据中，“24.1”是可靠的，而在小数点后第二位的“5”和“2”则是估计的，有一定的误差。

有些人可能认为小数点后的位数越多精密度越高。其实两者之间并无联系。小数点的位置只与单位有关。例如，24.15 mL 也可写为 0.024 15 L，两者的精密度完全相同，都是四位有效数字。关于“0”的作用，因其位置不同而异。在 0.215、0.021 5 或 0.002 15 中，“0”只起到表示小数点位置的作用，不算作有效数字，这三个数值都有三位有效数字。在 24.10、21.10、2.000 和 2.010 等数据中，“0”则是有效数字，所以它们都是四位有效数字。但是在 2 100 和 2 000 中，“0”的意义就不确切了。这时只能按照实际测量的精密程度来确定。如果它们各有两位数字是有效的，那么这两个数值就应该写成 2.1×10^3 和 2.0×10^3；如果是三位有效数字，则写成 2.10×10^3 和 2.00×10^3。同理，2×10^3 表示只有一位有效数字。

2. 有效数字的运算法则

将 13.65、0.008 2 和 1.632 加起来，所得的结果应取几位有效数字呢？我们知道它们的末位数字是估计的（被估计的数字下面划一横线表示），含有一定的误差，在末位数字之后则还有一些估计不出来的未知数（用“?”表示）。那么通过下面运算便知，在所得到的结果中，末位数字“9”已包含一定的误差，后面的数字更是如此，因此三个数值加起来的总和只能取 15.29。减法运算也有类似情况。所以在加、减法运算中，计算结果所保留的小数点后的位数，应与各个数值中小数点后位数最少者相同。例如，Cl 的相对原子质量为 35.453，H 的相对原子质量为 1.007 97，两者之和便是 HCl 的相对分子质量。两者加起来为 36.460 97，但根据有效数字运算法，则 HCl 的相对分子质量应该取 36.461，而不是 36.460 97。有效数字的位数确定后，其余数字应采取四舍五入的法则弃去。

13.65?
0.0082?
+）1.632?
15.29???

在乘、除法运算中，计算结果的有效数字位数应与各项中有效位数最少者相同，例如

$$20.03\times 0.20=4.0$$

运算的结果在小数点后第一位已含有误差，后面的数字误差更大。所以经过四舍五入法则处理，结果取了 4.0，而不是 4.006。

20.03?
×）0.20?
?????
00000
+）4006?
4.0????

在对数运算中，对数的首数（整数部分）不算有效数字，其尾数（小数部分）的有效数字与相应的真数相同。例如，有三份溶液，其氢离子的浓度 $c(H^+)$ 分别为 0.020 00 $mol\cdot L^{-1}$、0.020 $mol\cdot L^{-1}$ 和 0.02 $mol\cdot L^{-1}$，它们的 pH[$-\lg c(H^+)$]应分别取 1.699 0、1.70 和 1.7。这些 pH 的有效数字分别为四位、二位和一位，整数“1”不算有效数字。

在进行较复杂的运算时，中间各步可以暂时多保留一位数字，以免多次四舍五入，造成误差的积累。但最后结果仍只保留其应有位数。

必须说明的是，若第一位数字是 8 或大于 8，则计算有效数字时可多计一位。如 851、0.9 等，它们的有效数字可分别看成是四位和两位。因此，0.9÷0.9 商值取 1.0 而不是 1。另外，还必须强调一下，只有在涉及由直接或间接测定所提到的物理量时，才存在有效数字的问题，而那些不需要经过测量的数值如“2”等分、“3”次等，在运算过程中应该认为它们是无限多位有效数字，即 2.0000、3.0000 等，决不能把它们看成是一位有效数字。

三、作图方法简介

将实验数据用几何图形表示出来的方法称为图解法。图解法能简明地揭示出各变量之间的关系。例如，数据中的极大、极小、转折点、周期性等都很容易从图像上找出来。有时，进一步分析图像还能得到变量间的函数关系。另外，根据多次测试的数据所描绘出来的图像，一般具有“平均”的意义，从而也可以发现和消除一些

偶然误差。所以图解法在数据处理上也是一种重要的方法。但在本书中应用到图解法处理数据的实验不多。所以现在只是将作图的方法简略介绍一下，更详尽的讨论待后文中介绍。

1. 坐标标度的选择

最常用的作图纸是直角毫米坐标纸。习惯上以横坐标表示自变量，纵坐标表示因变量。坐标轴比例尺的选择一般应遵循下列原则。

(1) 能表示出全部有效数字，从图中读出的物理量的精密度应与测量的精密度一致。通常，可使读数的绝对误差相当于图纸上的 0.5～1 小格(最小分度)，即 0.5～1 mm。例如，用分度为 1℃的温度计测量时，读数可能有 0.1 ℃的误差，则选择的比例尺应使 0.1 ℃相当于 0.5～1 小格，即 1 ℃相当于 5～10 小格。

(2) 坐标标度应取容易读数的分度，即每单位坐标格子应代表 1、2 或 5 的倍数，而不要采用 3、6、7 或 9 的倍数。而且应把数字标示在图纸逢五或逢十的粗线上。

(3) 在不违反上述两个原则的前提下，坐标纸的大小必须能包括所有必需的数据且略有宽裕。若无特殊需要(如直线外推求截距等)则不一定把变量的零点作为原点，可以只从稍低于最小测量值的整数开始。这样可以充分利用图纸而且有利于保证图的精密度。

2. 点和线的描绘

(1) 点的描绘：代表某一数点可用·、＋、×、⊙、☆、♯、*、○、△等不同的符号表示。符号的重心所在即表示读数值。整个点的符号应有足够的大小，它可粗略地表示出测量误差的范围。

(2) 线的描绘：描出的线必须平滑，尽可能接近(或贯串)大多数的点(并非要求贯串所有的点)，并且使处于平滑曲线(或直线)两边的点数大致相等(图1-2)。这样描出的曲线(直线)就能近似地表示出被测量的平均变化情况。

(3) 在曲线的极大、极小或转折处应多取一些点，以保证曲线所表示的规律的可靠性。

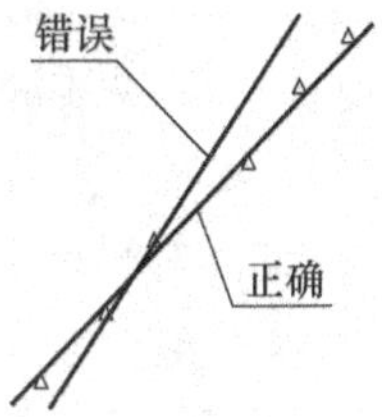

图 1-2　线的描绘示意图

如果发现有个别点远离曲线，又不能判断被测物理量在此区域会发生什么突变，就要分析一下是否有偶然性的过失误差。如果确属后一情况，描线时可不考虑这一点，但是如果重复实验仍有同样的情况，就应在这一区间重复进行仔细的测量。搞清在此区域内是否存在某些必然的规律，并严格按照上述原则描线。总之，切不可毫无理由地丢弃离曲线较远的点。

现在，计算机技术迅猛发展，我们可以用计算机来处理实验数据，作出图形，如 Origin、Excel 等软件就可以根据实验数据作出图形。

第二章

无机化学实验基本操作和技术

第一节 仪器的洗涤及干燥

一、仪器的洗涤

化学实验室经常使用各种玻璃仪器，而这些仪器是否干净，常影响到实验结果的准确性，所以应该保证所使用的仪器是很干净的。"干净"两字的含义比我们日常生活中所指的干净程度要求要高，它主要是指"不含妨碍实验准确性的杂质"的意思。

洗涤玻璃仪器的方法很多，应根据实验的要求、污物的性质和沾污的程度来选用。一般地，附着在仪器上的污物既有可溶性物质，也有尘土和其他不溶性物质，还有油污和有机物质。针对这些情况，可以分别采用下列洗涤方法。

(1) 用水刷洗：这种方法既可以使可溶物质溶去，也可以使附着在仪器上的尘土和不溶物质脱落下来。但往往不能洗去油污和有机物质。

(2) 用去污粉、肥皂或合成洗涤剂洗：肥皂和合成洗涤剂的去污原理已众所周知。去污粉是由碳酸钠、白土、细沙等混合而成。使用时，首先把要洗的仪器用水润湿(水不能多)，撒入少许去污粉，然后用毛刷擦洗。碳酸钠是一种碱性物质，具有很强的去油污能力，而细沙的摩擦作用以及白土的吸附作用则增强了仪器清洗的效果。待仪器的内外器壁都经过仔细擦洗后，用自来水冲去仪器内外的去污粉，要冲洗到没有微细的白色颗粒状粉末留下为止。最后，用去离子水润洗仪器内壁三次，把由自来水中带来的钙、镁、铁、氯等离子洗去，每次的去离子水用量要少一些，注意节约。这样洗出来的仪器的器壁就干净了，把仪器倒置时就会观察到仪器内壁上的水可以完全流尽而没有水珠附着在器壁上。

(3) 用铬酸洗液洗涤：这种洗液的配制方法有好多种。例如，将 5 g 固体重铬酸钾溶于 100 mL 工业浓硫酸中就可得到这种洗液。它具有很强的氧化性，对有机物和油污的去污能力特别强。在进行精确的定量实验时，往往遇到一些口小、管细的仪器，很难用刷洗的方法洗涤，这时就可用铬酸洗液来洗。

往仪器内加入少量洗液。使仪器倾斜并慢慢转动，让仪器内部全部为洗液润湿。再转动仪器，使洗液在仪器内部流动，洗液流动几圈后，把洗液倒回原瓶内。然后用自来水把仪器壁上残留的洗液洗去。最后用去离子水润洗三次。

如果用洗液把仪器浸泡一段时间，或用热的洗液洗，则效果会更好。但要注意安全，不要让热洗液溅出，以免灼伤皮肤。

能用别的洗涤方法洗干净的仪器，就不要用铬酸洗液洗，因为它具有毒性，流入下水道后会对环境产生污染。

洗液的吸水性很强。应该随时把装洗液的瓶子盖严，防止吸水后，降低去污能力。洗液反复使用直到出现绿色（重铬酸钾还原成硫酸铬的颜色），就失去了去污能力，不能继续使用。

(4) 特殊物质的去除：可以通过试剂相互作用将附着在器壁上的物质转化为水溶性物质。例如，铁盐引起的黄色污染可加入稀盐酸或稀硝酸溶解片刻，即可除去；使用高锰酸钾后的沾污可用草酸溶液洗去；沾在器壁上的二氧化锰用浓盐酸处理使之溶解；沾有碘时，可用碘化钾溶液浸泡片刻，或加入稀的氢氧化钠溶液温热，用硫代硫酸钠溶液也可；银镜反应沾附银或铜时，可加入硝酸，仍洗不掉时可稍微加热；等等。

凡是洗净的仪器，决不能再用布或滤纸去擦拭。应任其自然晾干或烘干。

二、仪器的干燥

1. 加热烘干

洗净的仪器可以放在烘箱（控制在 105 ℃左右）内烘干。应先尽量把水倒干，然后放进去烘。一些常用的烧杯、蒸发皿等可置于石棉网上用小火烤干（容器外壁的水珠应先揩干）。试管则可以直接用火烤干，但必须先使试管口向下倾斜，以免水珠倒流炸裂试管（图 2-1）。火焰也不要集中在一个部位，应从底部开始，缓慢向下移至管口，如此反复烘烤到不见水珠后，再将管口朝上，把水汽烘赶干净。

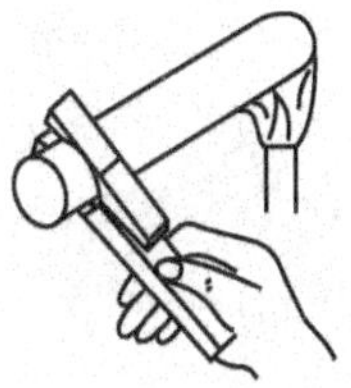

图 2-1　烤干试管

2. 晾干和吹干

不急用的仪器在洗净后就可以放置于干燥处，任其自然晾干。带有刻度的计量仪器，不能用加热的方法进行干燥，因为它会影响仪器的精密度。可以将一些易挥发的有机溶剂（最常用的是酒精或酒精与丙酮体积比为 1∶1 的混合液）倒入已洗净的仪器中，倾斜并转动仪器，使器壁上的水与有机溶剂互相溶解，然后倒出。少量残留在仪器中的混合液，很快挥发而干燥。若往仪器中吹风，则干得更快。

第二节 试剂的规格、存放及取用

一、试剂的规格

常用化学试剂根据纯度的不同分为四个级别(表 2-1)。

表 2-1 试剂的规格和适用范围

级别	名称	代号	瓶标颜色	适用范围
一级	优级纯	GR	绿色	痕量分析和科学研究
二级	分析纯	AR	红色	一般定性定量分析实验
三级	化学纯	CP	蓝色	适用于一般的化学制备和教学实验
四级	实验试剂	LR	棕色或其他颜色	一般的化学实验辅助试剂

除上述一般试剂外,还有一些特殊要求的试剂,如指示剂、生化试剂和超纯试剂(如电子纯、光谱纯、色谱纯)等,这些都会在瓶标签上注明,使用时请注意。

表 2-1 列出了试剂的规格与适用范围供选用试剂时参考。因不同规格的试剂其价格相差很大,选用时注意节约,防止超量使用造成浪费。若能达到应有的实验效果,应尽量采用级别较低的试剂。

二、试剂的存放

化学试剂中的部分试剂具有易燃、易爆、腐蚀性或毒性等特性,化学试剂除使用时注意安全和按规程操作外,保管时也要注意安全,要防火、防水、防挥发、防曝光和防变质。化学试剂的保存,应根据试剂的毒性、腐蚀性和潮解性等不同的特点,采用不同的保管方法。

(1) 一般单质和无机盐类的固体,应放在试剂柜内,无机试剂要与有机试剂分开存放。危险性试剂应严格管理,必须分类隔开放置,不能混放在一起。

(2) 易燃液体:主要是有机溶剂,极易挥发成气体,遇明火即燃烧。实验中常用的有苯、乙醇、乙醚和丙酮等,应单独存放,要注意阴凉通风,特别要注意远离火源。

(3) 易燃固体:无机物中如硫磺、红磷、镁粉和铝粉等,着火点很低,也应注意单独存放。存放处应通风、干燥。白磷在空气中可自燃,应保存在水里,放于避光阴凉处。

(4) 遇水燃烧的物品:金属锂、钠、电石和锌粉等,可与水剧烈反应,放出可燃性气体。锂要用石蜡密封;钠和钾应保存在煤油中;电石和锌粉等应存放在干燥处。

(5) 强氧化剂:氯酸钾、硝酸盐、过氧化物、高锰酸盐和重铬酸盐等都具有强氧化性,当受热、撞击或混入还原性物质时,就可能引起爆炸。保存这类物质,一定不能与还原性物质或可燃物放在一起,应存放在阴凉通风处。

(6) 见光分解的试剂,如硝酸银、高锰酸钾等;与空气接触易氧化的试剂,如氯化亚锡、硫酸亚铁等,都应存于棕色瓶中,并放在阴暗避光处。

(7) 容易侵蚀玻璃的试剂,如氢氟酸、含氟盐、氢氧化钠等,应保存在塑料瓶内。

(8) 剧毒试剂,如氰化钾、三氧化二砷(砒霜)、升汞等,应特别注意由专人妥善保管,取用时应严格做好记录,以免发生事故。

三、试剂的取用

1. 液体试剂

取出的瓶盖要倒放在桌上,右手握住瓶子,试剂标签面握在手心里,以瓶口靠住容器壁,缓慢倒出所需要的液体,让液体沿着器壁往下流。必要时可用玻璃棒引入容器中,用完后把瓶盖盖上。

加入反应容器中的所有液体的总量不能超过总容量的 2/3,如果容器是试管则不能超过总容量的 1/2。

取用滴瓶中的试剂时,要用滴瓶中的滴管,不能用别的滴管。滴管必须保持垂直,避免倾斜,尤忌倒立,否则试剂流入橡皮滴头内而被弄脏。滴管的尖端不可接触承接容器的内壁,更不能插到其他溶液里,也不能把滴管放在原滴瓶以外的任何地方,以免杂质污染。

2. 固体试剂

用干净、干燥的药匙取用。

3. 试剂取用原则

(1) 不弄脏试剂:试剂不能用手接触,固体用干净的药匙,试剂瓶盖决不能弄混。

(2) 节约:在实验中,试剂用量按规定取用。若书上没有注明用量,应尽可能少取,如果取多了,应将多余的试剂分给其他需要试剂的同学使用,不能倒回原瓶中,以免污染原试剂。

第三节　试　　纸

一、试纸的种类

1. 石蕊试纸和酚酞试纸

石蕊试纸有红色和蓝色两种。石蕊试纸、酚酞试纸用来定性检验溶液的酸碱性。

2. pH 试纸

pH 试纸包括广泛 pH 试纸和精密 pH 试纸两类，用来检验溶液的 pH。广泛 pH 试纸的变色范围是 1～14，它只能粗略地估计溶液的 pH；精密 pH 试纸可以较精确地估计溶液的 pH，根据其变色范围可分为多种，如变色范围为 pH3.8～5.4、pH8.2～10 等。根据待测溶液的酸、碱性，可选用某一变色范围的试纸。

3. 淀粉碘化钾试纸

淀粉碘化钾试纸用来定性检验氧化性气体，如 Cl_2、Br_2 等。当氧化性气体遇到湿的试纸后，则将试纸上的 I^- 氧化成 I_2，I_2 立即与试纸上的淀粉作用变成蓝色。

$$2I^- + Cl_2 \longrightarrow 2Cl^- + I_2$$

如气体氧化性强，而且浓度大时，还可以进一步将 I_2 氧化成无色的 IO_3^-，使蓝色褪去。

$$I_2 + 5Cl_2 + 6H_2O \longrightarrow 2HIO_3 + 10HCl$$

可见，使用时必须仔细观察试纸颜色的变化，否则会得出错误的结论。

4. 醋酸铅试纸

醋酸铅试纸用来定性检验硫化氢气体。当含有 S^{2-} 的溶液被酸化时，逸出的硫化氢气体遇到试纸后，即与纸上的乙酸铅反应，生成黑色的硫化铅沉淀，使试纸呈褐黑色，并有金属光泽。

$$Pb(Ac)_2 + H_2S \longrightarrow PbS\downarrow + 2HAc$$

当溶液中 S^{2-} 浓度较小时，则不易检验出。

二、试纸的使用

1. 石蕊试纸和酚酞试纸

用镊子取小块试纸放在表面皿边缘或滴板上，用玻璃棒将待测溶液搅拌均匀，然后用玻璃棒末端蘸少许溶液接触试纸，观察试纸颜色的变化，确定溶液的酸碱性。切勿将试纸浸入溶液中，以免弄脏溶液。

2. pH 试纸

用法同石蕊试纸，待试纸变色后，与色阶板比较，确定 pH 或 pH 的范围。

3. 淀粉碘化钾试纸和醋酸铅试纸

将小块试纸用去离子水润湿后放在试管口，需注意不要使试纸直接接触溶液。

使用试纸时，要注意节约，除把试纸剪成小块外，用时不要多取。取用后，马上盖好瓶盖，以免试纸沾污。用后的试纸丢弃在垃圾桶内，不能丢在水槽内。

三、试纸的制备

1. 酚酞试纸(白色)

溶解 1 g 酚酞在 100 mL 乙醇中,振摇后,加入 100 mL 去离子水,将滤纸浸渍后,放在无氨蒸气处晾干。

2. 淀粉碘化钾试纸(白色)

将 3 g 淀粉和 25 mL 水搅拌后,倾入 225 mL 沸水中,加入 1 g 碘化钾和 1 g 无水碳酸钠,再用水稀释至 500 mL,将滤纸浸泡后,取出放在无氧化性气体处晾干。

3. 醋酸铅试纸(白色)

将滤纸在 3%乙酸铅溶液中浸渍后,放在无硫化氢气体处晾干。

第四节 加热与冷却

一、加热装置

通常的加热装置有煤气灯、电炉、管式炉和马弗炉等。

电炉(图 2-2)可以代替酒精灯或煤气灯用于加热容器中的液体。温度的高低可以通过调节电阻来控制。容器(烧杯或蒸发皿) 和电炉之间要隔一块石棉网,保证受热均匀。

管式炉(图 2-3) 有一管状炉膛,利用电热丝或硅碳棒来加热,温度可以调节。

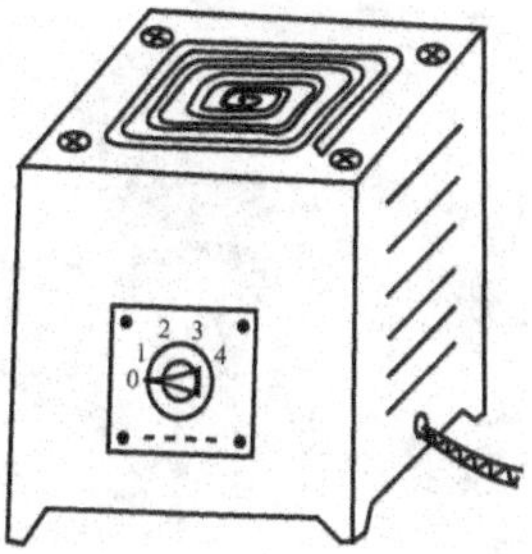

图 2-2 电炉

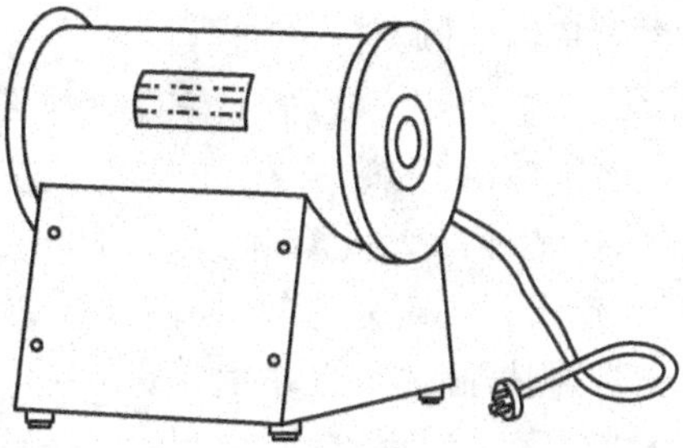

图 2-3 管式炉

用电热丝加热的管式炉最高使用温度为 950 ℃,用硅碳棒加热的管式炉最高使用温度可达 1300 ℃。炉膛中可插入一根耐高温的瓷管或石英管,瓷管中再放入盛有反应物的瓷舟。反应物可以在空气气氛或其他气氛中受热。

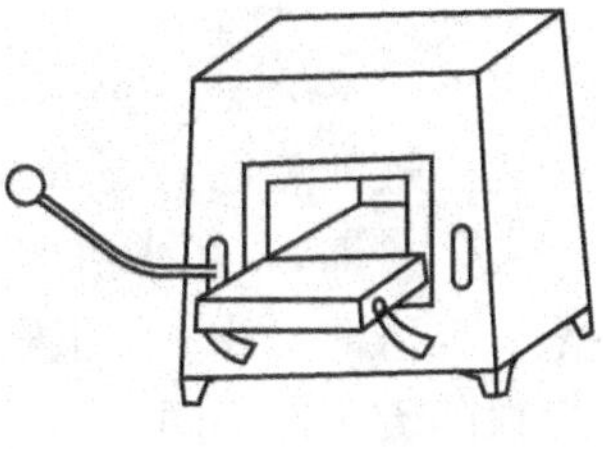

图 2-4 马弗炉

马弗炉(图 2-4)也是一种用电热丝或硅碳棒加热的炉子。它的炉膛是长方体。有一炉门,打开炉门可很容易地放入要加热的坩埚或其他耐高温的器皿。最高使用温度可达 950 ℃和 1300 ℃。

二、加热操作

1. 直接加热

1）直接加热液体

适用于在较高温度下不分解的溶液或液态的纯净物。

少量的液体可装在试管中加热，用试管夹夹住试管的中上部（不要用手拿，以免烫伤），试管口向上，微微倾斜（图 2-5）。管口不能对着自己和其他人的脸部，以免溶液沸腾时溅到脸上。管内所装液体量不能超过试管高度的 1/3。加热时，先加热液体的中上部，再慢慢往下移动，然后不时地上下移动，使溶液受热均匀。不能集中加热某一部分，否则会引起暴沸。

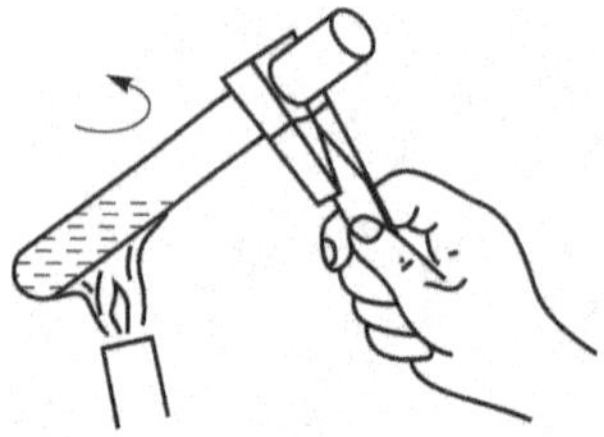

图 2-5 加热试管中的液体

如需要加热的液体较多，则可放在烧杯或其他器皿中。待溶液沸腾后，再把火焰调小，使溶液保持微沸，以免溅出。

如需把溶液浓缩，则把溶液放入蒸发皿（放在泥三角上）内加热，待溶液沸腾后改用小火，使其慢慢地蒸发、浓缩。

2）直接加热固体

少量固体药品可装在试管中加热，加热方法与直接加热液体的方法稍有不同，此时试管口向下倾斜（图 2-6），避免冷凝在管口的水珠倒流到试管的灼烧处，而导致试管炸裂。

较多固体的加热，应在蒸发皿中进行。先用小火预热，再慢慢加大火焰，但火也不能太大，以免溅出，造成损失。要充分搅拌，使固体受热均匀。需高温灼烧时，则把固体放在坩埚中，用小火预热后慢慢加大火焰，直至坩埚红热，维持一段时间后停止加热。稍冷，用预热过的坩埚钳将坩埚夹到干燥器中冷却。

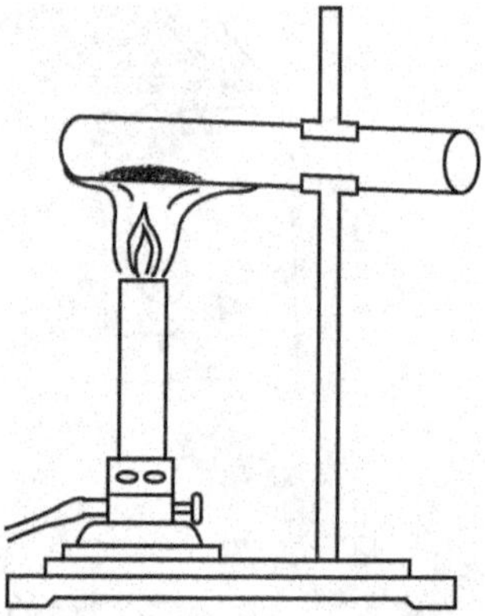

图 2-6 加热固体

2. 水浴加热

当被加热物质要求受热均匀，而温度又不能超过 373 K 时，采用水浴加热。若把水浴锅中的水煮沸，用蒸汽来加热即成为蒸汽浴。水浴锅上放置一组铜质或铝质的大小不等的同心圈，以承受各种器皿。根据器皿的大小选用同心圈，尽可能使器皿底部的受热面积最大。水浴锅内盛放水量不超过其总容量的 2/3，在加热过程中要随时补充水以保持原体积，切不能烧干。

不能把烧杯直接放在水浴中加热，这样烧杯底会碰到高温的锅底，由于受热不均匀而使烧杯破裂。同时，烧杯也容易侧翻。

在蒸发皿中蒸发、浓缩时，也可以在水浴上进行。

3. 沙浴和油浴加热

当被加热物质要求受热均匀，而温度又需要高于 373 K 时，可用沙浴或油浴。

沙浴是将细沙均匀地铺在一只铁盘内，被加热的器皿放在沙上，底部插入沙中，用煤气灯加热铁盘。

用油代替水浴中的水即为油浴。

三、冷却方法

1. 流水冷却

需冷却到室温的溶液，可用此法。将需冷却的溶液直接用流动的自来水冷却。

2. 冰水冷却

将需冷却的物质直接放在冰水中冷却。

3. 冰盐浴冷却

冰盐浴由容器和冷却剂（冰盐或水盐混合物）组成，可冷却至 273 K 以下。所能达到的温度由冰盐的比例和盐的品种决定。干冰和有机溶剂混合时，温度更低。为了保持冰盐浴的效率，要选择绝热较好的容器，如杜瓦瓶等。

第五节　量器及其使用

一、滴定管

滴定管分酸式滴定管和碱式滴定管两种（图 1-1）。酸式滴定管可装除碱性及对玻璃有腐蚀作用的溶液外的溶液。酸式滴定管下端有一玻璃活栓，用以控制在滴定过程中溶液的流出速度。碱式滴定管的下端用橡皮管连接一个带有尖嘴的玻璃管。橡皮管内装一个玻璃珠，用以堵住溶液。使用时只要用拇指和食指紧捏橡皮管半边，轻轻将玻璃珠往另一边挤压，管内便形成一条狭缝，溶液由狭缝流出。根据手指用力的轻重，控制狭缝的大小，从而控制溶液的流出速度。

滴定管在洗涤前应检查是否漏水，玻璃活栓是否转动灵活。若酸式滴定管漏水或活栓转动不灵，就应拆下活栓，擦干活栓和内壁，重新涂凡士林；若碱式滴定管漏水则需要更换玻璃珠或橡皮管。

1. 活栓涂油方法

在擦干活栓和活栓槽内壁（图 2-7）之后，用手指蘸少量凡士林擦在活栓粗的一端，沿圆周涂一薄层，尤其在孔的近旁，不能涂多。涂活栓另一端的凡士林最好是涂在活栓槽内壁上。涂完以后将活栓插入槽内，插时活栓孔应与滴定管平行(图 2-8)。然后向同一方向转动活栓，直到从活栓外面观察，全部呈现透明为止。若发现仍转动不灵活，或活栓内的油层出现纹路，表示涂油不够。如果有油从活栓缝隙溢出或挤入活栓孔，表示涂油太多。遇到这些情况，必须重新涂油。

图 2-7 涂凡士林的方法

图 2-8 安装活栓

2. 滴定管的洗涤

滴定管使用前必须洗涤干净，要求滴定管洗涤到装满水后再放出时管的内壁全部被薄层水膜湿润而不挂有水珠。当发现滴定管没有明显污染时，可以直接用自来水冲洗，或用滴定管刷蘸肥皂水刷洗，但要注意刷子不能露出头上的铁丝，也不能向旁侧弯曲，以免划伤内壁。用自来水、去离子水等洗净之后，一定要用滴定溶液润洗三次(每次 5～10mL)。

3. 出口管中气泡的清除

当滴定溶液装入滴定管时，出口管还没有充满溶液。此时将酸式滴定管倾斜约 30°，左手迅速打开活栓使溶液冲出，就能充满全部出口管。若使用碱式滴定管，则把橡皮管向上弯曲，玻璃尖嘴斜向上方。用两指挤压玻璃珠，使溶液从出口管喷出，气泡随之逸出(图 2-9)。继续一边挤橡皮管一边放下橡皮管，气泡便可完全除去。

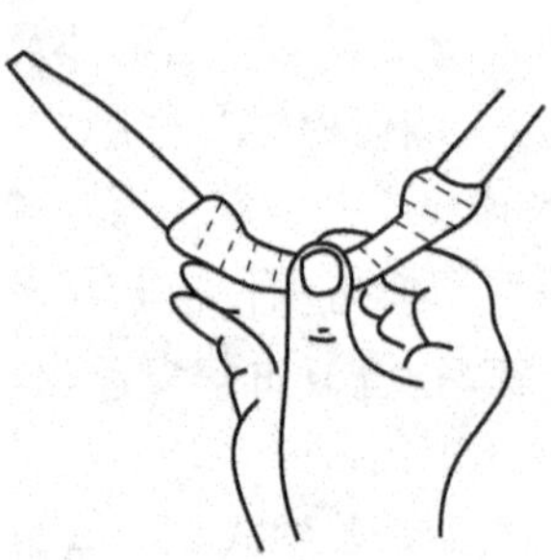

图 2-9 赶走气泡

4. 滴定管读数方法

读数时滴定管必须保持垂直状态。注入或放出 1～2 min，待附着于内壁的溶液流下后再开始读数。常量滴定管读数到小数点后第二位毫升数值，如 25.93 mL、22.10 mL 等。

读数时视线必须与液面保持在同一水平位置。对于无色或浅色溶液，读它们的凹液面下沿最低点刻度；对于深色溶液如高锰酸钾、碘水等，可读两侧最高点的刻度。

为了帮助准确读出凹液面下沿的刻度可在滴定管后面衬一张“读数卡”。所谓的“读数卡”就是一张黑纸或深色纸(约 3 cm×1.5 cm)。读数时将它放在滴定管背后,使黑色边缘在凹液面下方 1 mm 左右,此时看到的凹液面反射层呈黑色(图 2-10),读出黑色凹液面下沿最低点的刻度即可。

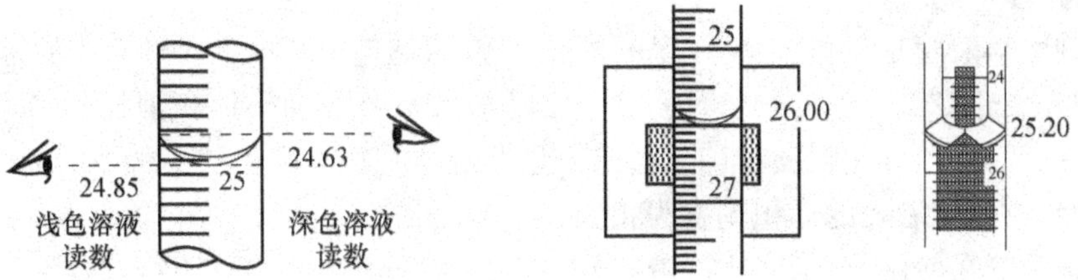

图 2-10　滴定管读数

若滴定管的背后有一条蓝线(或蓝带),无色溶液这时就形成了两个凹液面,并且相交于蓝线的中线上,读数时即读出交点的刻度,若为深色溶液,则仍读液面两侧最高点的刻度。

5. 滴定

将滴定管固定在滴定管夹上(左边),酸式滴定管的活栓柄向右。滴定管保持垂直。在驱赶出下端玻璃尖管中的气泡,调整好液面高度,并记录了初读数之后,还要将挂在下端尖管出口处的残余液除去,才能开始滴定。将滴定管伸入烧杯或锥形瓶内,左手三指从滴定管后方向右伸出,拇指在前方与食指操纵活塞(图 2-11),使液滴逐滴加入。如果在烧杯内滴定,则右手持玻璃棒不断轻轻搅动溶液,如果在锥形瓶内滴定,则右手持瓶不断转动。

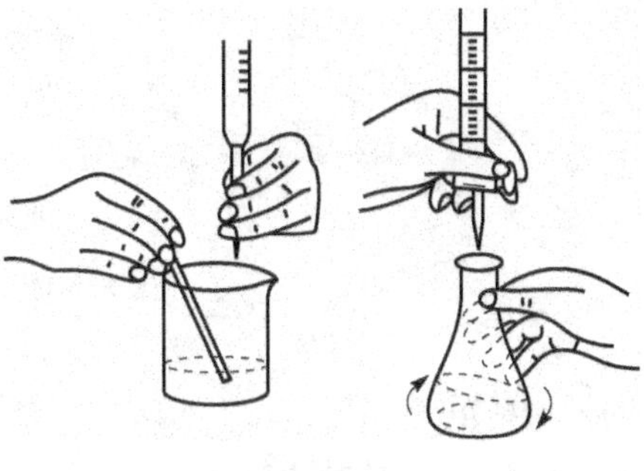

图 2-11　滴定

每次滴定最好将溶液装至滴定管的“0.00 mL”刻度上或稍下一点的位置开始。这样可以消除因上下刻度不均匀所引起的误差。

实验结束后,倒出溶液,按自来水、去离子水顺序洗涤滴定管,装满去离子水。罩上滴定管盖,以备下次使用(或洗后收起)。

二、移液管

要求准确地移取一定体积的液体时,可以使用移液管或吸量管。移液管的形状见图 1-1。玻璃球上部的玻璃管上有一标线,吸入的液体的凹液面下沿与此标线相切后，让液体自然放出，所放出的液体的总体积，就是移液管的容量。一般常用的有 25 mL、10 mL(20 ℃或 25 ℃) 等规格。在使液体自然放出时，最后因毛细作用总有一小部分液体留在管口不能流出。这时不必用外力使之放出，因为校正移液管的容量时，就没有考虑这一滴液体。放出液体时把移液管的尖嘴靠在容器壁上，稍停片刻就可拿开。

刻度移液管是一根刻有分度的内径均匀的玻璃管(下部管口尖细)，容量有 10 mL、5 mL、2 mL 和 1 mL 等多种。可以量取非整数的小体积液体。最小分度有 0.1 mL、0.02 mL 以及 0.01 mL 等。量取液体时每次都是从上端"0.00 mL"刻度开始，放至所需要的体积刻度为止。

移液管在使用前，依次用洗液、自来水、去离子水洗至内壁不挂水珠为止。最后用少量被量取的液体润洗三遍。

吸取液体时，左手拿洗耳球，右手拇指及中指拿住移液管的上端标线以上部位，使管下端伸入液面下约 1 cm，不应伸入太深，以免外壁沾有过多液体。也不应伸入太浅，以免液面下降时吸入空气。这时，左手用洗耳球轻轻吸上液体，眼睛注意管中液面上升情况，移液管则随容器中液体的液面下降而往下伸(图 2-12)。当液体上升到刻度标线以上时，迅速用食指堵住上部管口。将移液管从液体内取出，靠在容器壁上，然后稍微放松食指，同时轻轻地转动移液管，使标线以上的液体流回去。当凹液面最低点与标线相切时，就按紧管口，使液体不再流出。取出移液管移入准备接收液体的容器中，仍使其出口尖端接触器壁，让接收容器倾斜而移液管保持直立。抬起食指使液体自由地沿器壁流下。待液体全部流尽后，约等 15 s，取出移液管。

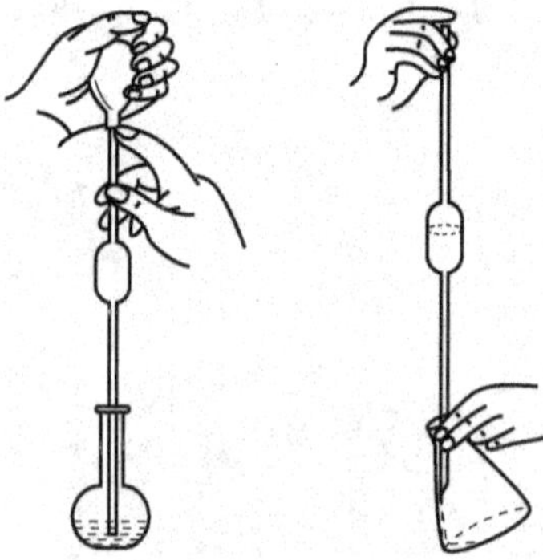

图 2-12　移取液体

三、容量瓶

容量瓶是一个细颈梨形的平底玻璃瓶，带有磨口塞子。颈上有标线，表示在所指温度(一般为 20 ℃) 下，当液体充满到标线时，液体体积恰好与瓶上所注明的体积相等。容量瓶用来配制具有准确浓度的溶液，配好的溶液如果需要保存，应该转移到细口瓶中。

容量瓶在洗涤前应先检查一下瓶塞是否漏水。瓶中放入自来水，放到标线附近，盖好盖后，左手按住塞子，右手把持住瓶底边缘(图 2-13)，把瓶子倒立片刻，观察瓶塞有无漏水现象。不漏水的容量瓶才能使用。按常规操作把容量瓶洗净。为避免打破塞子，通常用一根线绳把塞子系在瓶颈上。

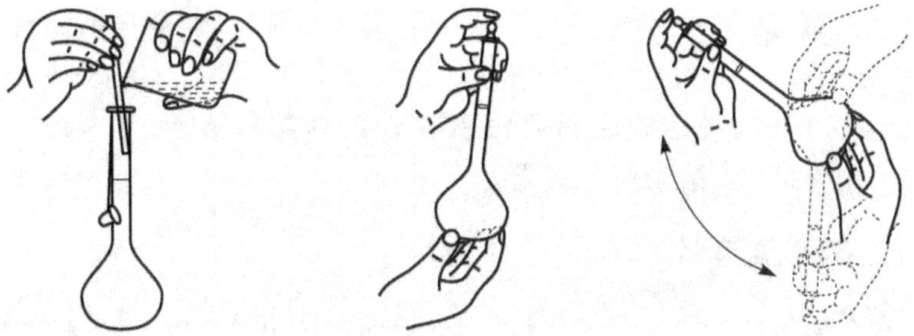

图 2-13　容量瓶的使用

在配制溶液前，应先把称好的固体试样在烧杯中溶解，然后再把溶液从烧杯中转移到容量瓶中。用去离子水多次洗涤烧杯，把洗涤液也转移到容量瓶中，以保证溶质全部转移。缓缓地加入去离子水，加到接近标线 1 cm 处，等 1～2 min，使附在瓶颈上的水流下。然后用洗瓶或滴管滴加水至标线(小心操作，勿过标线)。加水时视线平视标线。水充满到标线后，盖好瓶塞。将容量瓶倒转，等气泡上升后轻轻振荡。再倒转过来。重复操作多次，就能使瓶中溶液混合均匀。

如果固体是经过加热的，那么溶液必须冷却后才能转移到容量瓶中。

如果要将一种已知其准确浓度的浓溶液稀释到另一个准确浓度的稀溶液，则用吸量管吸取一定体积的浓溶液，放入适当的容量瓶中，然后按上述方法冲稀至标线。

四、量筒和量杯

根据不同的需要，量筒的容量有 10 mL、25 mL、100 mL、1000 mL 等，实验中可根据所取溶液体积的不同来选用。量取液体时，使视线与量筒内凹液面最低处保持水平(参见滴定管的读数)，偏高或偏低都会造成误差。

第六节　温度计及其使用

化学实验用的温度计种类很多，主要有玻璃温度计、热电偶温度计等。

一、玻璃温度计

实验室常用的玻璃温度计有水银温度计和酒精温度计。水银温度计是玻璃管内充入水银(汞)，测量温度范围为－30～300 ℃。酒精温度计是玻璃管内充入酒精和色素，测量温度范围为－100～100 ℃。

水银温度计是很容易损坏的仪器，玻璃球处玻璃很薄，使用时要小心。因水银在常温下逸出蒸气，吸入体内会使人受到严重毒害。所以，在使用中若损坏了温度计，内部水银洒出，应尽可能地用吸管将汞珠收集起来，再用金属片（如 Zn、Cu）在汞溅落处多次扫过，最后用硫磺粉覆盖在有汞溅落的地方，并摩擦，使汞变为 HgS。也可用 $KMnO_4$ 溶液使汞氧化。

二、热电偶温度计

当两种金属导体构成一个闭合线路，如果两连接段的温度不同，将产生一个与温差有关的电势，称为温差电势。温差电势的大小只与两个接点间的温差有关，而与导线的长短、粗细和导线本身的温度分布无关。这样的一对导体称为热电偶。在一定的温度范围内，温差电势与两个接点的温度 T_1、T_2 间存在着函数关系：$E=f(T_1,T_2)$。若其中一个接点（通常称为冷端）的温度保持不变，则温差电势就只与另一个接点（通常称为热端）的温度有关，即 $E=f(T)$。因此，测得温差电势后，即可求出热端的温度。

第七节　称量仪器的使用

一、电子天平

电子天平是利用电子装置完成电磁力补偿的调节，使物体在重力场中实现力的平衡。或通过电磁力矩的调节，使物体在重力场中实现力矩的平衡。常见电子天平的结构都是机电结合式的，由载荷接收与传递装置、测量与补偿装置等部件组成。可分成顶部承载式和底部承载式两类，目前常见的大多数是顶部承载式的上皿天平。从天平的校准方法来分，则有内校式和外校式两种。前者是标准砝码预装在天平内，启动校准键后，可自动加码进行校准。后者则需人工取拿标准砝码放到秤盘上进行校正。

1. JY 12001 型电子天平

JY 12001 型电子天平的称量精度为 0.1 g，使用比较方便，外形见图 2-14，操作程序如下。

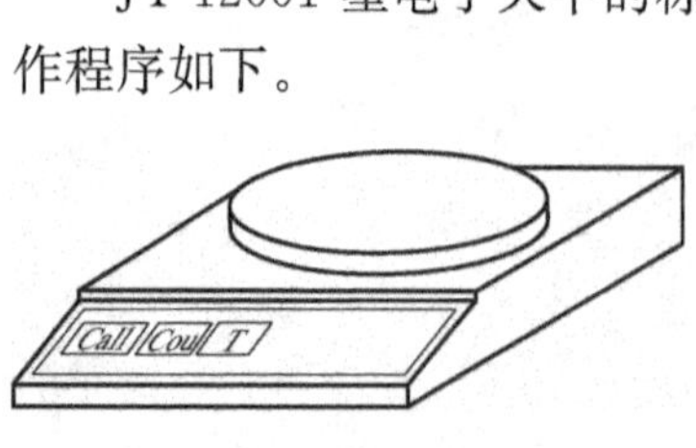

图 2-14　JY12001 型电子天平

(1) 预热 30 min。

(2) 校准：放上 500 g 校准砝码，按 Call 键，显示“500”，校准以后就可称量了，但在称量过程中切不可再按 Call 键，否则就会出错。

(3) 称量：放上容器（如称量纸），显示容器质量，按 T 则可去皮归零，显示“0”，加入样品，即可显示样品质量。

Cou键是计数用的，这里不作介绍。

2. AB-N 型电子天平

AB-N 型电子天平（图 2-15）称量精度达 0.0001 g(0.1 mg)，操作方法如下。

(1) 调节水平：根据水平泡调节水平脚，直至水平泡在中央位置。水平泡已经在中央位置则免做这一步。

(2) 开机：按On键开机，预热 20～30 min。

(3) 校准：按Cal/Menu键不放，直至显示“-----Cal”字样后松开该键，放上专用校准砝码，当天平闪现“0.0000 g”时，移取砝码；当天平闪现“CAL done”，接着又出现了“0.0000 g”时，校准结束，天平又回到称量工作方式。如果已进行过校准，可免此步操作。

(4) 称量：放上容器，显示容器质量。按→O/T←键，去皮，显示“0.0000 g”。放上样品，显示样品质量。

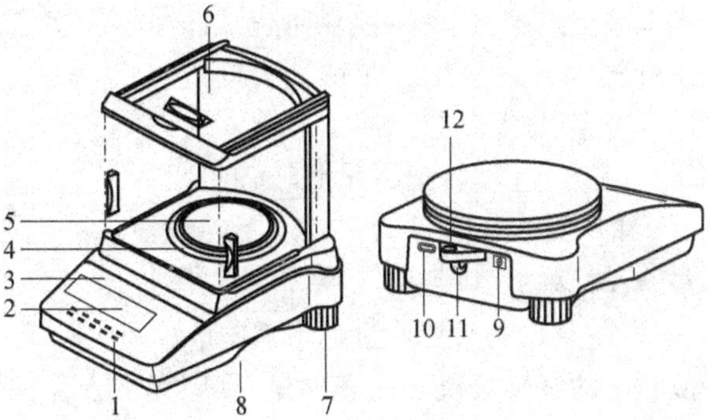

图 2-15　AB-N 型电子天平

1. 操作键；2. 显示屏；3. 标牌；4. 防风圈；5. 秤盘；6. 防风罩；7. 水平调节脚；8. 秤钩（在天平底部）；9. 电源插座；10 RS232C 接口；11. 防盗锁链扣环；12. 水平泡

二、试样的称取方法

1. 直接称量法

对一些在空气中无吸湿性的试样，如金属或合金等，可用直接法称量。称量时将试样放在干净、干燥的小表面皿上或称量纸上，一次称取一定量的试样。

称量时，将自备的称量容器（如表面皿）置于秤盘，按→O/T←键，去皮，显示“0.0000 g”。然后用药匙盛试样后小心地伸向表面皿的近上方，以手指轻击匙柄（图 2-16），将试样弹入，同时观察显示屏，直到所加试样量满足要求即可。若不慎多加了试样，可用药匙小心取出多余的试样（不要放回原试样瓶中）。称好后，将试

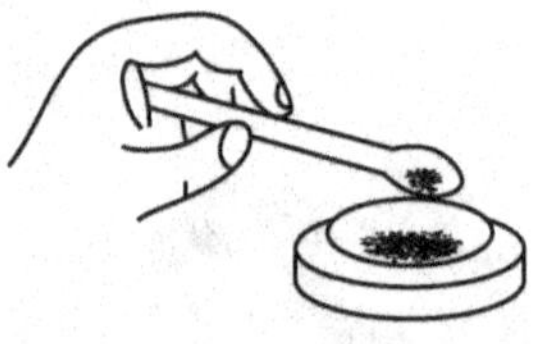
图 2-16 加样品的方法

样全部转移到接收的容器内。试样若为可溶性盐类，可用少量去离子水将沾在表面皿上的粉末吹洗进容器。

在进行以上操作时，应特别注意：试样决不能掉落在秤盘上；称好的试样必须定量地由称量器皿中转移到接收容器内；称量完毕后要仔细检查是否有试样掉落在天平内外，必要时加以清除。

2. 减量称量法

减量称量法又称差减称量法。如果试样是粉末或易吸湿的物质，则需把试样装入称量瓶内称量。倒出一份试样，前后两次质量之差，即为该份试样的质量。

称量时，用纸条叠成宽度适中的两三层纸带，毛边朝下套在称量瓶上。左手拇指与食指拿住纸条，放在秤盘的正中，取下纸带，称出瓶和试样的质量。然后左手仍用纸带把称量瓶从秤盘上取下，移到容器上方。右手用另一小纸片衬垫打开瓶盖，但勿使瓶盖离开容器上方。慢慢倾斜瓶身至接近水平，过程中注意防止试样冲出。此时瓶中的试样慢慢接近瓶口。在称量瓶口离容器上方约 1 cm 处，用盖轻敲瓶口上部使试样落入接收的容器内(图 2-17)。倒出试样后，把称量瓶轻轻竖起，同时用盖敲打瓶口上部，使沾在瓶口的试样落下(或落入称量瓶或落入容器，所以倒出试样的过程必须在容器口正上方进行)。盖好瓶盖，放回秤盘上，称出其质量。两次质量之差，即为倒出的试样质量。若不慎倒出的试样超过了所需的量，则应弃之重称。如果接收的容器口较小(如锥形瓶等)，也可以在瓶口上放一只洗净的小漏斗，将试样倒入漏斗内，待称好试样后，用少量去离子水将试样洗入容器内。

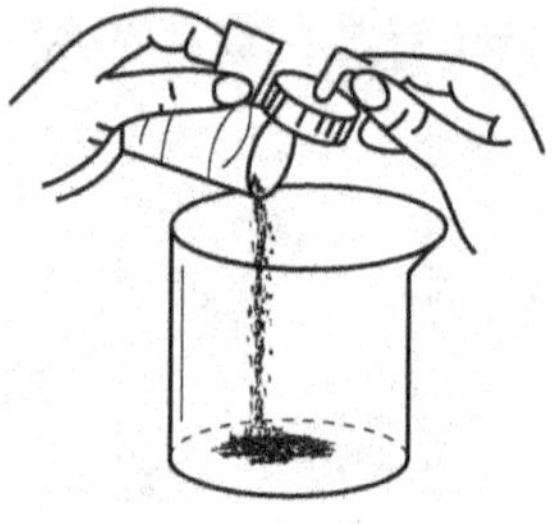
图 2-17 倒出试样

第八节 固、液分离与结晶

一、滤纸、滤器及其使用

1. 滤纸

化学实验中常用的滤纸有定量滤纸和定性滤纸之分。两者的差别在于灼烧后的灰分质量不同。定量滤纸的灰分很低，如一张 ϕ125 mm 的定量滤纸，质量约为 1 g，灼烧后的灰分量低于 0.1 mg，已小于分析天平的感量，在重量分析中，可忽略不计，因此又称无灰滤纸；而定性滤纸灼烧后有相当多的灰分，不适于重量分析。按过滤速度和分离性能的不同，滤纸又可分为快速、中速和慢速三类。

2. 滤器

除滤纸外，还可使用一定孔径的金属网或高分子材料制成的网膜进行过滤。这些材料和滤纸一样，用于过滤时，都要和适当的滤器(布氏漏斗或玻璃漏斗等)配合使用。

二、固、液分离

1. 倾析法

当沉淀的结晶颗粒较大或密度较大，静置后容易沉降至容器的底部时，可用倾析法分离或洗涤。倾析的操作与转移溶液的操作是同时进行的。洗涤时，可往盛有沉淀的容器内加入少量洗涤剂(常用的有去离子水、乙醇等)，充分搅拌后静置沉降，再小心地倾析出洗涤液。如此重复操作两三遍，即可洗净沉淀。

2. 过滤法

过滤法是最常用的分离方法之一。当溶液和沉淀的混合物通过过滤器(如滤纸)时，沉淀就留在过滤器上，溶液则通过过滤器而漏入接收的容器中。过滤所得的溶液称为滤液。

溶液的温度和黏度、过滤时的压力、过滤器的孔隙大小和沉淀物的状态，都会影响过滤的速度。热的溶液比冷的溶液容易过滤；溶液的黏度越大，过滤越慢；减压过滤比常压过滤快。过滤器的孔隙要选择适当，太大会透过沉淀，太小则易被沉淀堵塞，使过滤难以进行。沉淀若呈现胶状时，必须先加热一段时间来破坏它，否则它会透过滤纸。总之，要考虑各方面的因素来选用不同的过滤方法。

常用的三种过滤方法是常压过滤、减压过滤和热压过滤，现分述如下。

1) 常压过滤

这种方法最为简便和常用。先把滤纸叠成四层并剪成扇形[图 2-18(a)](圆形滤纸不必再剪)。如果漏斗的规格[图 2-18(b)]不标准(非 60°角)，滤纸和漏斗将不密合，这时需要重新折叠滤纸，把它折成一个适当的角度，展开后可成大于60°或小于 60°角的锥形，根据漏斗的角度来选用，使滤纸与漏斗密合。然后撕去一小角。用食指把滤纸按在漏斗内壁上，用去离子水湿润滤纸，使它紧紧贴在壁上，赶去纸和壁之间的气泡。在这种情况下过滤时，漏斗颈内可充满滤液，滤液以本身的重量曳引漏斗内液体下漏，使过滤速度加快，否则，气泡的存在将延缓液体在漏斗颈内流动而减缓过滤的速度。漏斗中滤纸的边缘应略低于漏斗的边缘[图 2-18(c)]。

过滤时应注意，漏斗要放在漏斗架上，漏斗颈要靠在接收容器的壁上；先转移溶液，后转移沉淀；转移溶液时，应把它滴在三层滤纸处并使用玻璃棒引流，每次转移量不能超过滤纸高度的 2/3。

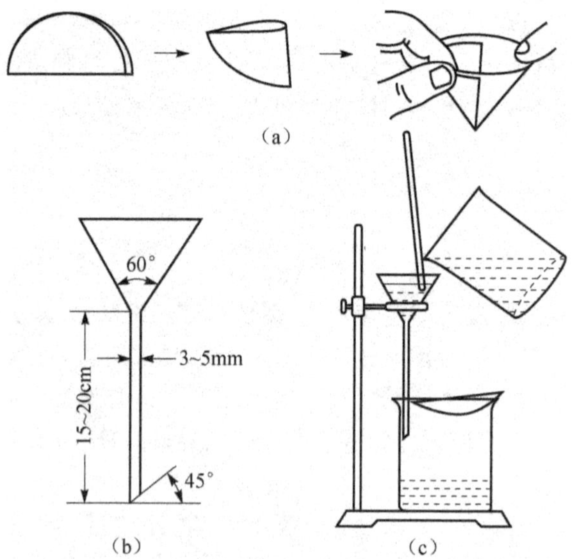

图 2-18　常压过滤

如果需要洗涤沉淀，则等溶液转移完毕后，往盛有沉淀的容器中加入少量洗涤剂，充分搅拌并放置，待沉淀下沉后，把洗涤液转移至漏斗，如此重复操作两三遍，再把沉淀转移到滤纸上。洗涤时遵循少量多次的原则，洗涤效率才高。检查滤液中的杂质含量，可以判断沉淀是否已经洗净。

2）减压过滤

减压过滤(简称抽滤)可以加快过滤速度，并把沉淀滤得比较干燥。但胶状沉淀或颗粒很细的沉淀不宜采用此法。减压过滤装置如图 2-19 所示。抽滤用的滤纸应比布氏漏斗内径略小，但要把漏斗孔全部覆盖。将滤纸平整放入并湿润后，使滤纸紧贴漏斗，然后再往漏斗内转移溶液。抽滤时，加入的量不要超过漏斗的 2/3，然后将沉淀物均匀地分布在整个漏斗上，直至沉淀物滤干为止(一般约 30 s 没有滤液出来即可)。停止过滤时，应先从吸滤瓶上拔掉橡皮管，然后关闭水泵，以防止自来水吸入瓶内。

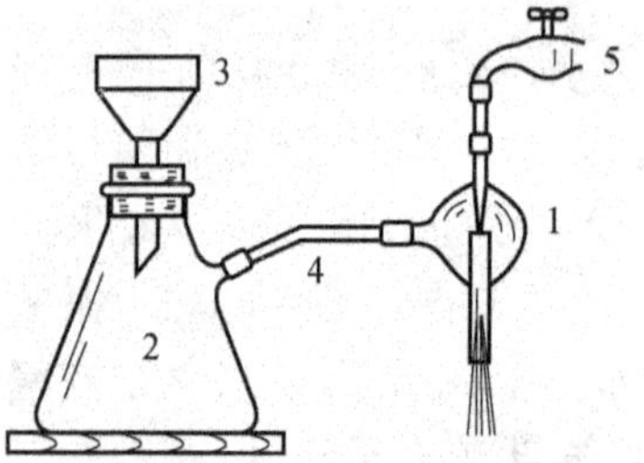

图 2-19　减压过滤装置

1. 水泵；2. 吸滤瓶；3. 布氏漏斗；4. 橡皮管；5. 水龙头

3）热过滤

如果溶液中的溶质在温度下降时很容易大量结晶析出，而实验中又不希望它在过滤过程中留在滤纸上，这时就要趁热进行过滤。过滤时可把玻璃漏斗放在铜质的热漏斗内(图 2-20)。热漏斗内装有热水，以维持溶液的温度。也可以在过滤前把普通漏斗放在水浴上用蒸汽加热，然后使用。此法较简单易行，另外，热过滤时选用的漏斗的颈部越短越好，以免过滤时溶液在漏斗颈内停留过久，因散热降温，析出晶体而发生堵塞。

3. 离心分离法

当被分离的沉淀的量很少时，可以应用离心分离。实验室内常用的是电动离心机（图 2-21）。把分离的混合物放在离心试管中，再把离心试管装入离心机的套管内。离心试管应等量、对称放置，以保持平衡。开动离心机，逐步加速，旋转一定时间后，让其自然停止旋转。通过离心作用，沉淀就紧密地聚集在离心试管底部而溶液在上部。用滴管将溶液吸出。如需洗涤，可往沉淀中加入少量洗涤剂，充分搅拌后再离心分离。重复操作两三遍即可。

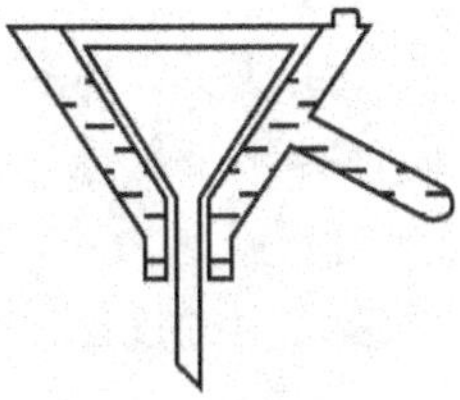

图 2-20　热漏斗

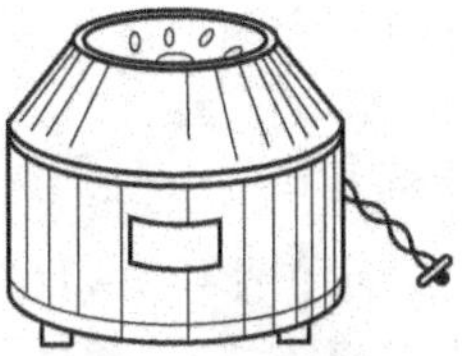

图 2-21　电动离心机

三、重结晶

利用不同物质在同一溶剂中溶解度的差异，可以对含有杂质的化合物进行纯化。所谓杂质是指含量较少的一些物质，包括不溶性的杂质和可溶性的杂质两类。在实际操作中先在加热情况下使被纯化的物质溶于一定量的水中，形成饱和溶液，趁热过滤，除去不溶性杂质，然后使滤液冷却，此时被纯化的物质已经过饱和，从溶液中结晶析出；而对于可溶性杂质，远未达到饱和状态，仍留在母液中。过滤使晶体与母液分离，便得到纯净的晶体物质。这种操作过程就称为重结晶。如果一次结晶达不到纯化的目的，可以进行第二次重结晶，有时甚至需要进行多次结晶操作才能得到纯净的化合物。

重结晶纯化物质的方法，只适用于那些溶解度随温度上升而增大的化合物。对于其溶解度受温度影响很小的化合物则不适用。

从溶液中析出的晶体的颗粒大小与结晶条件有关。假如溶液的浓度高，溶质的溶解度小，冷却得快，那么析出的晶体就细小。否则，就得到较大颗粒的结晶。搅动溶液和静置溶液，可以得到不同的效果。前者有利于细小晶体的生成，后者有利于大晶体的生成。从纯度的要求来说，小晶体的生成有利于生成物纯度的提高，因为它不易裹入母液或别的杂质，而粗大晶体，特别是大块晶体的生成，则不利于纯度的提高。

若溶液容易发生过饱和现象,可以采用搅动溶液,摩擦器壁或投入几粒小晶体(晶种)等办法,使其形成结晶中心,过量的溶质便会全部结晶析出。

第九节　气体的制备、净化及气体钢瓶的使用

一、气体的发生

实验室中常用启普发生器(图 1-1)来制备氢气、二氧化碳和硫化氢等气体。

$$Zn + H_2SO_4(稀) = ZnSO_4 + H_2\uparrow$$

$$CaCO_3 + 2HCl(浓) = CaCl_2 + CO_2\uparrow + H_2O$$

$$FeS + 2HCl(稀) = FeCl_2 + H_2S\uparrow$$

启普发生器由一个葫芦状的玻璃器和球形漏斗组成。固体药品放在中间圆球内,可在固体下面放些玻璃丝来承受固体,以免固体掉至下部球内。酸从球形漏斗加入。使用时只要打开活塞,由于压力差,酸液自动下降进入中间球内,与固体接触而产生气体。要停止使用时,只要关闭活塞,继续发生的气体便会把酸液从中间球压入下球及球形漏斗内,使酸液与固体不再接触而停止反应。下次使用时,只要重新打开活塞即可,使用十分方便。

启普发生器中酸液长久使用后会变稀。此时,可把下球侧口的玻璃塞(有的是橡皮塞)拔下,倒掉废酸。塞好塞子,再向球形漏斗中加入新的酸液。若固体需要更换时,先倒出酸液,再拔去中间球侧的塞子,将原来的固体残渣从侧口取出,更换新的固体。

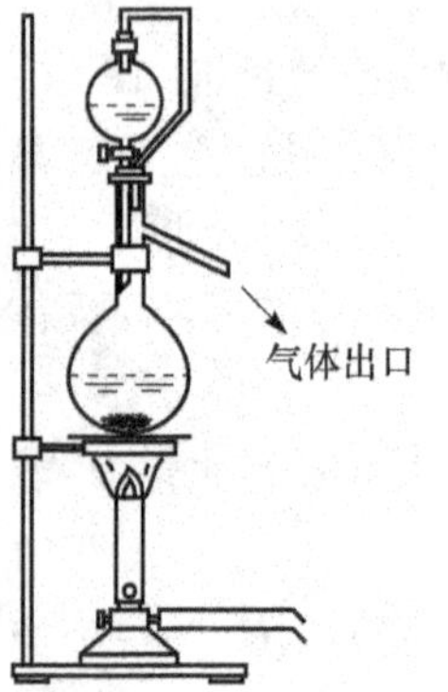

图 2-22　气体发生装置

启普发生器不能加热,装入的固体反应又必须是较大的颗粒,不适用小颗粒或粉末的固体反应物。所以制备氯化氢、氯气、二氧化硫等气体就不能使用启普发生器而改用图 2-22 所示的气体发生装置。

$$2KMnO_4 + 16HCl(浓) = 2MnCl_2 + 5Cl_2\uparrow + 2KCl + 8H_2O$$

$$NaCl + H_2SO_4(浓) = HCl\uparrow + NaHSO_4$$

$$Na_2SO_3 + 2H_2SO_4(浓) = SO_2\uparrow + 2NaHSO_4 + H_2O$$

把固体放在蒸馏瓶内,把酸液装在分液漏斗中。使用时打开分液漏斗下面的活塞使酸液均匀地滴加在固体上,就产生气体。当反应缓慢或不产生气体时,可以微微加热。如果加热后,仍不起反应,则需要更换固体药品。

二、气体的收集

(1) 在水中溶解度很小的气体(如氢气、氧气),可用排水集气法收集

(图 2-23)。

(2) 易溶于水而比空气轻的气体(如氨),可用瓶口向下的排气集气法收集[图 2-24(a)]。

(3) 能溶于水而比空气重的气体(如氯、二氧化碳等) 可用瓶口向上的排气集气法收集[图 2-24(b)]。

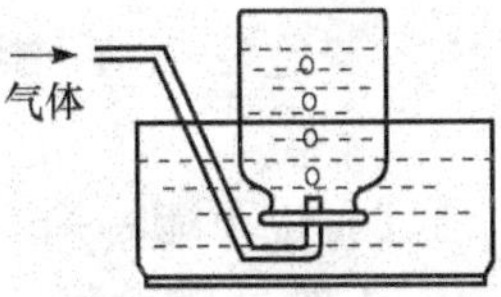

图 2-23　排水集气法

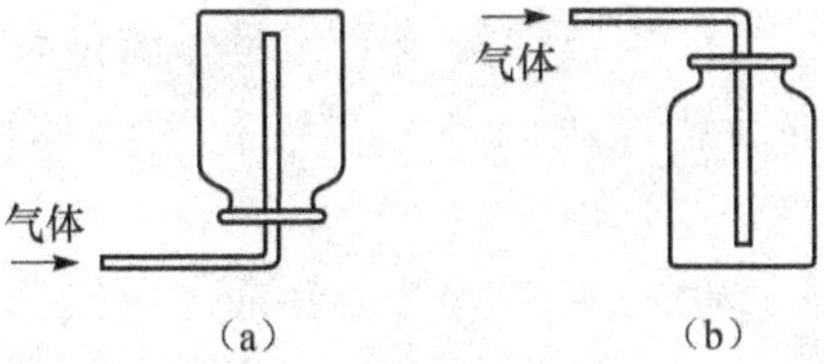

图 2-24　排气集气法

三、气体的净化与干燥

实验室中发生的气体常带有酸雾和水汽,所以在要求高的实验中就需要净化和干燥,通常用洗气瓶(图 1-1) 和干燥塔(图 1-1) 来进行。通常是让发生出来的气体先通过水洗以洗去酸雾,然后再通过浓硫酸吸去水汽,如二氧化碳的净化和干燥就是按此法进行的。氢气的净化要复杂一些,因为发生氢气的原料(锌粒)常含有硫、砷等杂质,所以在氢气发生过程中常夹杂有硫化氢、砷化氢等气体,要采用通过高锰酸钾溶液、乙酸铅溶液的办法除去硫和砷,酸气也同时除去,最后再通过浓硫酸干燥。有些气体是还原性的或碱性的,如硫化氢、氨气,则不能用浓硫酸来干燥。硫化氢可用无水氯化钙干燥,氨气可用氢氧化钠固体干燥。

四、气体钢瓶、减压阀及使用

在实验室中,也可以使用气体钢瓶,气体在一些工厂中直接充入专用钢瓶。各种钢瓶均涂以不同颜色的油漆以示区别,例如,氧气钢瓶是蓝色;氯气钢瓶是草绿色(白色横条);氢气钢瓶是深绿色(红色横条);氨气钢瓶是黄色;氮气钢瓶是黑色(棕色横条);氩气钢瓶是灰色等。使用时,可以通过减压阀来控制气体的流量。

气体钢瓶在运输、储存和使用时,注意勿使气体钢瓶与其他坚硬物体撞击,或暴晒在烈日下以及靠近高温,以免引起钢瓶爆炸。钢瓶应定期进行安全检查,如进行水压试验、气密性试验和壁厚测定等。

严禁油脂等有机物沾污氧气钢瓶,因为油脂遇到逸出的氧气就可能燃烧,若已有油脂沾污,则应立即用四氯化碳洗净。氢气、氧气或可燃气体钢瓶严禁靠近明火,与明火的距离一般不小于 10 m,否则必须采取有效的保护。氢气瓶最好放在远离实验室的小屋内，或放在钢瓶柜中。存放氢气钢瓶或其他可燃性气体钢瓶的房间应注意通风，以免漏出的氢气或可燃性气体与空气混合后遇到火种发生爆炸。室内的照明灯及电气通风装置均应防爆。

原则上有毒气体（如液氯等）钢瓶应单独存放，严防有毒气体逸出，注意室内通风。最好在存放有毒气体钢瓶的室内设置毒气检测装置。

若两种钢瓶中的气体接触后可能引起燃烧或爆炸，则这两种钢瓶不能存放在一起。气体钢瓶存放或使用时要固定好，防止滚动或翻倒。为确保安全，最好在钢瓶外面装橡胶防震圈。液化气体钢瓶使用时一定要直立放置，禁止倒置使用。

使用钢瓶时，应缓缓打开钢瓶上端阀门，不能猛开阀门，也不能将钢瓶内的气体全部用完，一定要保持 0.05 MPa 以上的残余压力，一般可燃性气体应保留 0.2～0.3 MPa 的残余压力，氢气应保留更高的残余压力。

第十节　常用仪器的测试原理及使用注意事项

一、酸度计

酸度计是测定溶液 pH 的仪器。酸度计能在 pH 0～14 范围内使用。酸度计有台式、便携式、表型式等多种，读数指示器有数字式和指针式两种。实验室常用的酸度计有 25 型、pHS-2 型、pHS-2C 型、pHS-2F 型、pHS-3C 型、320-SpH 型等。

1. 酸度计的使用原理

酸度计的主体是精密的电位计。测定时把复合电极插在被测溶液中，由于被测溶液的酸度（氢离子浓度）不同而产生不同的电动势，将它通过直流放大器放大，最后由读数指示器（电压表）指出被测溶液的 pH。

电位测定法测定溶液 pH，是以 pH 玻璃电极为指示电极、饱和甘汞电极为参比电极，并与待测液组成工作电池，电池可用下式表示：

pH 玻璃电极|试液‖饱和甘汞电极

25 ℃时，电池电动势为

$$E=K+0.059\ \mathrm{pH} \tag{2-1}$$

式中，K 在一定条件下是常数。可见电池电动势在一定条件下与溶液的 pH 呈线性关系。为了方便操作，现在酸度计大都使用复合电极。复合电极是 pH 玻璃电极（指示电极）和银-氯化银电极组合在一起的塑料壳可充式复合电极。

由于式(2-1)中 K 是一个不固定的常数，很难通过计算得到，因此普遍采用已知 pH 的标准缓冲溶液在酸度计上进行校正。即先测定复合电极与已知 pH 标准

缓冲溶液的电动势 E_s，然后再测定复合电极与试液的电池电动势 E_x。若测量 E_x 和 E_s 时条件不变，假定 $K_x=K_s$，根据式(2-1)可得

$$pH_x=pH_s+(E_x-E_s)/0.059 \quad (25\ ℃) \tag{2-2}$$

这就是 pH 操作定义，即通过分别测定标准缓冲溶液和试液所组成工作电池电动势就可求出试液的 pH。

由式(2-2)可知 pH_x 与 pH_s 相差 1 pH 单位时，E_x 与 E_s 相差 0.059 V，酸度计即按此进行分度。将 0.059 V/pH 称为 25 ℃时直线的斜率（或玻璃电极转换系数）。直线斜率与温度呈函数关系。为了保证在不同温度下测量精度符合要求，在测量中要进行温度补偿，酸度计设有此功能。

2. 样品测定和电极保养

1）样品测定

(1) 在使用电极之前，将保湿帽从电极头处拧去并将橡皮帽从填液孔上移走。

(2) 测量之前必须先校正电极，一般采用两点校正法。需要温度补偿的应先进行温度校准。

(3) 将电极插入被测溶液，轻轻搅拌溶液或轻轻摇动烧杯待数值稳定后，读取显示值。响应时间同电极和溶液有关。有些溶液很快就能达到平衡，而有些溶液，尤其是离解力很低的那些，可能会要几分钟才能达到平衡。

(4) 在将电极从一种溶液移入另一溶液之前，请用去离子水或下一种被测溶液清洗电极。用纸巾将水吸干。请勿擦拭电极，因为这样会产生极化和响应迟缓现象。

(5) 如测一组溶液，测量的顺序应按 pH 从大到小进行。

2）使用注意事项

(1) 小心使用电极，请勿将之用作搅拌器。在拿放电极时请勿接触电极膜。电极膜的损伤会导致精确度降低和响应迟缓现象。

(2) 测定小体积样品时，请确保复合电极头能被浸没。

(3) 请勿使电极填充液干涸，因为这可能导致永久的损伤。

(4) 在进行 pH 测定时温度是一个需考虑的重要因素。它会影响电极斜率、被测溶液的温度系数、电极的响应时间以及电极等温线交叉点的位置。

(5) 其他因素，包括溶液的离解力（溶液中分子离解成离子的能力），同样也会影响 pH 测量。

3）电极保养

(1) pH 电极使用前必须浸泡，因为 pH 球泡是一种特殊的玻璃膜，在玻璃膜表面有一很薄的水合凝胶层，它只有在充分湿润的条件下才能与溶液中的 H^+ 有良好的响应。同时，玻璃电极经过浸泡，可以使不对称电势大大下降并趋向稳定。

(2) pH 电极插入被测溶液后，要搅拌晃动几下再静止放置，这样会加快电极的响应。尤其使用塑壳电极时，搅拌晃动要厉害一些，因为球泡和塑壳之间会有一个小小的空腔，电极浸入溶液后，有时空腔中的气体来不及排除会产生气泡，使球泡或液接界与溶液接触不良，因此必须用力搅拌晃动以排除气泡。

(3) 在黏稠性试样中测试之后，电极必须用去离子水反复冲洗多次，以除去沾附在玻璃膜上的试样。有时还需先用其他溶液洗去试样，再用水洗去溶剂，浸入浸泡液中活化。

(4) 避免接触强酸强碱或腐蚀性溶液，如果测试此类溶液，应尽量减少浸入时间，用后仔细清洗干净。

(5) 避免在无水乙醇、重铬酸钾、浓硫酸等脱水性介质中使用，它们会损坏球泡表面的水合凝胶层。

(6) 电极的老化与胶层结构渐进变化有关。旧电极响应迟缓、膜电阻高、斜率低。用氢氟酸浸蚀掉外层胶层可以改善电极性能。若能用此法定期清除内外层胶层，则电极的寿命几乎是无限的。

电极活化：老化的电极可浸泡在 1 $mol \cdot L^{-1}$ 乙酸和 1 $mol \cdot L^{-1}$ 氯化钾的混合溶液(1∶1)中，活化 10 min 后取出清洗干净。老化情况不严重的电极，可浸泡在蒸馏水或 0.1 $mol \cdot L^{-1}$ 稀盐酸溶液中活化24 h。

二、电导率仪

1. 电导率的基本概念

电导率的物理意义是表示物质导电的性能。电导率越大则导电性能越强，反之越小。电导率是电阻率的倒数。在国际单位制中，电导率的单位称为西门子每米($S \cdot m^{-1}$)，其他单位有 $MS \cdot m^{-1}$、$S \cdot cm^{-1}$、$\mu S \cdot cm^{-1}$。

2. 电导率的测量原理

电导率的测量原理是将相互平行且距离是固定值 L 的两块极板，放到被测溶液中，在极板的两端加上一定的电势(通常为正弦波电压)。然后通过电导仪测量极板间电导。电导率的测量需要两方面信息：一个是溶液的电导，另一个是溶液中 L/A 的几何关系。电导可以通过电流、电压的测量得到。根据关系式 $\kappa = K \cdot G$ 可以得到电导率的数值。这一测量原理在当今直接显示测量仪表中得到应用。式中，$K=L/A$，其中，A 为测量电极的有效极板面积；L 为两极板间的距离；K 称为电极常数。在电极间存在均匀电场的情况下，电极常数可以通过几何尺寸算出。当两个面积为 1 cm^2 的方形极板，之间相隔 1 cm 组成电极时，此电极的常数 $K=$ 1 cm^{-1}。如果用此对电极测得电导值 $G=1000$ μS，则被测溶液的电导率 $\kappa=1000$ $\mu S \cdot cm^{-1}$。

一般情况下，电极常形成部分非均匀电场。此时，电极常数必须用标准溶液进行确定。标准溶液一般都使用 KCl 溶液。这是因为 KCl 的电导率在不同的温度和浓度情况下都非常稳定和准确。

3. 电导率仪的使用和注意事项

1）使用

(1) 使用之前要先进行校准，具体的校准方法请参照各种型号电导率仪使用说明。

(2) 为确保测量精度，电极使用前应用小于 0.5 $\mu S \cdot cm^{-1}$ 的蒸馏水冲洗两次（铂黑电极干放一段时间后在使用前需在蒸馏水中浸泡一会儿），然后用被测试样冲洗三次方可测量。

(3) 对于一些水温高于环境温度的溶液，自然冷却后再测量，否则会引起测量不稳定。

(4) 将电导电极垂直插入待测液中，待出现稳定读数时，读取电导数据。

(5) 清洗电导电极，然后进行另一种待测液的测试。

2）注意事项

(1) 测量时应采用配套使用的电导率仪和电极。

(2) 电极插头座应防止受潮，仪表应安置于干燥环境中，避免因水滴溅射或受潮引起仪表漏电或测量误差。

(3) 电极头由薄片玻璃制成，容易敲碎，切勿与硬物碰撞。

(4) 测量电极是精密部件，不可分解，不可改变电极形状和尺寸，且不可用强酸、强碱清洗，以免改变电极常数而影响仪表测量的准确性。

(5) 仪器出厂时，所配电极已测定好电极常数，为保证测量准确度，电极应定期进行常数标定。

(6) 新的（或长期不用的）铂黑电极在使用前应先用乙醇浸洗，再用蒸馏水清洗后方可使用。

(7) 使用铂黑电极时，在使用前后可浸在蒸馏水中，以防铂黑的惰化。如发现铂黑电极失灵，可浸入 10%硝酸或盐酸中 2 min，然后用蒸馏水冲洗再进行测量。如情况并无改善，则需更换电极。

(8) 光亮电极以测量范围 0～300 $\mu S \cdot cm^{-1}$ 为宜。

(9) 被测溶液电导率大于 1000 $\mu S \cdot cm^{-1}$ 时，应使用铂黑电极测量。若用光亮电极测量会加大测量误差。

三、分光光度计

1. 工作原理

分光光度计的基本原理是溶液中的物质在光的照射激发下，产生了对光的吸收效应，物质对光的吸收是有选择性的。各种不同的物质都具有各自的吸收光谱，因此当某单色光通过溶液时，其能量就会被吸收而减弱，光能量减弱的程度和物质的浓度有一定的比例关系，即符合比色原理——朗伯-比尔定律。

$$A=\lg(I/I_0)=KcL$$

式中，$\tau=I/I_0$，τ 为透射比；A 为吸光度或光密度；I 为透射光强度；K 为吸收系数；I_0 为入射光强度；L 为溶液的光径长度；c 为溶液的浓度。

分光光度计工作原理如图 2-25 所示。

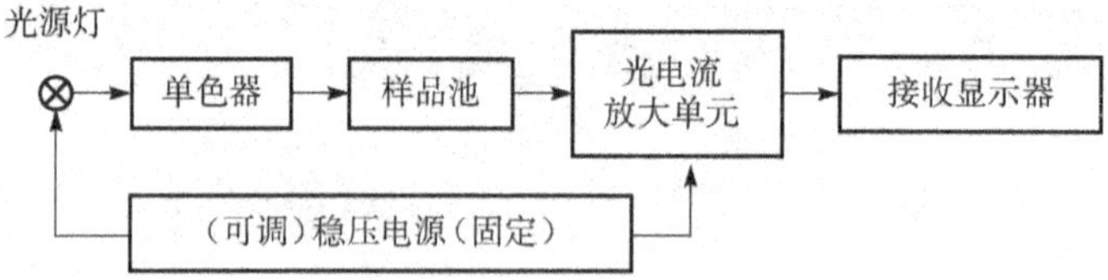

图 2-25　分光光度计工作原理图

2. 仪器的使用与注意事项

1）使用步骤

(1) 预热仪器 20 min。

(2) 将波长调至测试用波长。

(3) 用参比液对仪器进行校准。

(4) 将样品放入光路，读出被测样品的吸光度。

2）注意事项

(1) 仪器应安放在干燥的房间内，使用温度为 5～35 ℃。

(2) 尽量远离高强度的磁场、电场及发生高频波的电器设备。

(3) 避免在有硫化氢、亚硫酸、氟等腐蚀气体的场所使用。

(4) 每台仪器所配套的比色皿，不能与其他仪器上的比色皿调换使用。

(5) 当仪器停止工作时，应关闭仪器电源开关，拔掉电源插头，罩上仪器防尘罩。

(6) 拿取比色皿时，只能用手指接触两侧的毛玻璃面，避免接触光学面。

(7) 不得将光学面与硬物或脏物接触。盛装溶液时，高度为比色皿的 2/3 即可。光学面如有残液可先用滤纸轻轻吸附，然后再用镜头纸或丝绸擦拭。

(8) 凡含有腐蚀玻璃物质的溶液，不得长期盛放在比色皿中。

(9) 比色皿在使用后，应立即用水冲洗干净。必要时可用 6 mol・L^{-1}盐酸浸泡，然后用水冲洗干净。

(10) 不能将比色皿放在火焰或电炉上进行加热或在干燥箱内烘烤。

第三章 基本操作训练

【基本要求】

基本操作与技能是构成实验的重要内容，是进行无机化学实验的基础。要求熟练掌握的基本操作与技能有：煤气灯、电子天平、量筒、移液管、容量瓶、滴定管、温度计等的使用；常用玻璃仪器的洗涤；常用加热操作；试管反应操作（包括空白试验和对照试验）；试纸的选择和使用；结晶、固液分离与沉淀的洗涤操作等。本章实验主要训练质量、温度、体积等物理量的测定手段与方法，包括电子分析天平的使用、滴定操作以及简单的玻璃加工操作（切割、圆口、拉制）等技术。训练中，要求学生不仅会操作，也要弄清基本原理。在实践中着重操作技能训练，反复巩固，达到准确、熟练掌握的目的。

理论概述

本章除了要求学生练习、掌握实验的基本操作和技能外，还要求学生了解、熟悉相关的化学理论与知识。下面简要介绍与本章实验内容有关的化学基础理论。

一、气体方程式

气体状态方程式为

$$pV = nRT \tag{3-1a}$$

或

$$pV = \frac{m}{M}RT \tag{3-1b}$$

式中，p 为气体压力；V 为气体体积；n 为气体的物质的量；m 为气体质量；M 为气体的摩尔质量；T 为气体的热力学温度；R 为摩尔气体常量，数值为 8.314 $J \cdot K^{-1} \cdot mol^{-1}$。

式(3-1a)和式(3-1b)称为理想气体方程式或理想气体定律。对理想气体，主要作了两点假设：其一，气体分子的体积可以忽略不计；其二，气体分子间的吸引力可忽略不计。在高压情况下，实际气体的行为与理想气体定律的描述有很大偏差。此时必须引入范德华(van der Waals)修正式

$$\left(p+\frac{a}{V^2}\right)(V-b)=nRT \tag{3-2}$$

式中，a 为各种气体的特征常数，表示气体分子间吸引力；b 为气体分子所占体积，也称为特征常数。

理想气体状态方程式在化学实验中的一个重要作用就是用来测定各类气体的摩尔质量或测定摩尔气体常量 R，参见实验二、实验三。

二、热力学基础

化学反应的进行大都伴随着吸热和放热。发生化学反应时，如果体系不做非体积功，且反应的终态温度恢复至反应始态温度时，体系所吸收或放出的热量称该化学反应的反应热。用符号 Q 来表示，并规定吸热时 $Q>0$，放热时 $Q<0$。凡是标出热效应的化学方程式称为热化学方程式。例如，1 mol 碳(石墨)在 25 ℃及 100 kPa 下完全燃烧，能放出 394 kJ 的热量，即可写成

$$C(石墨)+O_2(g)=\!=\!=CO_2(g)+394\ kJ\cdot mol^{-1}$$

书写热化学方程式时，要注明反应时的温度、压力。习惯上如不注明，则表示温度为 25 ℃、压力为 100 kPa。各物质的聚集状态要写在分子式后面的括号里，气、液、固三态分别用 g、l、s 表示。

由热力学第一定律可得出

$$\Delta U=Q+W \tag{3-3}$$

一般情况下，大多数化学反应是在恒压条件下进行的，如在与大气相通的敞口容器中，体系的压力就恒定为当时大气压。如果体系不做非体积功，此过程的反应热称恒压反应热，用符号 Q_p 表示。这时

$$\Delta U=Q_p+W=Q_p-p\Delta V$$

或

$$Q_p=\Delta U+p\Delta V \tag{3-4}$$

式中，ΔU 为体系始终态的热力学能改变量；ΔV 为体系始终态的体积改变量；W 为体积功($=-p\Delta V$)，也就是体系体积变化反抗外力作用而与环境交换的功。热力学规定：环境对体系做功，$W>0$；体系对环境做功，$W<0$。

若把始态表示"1"，终态表示"2"，则式(3-4)可变换为

$$Q_p=(U_2-U_1)+p(V_2-V_1)=(U_2-U_1)+(pV_2-pV_1)$$

由于 Q_p 表示恒压反应热，所以 $p=p_1=p_2=p_{(环境)}$，因此

$$Q_p = (U_2 - U_1) + p_2V_2 - p_1V_1 = (U_2 + p_2V_2) - (U_1 + p_1V_1)$$

热力学上令 $H=U+pV$，H 称为焓（或热焓），单位为 $kJ \cdot mol^{-1}$。则

$$Q_p = H_2 - H_1 = \Delta H \qquad (3\text{-}5)$$

式(3-5)表示恒压条件下的反应热等于体系的焓变。$\Delta H<0$，表示焓值减少，反应为放热反应；$\Delta H>0$，表示焓值增加，反应为吸热反应。

这里要强调的是：第一，严格来讲，反应温度对化学反应的焓变值是有影响的。如在 100 kPa 下

$$CaCO_3(s) \xlongequal{\quad} CaO(s) + CO_2(g)$$

298.15 K　　$\Delta H_{298.15} = 178.27\ kJ \cdot mol^{-1}$

1000 K　　$\Delta H_{1000} = 175\ kJ \cdot mol^{-1}$

一般情况下，温度的影响不大，通常按 298.15 K 时处理。

第二，H 与 V、p、U 一样，都是状态函数，即 ΔH（焓变）只取决于体系变化的始态、终态，而与变化途径无关。因此一个反应分几步进行，则反应总过程的焓变等于各步焓变之和。

$$\Delta H = \Delta H_1 + \Delta H_2 + \cdots + \Delta H_n \qquad (3\text{-}6)$$

第三，恒温恒压下化学反应的热效应（ΔH），等于产物焓的总和减去反应物焓的总和，即

$$\Delta H = H_{终} - H_{始} = \sum H_{产} - \sum H_{反} \qquad (3\text{-}7)$$

显然如果能够知道参加化学反应的各个物质焓的绝对值，就能计算该化学反应的反应热。但是实际上焓的绝对值是无法测定的。为解决这一困难，人们采取使用一个相对标准，可以方便地计算反应的焓变（ΔH）。热力学规定：恒温和标准状态下由最稳定单质生成 1 mol 物质时的反应热称为该物质的标准摩尔生成焓。符号为 $\Delta_f H^{\ominus}_{m,T}$，单位为 $kJ \cdot mol^{-1}$。右下角“f”表示 formation，右上角“$\ominus$”表示标准态（气体的压力为 100 kPa，溶液中溶质浓度为 $1\ mol \cdot L^{-1}$，液体、固体为最稳定的纯净物）。在手册上查到的标准生成焓通常指 100 kPa 和 298.15 K 时的数据。右下角“T”表示热力学温度，若为 298.15 K，通常可省略温度数据，简写为 $\Delta_f H^{\ominus}_m$。

反应热有多种表达形式，除了上述生成焓外，还有溶解焓、燃烧焓、离子水合焓、键焓、中和焓等。

焓是化学热力学中的一个重要状态函数。它可以计算反应热，也可在判断同类型化合物相对稳定性、化学反应自发性倾向等情况中得到广泛应用。

三、酸碱平衡

酸、碱、盐是常见的无机化合物，人们对其概念、性质研究已有 200 多年。随着

新的酸碱理论的提出，研究在不断深化和完善。1887 年阿仑尼乌斯（Arrheniue）提出的酸碱电离理论，通俗实用，能解释众多实验现象，至今仍被普遍应用。其定义为：酸是在水溶液中离解生成的阳离子全部是 H^+ 的化合物；碱是在水溶液中离解生成的阴离子全部是 OH^- 的化合物。酸碱中和反应的实质就是 H^+ 和 OH^- 结合生成 H_2O 的反应。例如，盐酸和氢氧化钠的反应为

酸的离解　　　　　$HCl = H^+ + Cl^-$

碱的离解　　　　　$NaOH = OH^- + Na^+$

中和反应　　　　$H^+ + OH^- = H_2O$

盐被认为是中和反应的另一个产物，实际上是在水溶液中生成金属离子（包括 $NH_4{}^+$）和酸根离子的化合物（如 NaCl）。

其他条件相同的情况下，等浓度的不同酸（碱）溶液离解出 H^+（OH^-）越多，表示其酸（碱）性越强；反之就是越弱。例如，HCl、HNO_3 为强酸，HAc 为弱酸；NaOH、KOH 为强碱，$NH_3 \cdot H_2O$ 为弱碱。弱酸（碱）因其在水溶液中，仅部分分子离解，属于弱电解质，因此在弱电解质分子和离解生成的离子间有化学平衡存在。如

$$HAc \rightleftharpoons H^+ + Ac^-$$

酸碱电离理论的局限性是对于非水体系的酸碱反应和不含 H^+ 或 OH^- 的物质表现酸和碱的性质，均不能作出合理的解释。所以 20 世纪以来陆续提出酸碱溶剂理论、质子理论、电子理论等学说，它们都有一定的实用性和局限性。

酸碱滴定法又称中和滴定法，是以酸碱反应为基础的滴定分析法。它完全符合滴定分析法对化学反应的一些基本要求：定量（有固定计算关系）、迅速，有可以确定反应终点的可靠方法。

酸碱滴定中，常采用强酸（如 HCl）、强碱（如 NaOH）作为滴定剂。被滴定物（或称被测定物）具有碱性或酸性就有可能被滴定，但应根据 $c \cdot K_a$（或 $c \cdot K_b$）$\geqslant 10^{-8}$的界限判断能否被准确滴定。例如，用 NaOH 作滴定剂（又称标准溶液）可测定 HAc、HCl、H_3PO_4 等酸性物质的准确含量；反之，用 HCl 作滴定剂可测定 NaOH、Na_2CO_3、吡啶盐等碱性物质的准确含量。滴定分析中，溶液浓度一般采用 $0.1\ mol \cdot L^{-1}$左右。如果某些酸（或碱）太弱，离解常数$\leqslant 10^{-7}$，或有机物质在水中溶解度较小，则必须采用化学处理转换成可直接滴定酸（或碱），或者在非水溶液中滴定。

$c \cdot K_a$（或 $c \cdot K_b$）$\geqslant 10^{-8}$，实质是保证滴定曲线（溶液 pH 变化为纵坐标与加入滴定剂百分数为横坐标的关系曲线）中的滴定突跃（曲线在滴定终点、pH 迅速变化的部分）有足够大。一般突跃≥0.3pH，才能确保找到合适的酸碱指示剂（能通过颜色变化来指明中和反应终点的物质）。实验人员能借助指示剂的变色准确判断出滴定终点，使滴定误差≤0.2%。

稀 HCl 是最常用的酸性滴定剂，它具有一定的稳定性。试验表明 $0.1\ mol \cdot L^{-1}$ HCl 溶液煮沸 1 h，未发现明显损失。具有准确浓度的 HCl 溶液不宜直接配制。一般先配成近似浓度的溶液，然后用基准物质（能用于直接配制或标定标准溶液浓度的物质）标定。最常用的基准物质是无水碳酸钠（Na_2CO_3）和硼砂（$Na_2B_4O_7 \cdot 10H_2O$）。

稀 NaOH、KOH、$Ba(OH)_2$ 均可作碱性滴定剂。最常用的是 NaOH。由于固体 NaOH 具有很强的吸湿性，能吸收 CO_2 和水分，生成少量 Na_2CO_3，且含少量硅酸盐、硫酸盐和氯化物等，因此不能直接称量配制准确浓度。只能先配制成近似浓度溶液，然后用基准物质标定。最常用的基准物质是邻苯二甲酸氢钾（$KHC_8H_4O_4$）和草酸（$H_2C_2O_4 \cdot 2H_2O$）。

酸碱标准溶液一般配成 $0.1\ mol \cdot L^{-1}$ 浓度，偶尔也可配成 $0.01\ mol \cdot L^{-1}$ 或 $1\ mol \cdot L^{-1}$ 浓度。因为浓度过高时，加入每滴溶液的物质的量增大，引起误差较大；浓度太低时，滴定突跃范围减小，指示剂变色不甚明显，也将引起较大误差。

实验一　玻璃加工操作和仪器洗涤

一、实验目的

(1) 练习掌握煤气灯的使用。

(2) 学习简单的玻璃管加工。

(3) 练习玻璃器皿的洗涤。

二、实验提要

煤气灯是化学实验室最常用的加热器具。它由灯座和灯管组成（图 3-1）。在观察煤气灯的构造时，可以旋下灯管，这时可以看到灯座的煤气口和空气入口，转动灯管，能够完全关闭或不同程度地开放空气入口，以调节空气的输入量。

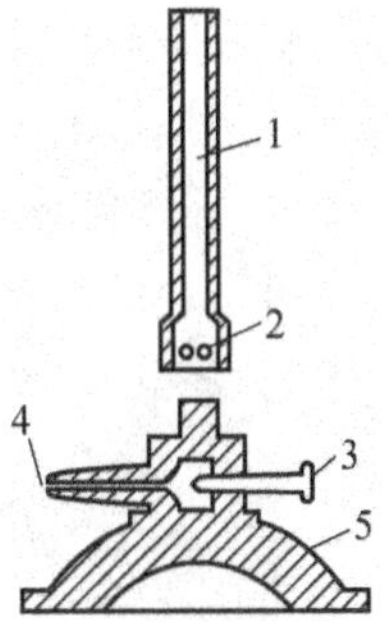

图 3-1　煤气灯的构造

1. 灯管；2. 空气开关；3. 煤气调节阀；4. 煤气入口；5. 灯座

当空气入口完全关闭时，点燃进入煤气灯的煤气，此时火焰呈黄色（碳粒发光所产生的颜色），煤气的燃烧不完全，火焰温度并不高。逐渐加大空气的输入量，煤气的燃烧就逐渐完全，此时火焰分三层[图 3-2(a)]：内层为焰心，煤气和空气混合物在此并未燃烧，温度低，约为 300 ℃；中层为还原焰，煤气在此不完全燃烧，并分解为含碳的产物，所以这部分火焰具有还原性，温度较高，火焰呈淡蓝色；外层为氧化焰，煤气在此完全燃烧，过剩的空气使这部分火焰具有氧化性。氧化焰的温度在三层中最高。最高温度处于还原焰顶端上部的氧化焰中，在 1000 ℃以上，火焰呈淡紫色。实验时，一般都采用氧化焰来加热。

空气或煤气的输入量调节得不合适时，会产生不正常的火焰。当煤气和空气的输入量都很大时，火焰就临空燃烧，称为临空火焰[图 3-2(b)]。待引燃用的火柴熄灭时，它也容易自行熄灭。当煤气输入量很小而空气输入量很大时，煤气会在灯管内燃烧，并发出“嘶嘶”的响声，火焰的颜色发绿，灯管被烧得很烫，这种火焰称为侵入火焰[图 3-2(c)]。有时在煤气灯使用过程中，煤气量突然因某种原因而减少，这时也会产生侵入火焰，这种现象称为回火。发生回火现象时，应立即关闭煤气，待灯管冷却后，再关小空气入口，重新点燃。

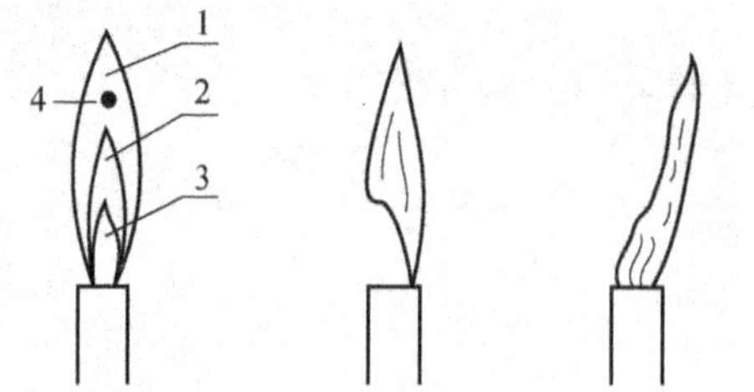

图 3-2 各种火焰

1. 氧化焰；2. 还原焰；3. 焰芯；4. 最高温度点

在一般情况下，加热试管中液体时，温度不需很高，这时可将煤气灯上的空气入口和煤气进口关小些(使用无声响的无色火焰)，在石棉网上加热烧杯中的液体或进行玻璃工操作时，火焰温度可调高些(用带有声响的无色火焰)。

在实验室中，煤气灯还用于玻璃加工。下面所举的例子是几种最简单的玻璃加工操作。

1. 玻璃管(棒)的截断和圆口

将玻璃管平放在桌面上，用锉刀的棱或小砂轮片，在左手拇指按住玻璃管的地方锉出一道凹痕(图 3-3)。应该往一个方向锉，不要来回锉，锉出来的凹痕应与玻璃管垂直，这样才能保证折断后的玻璃管截面是平整的。然后双手持玻璃管(凹痕向外)，用拇指在凹痕的正后方轻轻外推，同时用食指和拇指把玻璃管向外拉，以折断玻璃管(图 3-4)。截断玻璃棒的操作与截断玻璃管相同。

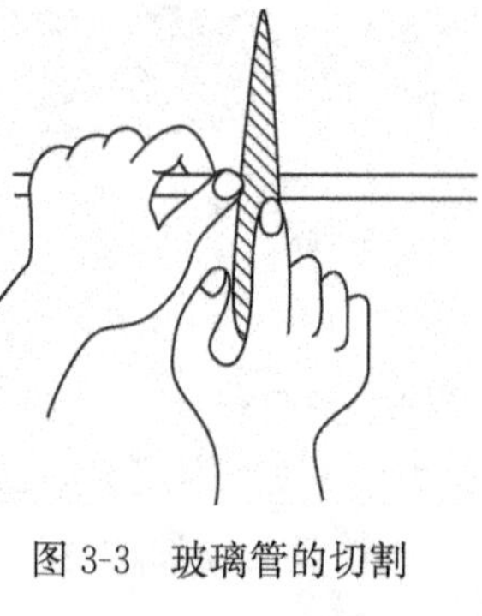

图 3-3 玻璃管的切割

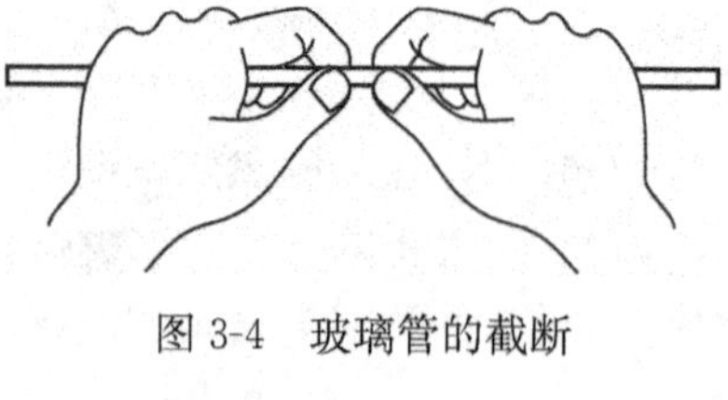

图 3-4 玻璃管的截断

玻璃管的截面很锋利，容易把手划破，且难以插入塞子的圆孔内，所以必须在煤气灯的氧化焰中熔烧。把截面斜插入氧化焰中熔烧时，要慢慢地转动玻璃管使熔烧均匀，直到熔烧得光滑为止，此步操作通常称为圆口(图 3-5)。灼热的玻璃管应放在石棉网上冷却，不要用手去摸，以免烫伤。玻璃棒也同样需要圆口。

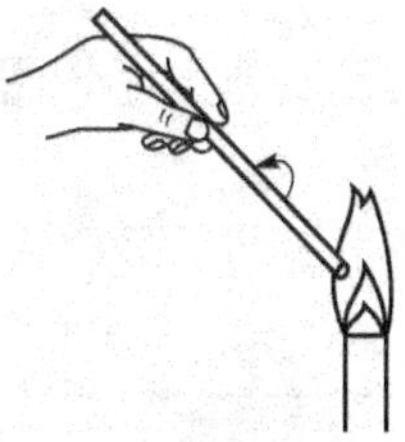

图 3-5　玻璃管圆口

2. 弯曲玻璃管的操作

先将玻璃管用小火预热一下，然后双手持玻璃管，把要弯曲的地方斜放入氧化焰中以增大玻璃管的受热面积，也可以在煤气灯上罩一鱼尾灯头以扩展火焰，增大玻璃管的受热面积(图 3-6)，同时缓慢而均匀地转动玻璃管，双手用力均匀，转速要一致，以免玻璃管在火焰中扭曲。加热到它发黄变软。自火焰中取出玻璃管，稍等一两秒钟，使各部温度均匀，准确地把它弯成所需的角度。弯管的正确手法是"V"字形，两手在上方，玻璃管的弯曲部分在两手中间的下方(图 3-7)。弯好后，待其冷却变硬才把它放在石棉网上继续冷却，冷却后，应检查其角度是否准确，整个玻璃管是否在同一平面上。图 3-8 是玻璃管弯得好坏的比较。

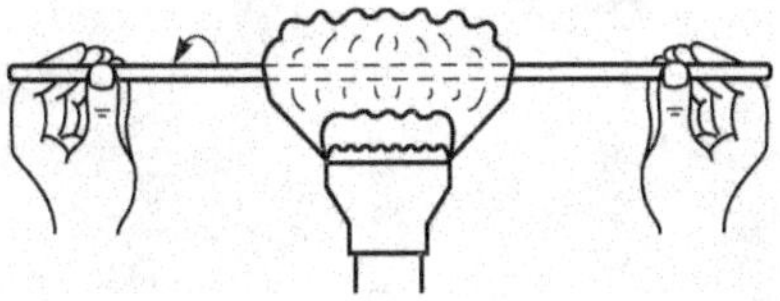

图 3-6　加热玻璃管的方法

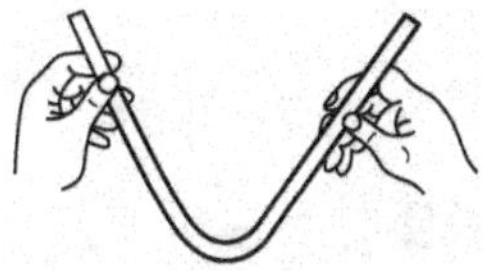

图 3-7　弯曲玻璃管的手法

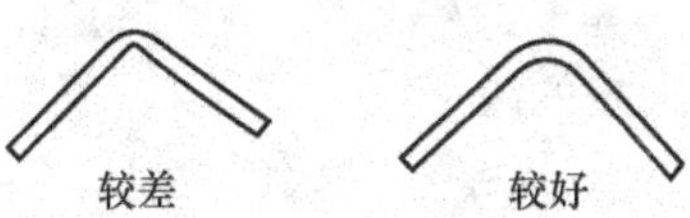

图 3-8　弯管好坏的比较

120°以上的角度，可以一次弯成。较小的锐角可分几次弯成：先弯成一个较大的角度，然后在第一次受热部位稍偏左或稍偏右处进行第二次加热和弯曲、第三次加热和弯曲，直到弯曲成所需的角度为止。

3. 拉玻璃管的操作

拉玻璃管时加热玻璃管的方法和弯玻璃管时基本上一样，不过要烧得更软一些。玻璃管应烧到红黄时才从火焰中取出，顺着水平方向边拉边来回转动玻璃管(图 3-9)，拉到所需要的细度时，一手持玻璃管，使玻璃管垂直下垂。冷却后，可按需要截断。

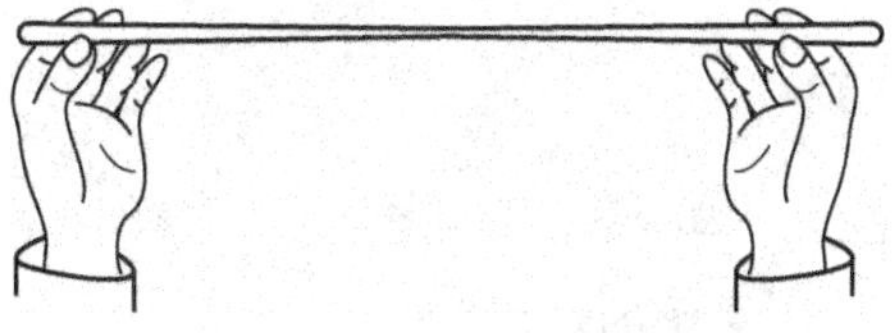

图 3-9　拉管的手法

三、实验流程图

煤气灯构造的了解及其使用 → 火焰性质的了解 → 弯曲玻璃管及其切割、圆口 → 制作滴管 → 洗涤玻璃器皿

四、实验用品

仪器、用品:煤气灯、坩埚钳、薄片小砂轮(或锉刀)、石棉网、点火器。

试剂、材料:小块硬纸片、铁丝网、铜片、玻璃管、玻璃棒。

五、实验内容

1. 煤气灯的使用

1) 煤气灯的构造和使用方法

(1) 将煤气灯灯座下的螺丝旋下,观察各部分的构造。

(2) 将空气入口关闭,打开煤气开关,点燃煤气,观察火焰的情况。然后慢慢将空气入口打开,调节空气进入量,直至火焰分为三层。

(3) 将煤气灯空气入口逐渐开大,直至发生侵入火焰。观察煤气在灯管内燃烧,侵入火焰的颜色和灯管很快发热的现象。关闭煤气开关,待灯管冷却后将空气入口关小,重新点燃煤气和调节空气进入量。

2) 火焰的温度

(1) 铁丝网平放在无色火焰中,从火焰上部慢慢向下移动(图 3-10)注意铁丝网烧成红热部分的面积和光亮程度的变化。

(2) 将硬纸片用水浸湿后,使某一边向下,垂直穿过火焰,把火焰平分为两部分(图 3-11),观察纸片被火焰灼焦状况。

根据实验(1)、(2)的结果,作出火焰各层温度高低的结论。

图 3-10 考察火焰温度(用铁丝网)

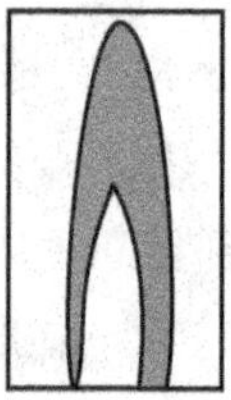

图 3-11 考察火焰温度(用硬纸片)

3) 火焰的性质

(1) 将一根长约 12 cm 的细玻璃管的一头斜插到内层火焰中,试点燃从玻璃

管另一头出来的煤气(图 3-12)。

图 3-12　考察火焰各层性质

(2) 用坩埚钳夹住一块铜片，使其一边向下竖直穿过火焰。观察铜片表面在各层火焰中的颜色。

根据上面的两个实验，总结火焰各层的性质。

2. 玻璃管(棒)的简单加工

1) 玻璃管(棒)的截割和圆口

(1) 利用废玻璃管(棒)反复练习截断玻璃管(棒)的基本操作。

(2) 制作玻璃棒截取 15 cm 和 18 cm 的长玻璃棒各一根，并将断面圆口。

2) 拉细玻璃管(棒)

(1) 练习拉细玻璃管(棒)的基本操作。

(2) 制作滴管：截取 18～20 cm 长玻璃管一根，拉制成 2 支滴管，如图 3-13 所示。管口用火圆口时应注意，受热时间不宜过长，以免管嘴收缩甚至封死。滴管粗的一端应在火焰中充分烧软，并随即垂直地向石棉网上轻轻掀压一下，使管口变厚略向外翻，以便套上橡皮头。制作的滴管规格要求是自滴管中滴出 18～22 滴水的体积约等于 1 mL。

(3) 制作小头搅拌棒：截取 16～18 cm 长玻璃棒一根，拉制成小头搅拌棒 2 支，如图 3-14 所示。

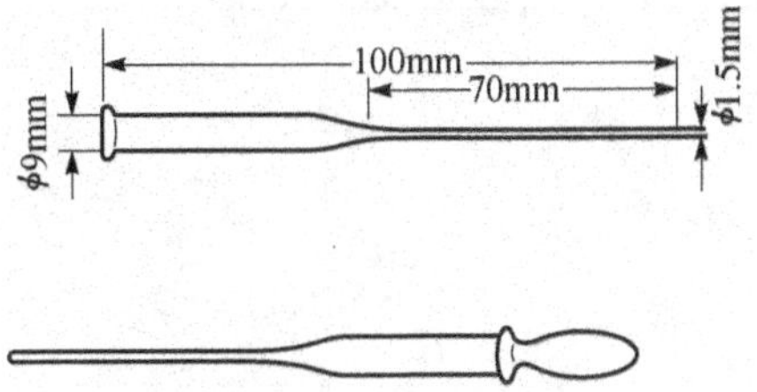

图 3-13　滴管示意图

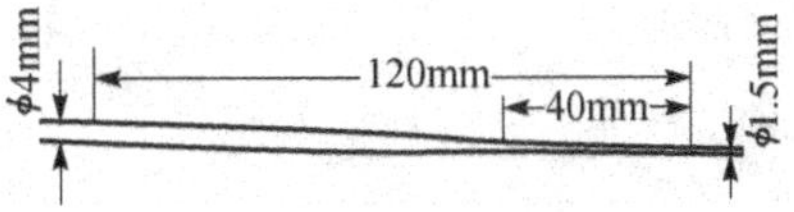

图 3-14　小头搅拌棒示意图

3) 弯玻璃管

练习玻璃管的弯曲，完成 120°、90°、60°等角度的玻璃弯管各一根。

3. 玻璃器皿的洗涤

领取烧杯、锥形瓶、容量瓶各 1 只，根据玻璃仪器的洗涤要求(第二章第一节)洗涤干净。

思考题

1. 煤气灯的火焰可分为几层？怎样调节？指出各层火焰的温度和性质。
2. 侵入火焰是怎样产生的？如何避免和处理？
3. 怎样切割玻璃管(棒)？为什么截面要圆口？
4. 在做下列操作时，如何选择煤气灯火焰，并应注意哪些问题？

(1) 制作玻璃管(棒);

(2) 玻璃管(棒)截断面的圆口;

(3) 滴管嘴的圆口。

5. 刚刚烧过的灼热的玻璃和冷的玻璃往往外表很难分辨,怎样防止烫伤?

实验二　二氧化碳摩尔质量的测定

一、实验目的

(1) 掌握气体相对密度法测定气体摩尔质量的原理和方法。

(2) 加深理解理想气体状态方程式和阿伏伽德罗定律。

(3) 学习启普气体发生器的使用并熟悉洗涤、干燥气体的装置。

二、实验提要

根据阿伏伽德罗定律,在同温同压下,相同体积的任何气体含有相同数目的分子。

对于 p、V、T 相同的 A、B 两种气体。若以 m_A、m_B 分别代表 A、B 两种气体的质量,M_A、M_B 分别代表 A、B 两种气体的摩尔质量,其理想气体状态方程式分别为

气体 A　$$pV=\frac{m_A}{M_A}RT \tag{3-8}$$

气体 B　$$pV=\frac{m_B}{M_B}RT \tag{3-9}$$

由式(3-8)、式(3-9)整理可得

$$\frac{m_A}{m_B}=\frac{M_A}{M_B} \tag{3-10}$$

于是得出结论:在同温同压下,同体积的两种气体的质量之比等于其摩尔质量之比。

应用上述结论,在同温同压下,可以用相同体积的二氧化碳与空气相比较设计本实验。因为已知空气的平均摩尔质量为 29.0 g · mol^{-1},只要测得二氧化碳与空气在相同条件下的质量,便可根据式(3-10)求出二氧化碳的摩尔质量。

即

$$M_{CO_2}=\frac{m_{CO_2}}{m_{空气}}\times 29.0(\text{g} \cdot \text{mol}^{-1}) \tag{3-11}$$

式中,29.0 是空气的平均摩尔质量。体积为 V 的二氧化碳质量 m_{CO_2} 可直接从分析天平上称出。同体积空气的质量可根据实验室测得的大气压(p)和温度(T),利用理想气体状态方程式计算得到。

三、实验流程图

准备制取、净化CO_2装置 → 分析天平称取（空气+瓶+瓶塞）质量 → 收集CO_2气体并求得质量 → 重量法求瓶容积 → 数据处理

四、实验用品

仪器、用品：分析天平、启普气体发生器、台秤、洗气瓶、干燥管、磨口锥形瓶。

试剂、材料：石灰石、HCl（工业级）、$NaHCO_3$（饱和溶液）、浓 H_2SO_4（工业级）、玻璃棉、玻璃管、橡皮管。

五、实验内容

按图 3-15 装配好制取二氧化碳的实验装置。二氧化碳由盐酸和石灰石反应制备。因石灰石中含有硫，所以在气体发生过程中有硫化氢、酸雾、水汽产生。可用饱和 $NaHCO_3$ 溶液和浓 H_2SO_4 溶液除去硫化氢、酸雾和水汽。

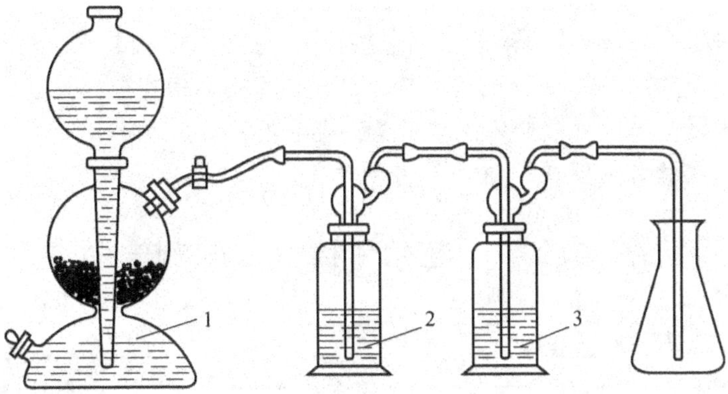

图 3-15　CO_2 气体的生成、净化和收集装置

1. 启普气体发生器；2. 饱和 $NaHCO_3$ 溶液；3. 浓硫酸

取一洁净而干燥的磨口锥形瓶，在分析天平上称出（空气＋瓶＋瓶塞）质量。

在启普气体发生器中产生二氧化碳气体，经过净化、干燥后导入锥形瓶中。由于二氧化碳气体略重于空气，所以必须把导管伸入瓶底。等 4～5 min 后，轻轻取出导气管，用塞子塞住瓶口在分析天平上称量二氧化碳、瓶、塞的总质量。重复通二氧化碳气体和称量的操作，直到前后两次称量的质量相符为止（两次质量差值小于 2 mg）。最后在瓶内装满水、塞好塞子，在台秤上准确称量。

六、数据处理

室温 T/℃＿＿＿＿＿＿＿＿

气压 p/Pa ＿＿＿＿＿＿＿＿

(空气+瓶+塞子)的质量 m_A ＿＿＿＿＿＿＿＿

第一次(二氧化碳气体+瓶+塞)的总质量 m_1 ＿＿＿＿＿＿＿＿

第二次(二氧化碳气体+瓶+塞)的总质量 m_2 ＿＿＿＿＿＿＿＿

(二氧化碳气体+瓶+塞)的总质量 $m_B=\frac{m_1+m_2}{2}$ ＿＿＿＿＿＿＿＿

(水+瓶+塞)的质量 m_C＿＿＿＿＿＿＿＿

瓶的容积 $V=\frac{m_C-m_A}{1.00}$ ＿＿＿＿＿＿＿＿

瓶内空气的质量 $m_{空气}=M_{空气}\frac{pV}{RT}$＿＿＿＿＿＿＿＿

(瓶+塞子)的质量 $m_D=m_A-m_{空气}$＿＿＿＿＿＿＿＿

二氧化碳气体质量 $m_E=m_B-m_D$ ＿＿＿＿＿＿＿＿

二氧化碳气体的摩尔质量＿＿＿＿＿＿＿＿

思考题

1. 为什么(二氧化碳气体+瓶+塞)的总质量要在分析天平上称量，而(水+瓶+塞)的质量可以在台秤上称量？两者的要求有何不同？

2. 哪些物质可用此法测定摩尔质量？哪些不可以？为什么？

3. 指出实验装置图 3-15 中各部分的作用。

实验三　摩尔气体常量的测定

一、实验目的

(1) 掌握理想气体状态方程式和分压定律的应用。

(2) 学会测量气体体积的一种方法。

二、实验提要

$$Mg + 2H^+ (过量) \longrightarrow Mg^{2+} + H_2(g) \tag{3-12}$$

上述反应在通常条件下，是不可逆反应。根据反应方程式(3-12)可知

$$\frac{m_{Mg}}{M_{Mg}} = \frac{m_{H_2}}{M_{H_2}} \tag{3-13}$$

式中，m_{Mg}为称取镁的质量；m_{H_2}为产生氢气的质量；M_{Mg}和 M_{H_2}分别为镁和氢气的摩尔质量。

已知质量的金属镁(m_{Mg})与过量的稀硫酸反应，在一定的温度和压力下测出产生气体的体积(V)，就可运用理想气体状态方程式计算出摩尔气体常量(R)。

由于氢气是在水面上收集的，氢气中还混有水汽，在实验室温度下，水的饱和蒸气压 p_{H_2O} 可在书后面的附录七中查出，根据分压定律，氢气的分压 p_{H_2} 可由下式求得

$$p = p_{H_2} + p_{H_2O}$$

$$p_{H_2} = p - p_{H_2O} \tag{3-14}$$

理想气体状态方程式为

$$p_{H_2}V = \frac{m_{H_2}RT}{M_{H_2}} \tag{3-15}$$

将式(3-13)代入式(3-15)并整理得

$$R = \frac{p_{H_2}VM_{Mg}}{Tm_{Mg}} \tag{3-16}$$

三、实验流程图

准备测定装置 → 镁条称量 → 记录室温、大气压 → 测反应生成氢气体积 → 数据处理

四、实验用品

仪器、用品：分析天平、100 mL 量气管、三角漏斗、滴管、10 mL 量筒、滴定管夹、铁架台、铁圈。

试剂、材料：镁条、H_2SO_4(3 mol·L^{-1})、丙三醇(甘油)、橡皮管、砂皮纸。

五、实验内容

(1) 用分析天平精确称取两份已擦去表面氧化膜的镁条，每份质量为 0.03～0.05 g。

(2) 按图 3-16 所示，装配好仪器装置。打开试管的塞子，由漏斗往量气管内装水至略低于刻度"0"的位置。上下移动漏斗以赶尽附着在胶管内壁和量气管中的气泡，确认无气泡后，把试管的塞子塞紧。

(3) 检查装置是否漏气。把漏斗下移一段距离并固定在一定的位置上 1 min。观察量气管的液面，如果量气管中的液面只在开始稍有下降，然后就在一

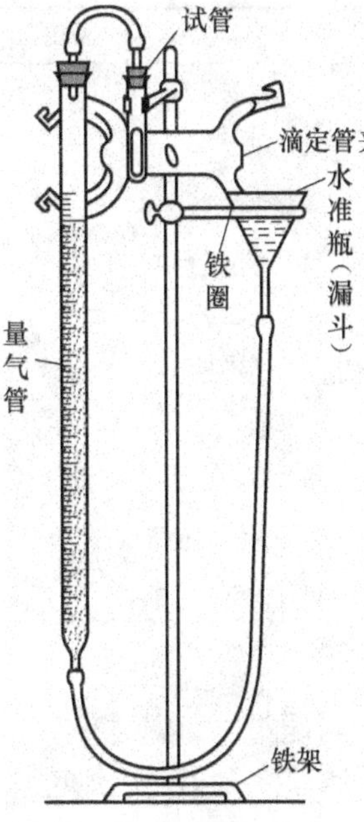

图 3-16　测定摩尔气体常量的装置

个位置上保持不变，则说明装置密封性良好；如果液面不断下降，则说明装置漏气。这时必须检查各个接口处是否严密，将可能漏气处的塞子塞紧。重复上述实验，直至不漏气为止。

(4) 把漏斗移至原来的位置，取下试管，用滴管向试管中注入 3～5 mL 3 mol·L^{-1} H_2SO_4。注意勿使酸沾到试管壁上。然后用丙三醇作黏结剂把镁条贴在试管壁上，将塞子塞紧。此过程中镁条不得与硫酸接触。重复实验(3)的操作，检查整个装置的密封性。

(5) 在确认装置不漏气的情况下，把漏斗移至量气管的一侧，使两者的液面保持在同一水平，记下量气管中液面的体积读数(V_1)，准确至 0.02 mL。开始反应，把试管的底部略微提高，使硫酸与镁条接触。反应产生的氢气进入量气管，为避免管内压力过大，在管内液面下降的同时，漏斗可相应地往下移动，使管内液面和漏斗中液面基本保持在同一水平。

(6) 镁条反应完毕后，待试管冷却至室温，然后使漏斗与量气管的液面处于同一水平，记下液面的体积读数(V_2)。稍等 1～2 min，再记录一次，如果两次读数一致，则表明量气管内气体温度与室温相同，同时记下室温和大气压。重复以上实验一次。

六、数据处理

	第一次	第二次
室内温度 T/K		
大气压 p/Pa		
镁条质量 m_{Mg}/g		
终态液位 V_2/mL		
初态液位 V_1/mL		
氢气体积 V_{H_2}/m^3		
水的饱和蒸气压 p_{H_2O}/Pa		
氢气的分压 p_{H_2}/Pa		
摩尔气体常量 R/(J·mol^{-1}·K^{-1})		
相对误差		

思考题

实验过程中，出现下列情况对实验结果有何影响？

(1) 镁条表面的氧化物没除尽；

(2) 镁条称得太多或太少。

(3) 称量后的镁条碰到水或酸；

(4) 量气管中气泡没赶尽；

(5) 在产生氢气过程中装置漏气；

(6) 读数时，漏斗及量气管中液面没处在同一水平面；

(7) 试管没冷却到室温就读数。

实验四　氯化铵生成焓的测定

一、实验目的

(1) 掌握测定氯化铵生成焓的原理和操作方法。

(2) 加深对热力学中盖斯定律的理解。

(3) 掌握测定化学反应焓和物质溶解焓的实验方法。

二、实验提要

有些物质往往不能由单质直接生成，这些物质的生成焓则无法直接测定，只能用间接的方法，即通过测定有关的热化学数据，然后根据盖斯定律，求得该物质的生成焓。本实验就是通过测定 $NH_3 \cdot H_2O(aq)$ 和 HCl(aq) 的反应焓以及 $NH_4Cl(s)$ 的溶解焓来计算出 $NH_4Cl(s)$ 的生成焓。$NH_4Cl(s)$ 的生成可以设想通过以下途径来实现。

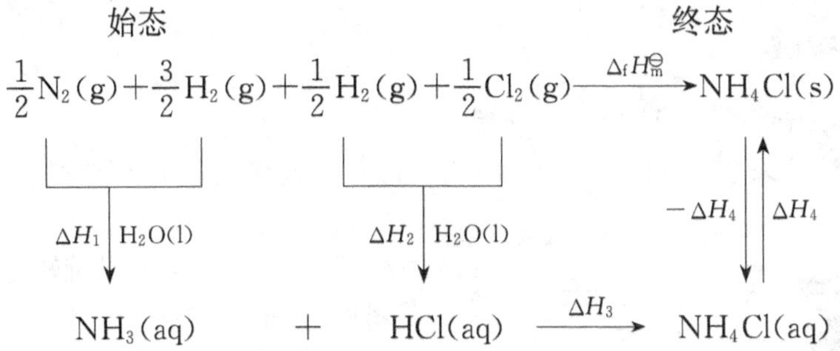

根据盖斯定律

$$\Delta H_1 + \Delta H_2 + \Delta H_3 + \Delta H_4 = \Delta_f H_m^\ominus \tag{3-17}$$

可知

$\Delta H_1 = -80.3\ kJ \cdot mol^{-1}$　（氨水在 298 K 时的生成焓）

$\Delta H_2 = -167.2\ kJ \cdot mol^{-1}$　（HCl(aq)在 298 K 时的生成焓）

因此，只要测定 ΔH_3（$NH_3 \cdot H_2O$ 和 HCl 的中和反应焓）及 ΔH_4（$NH_4Cl(s)$ 的溶解焓），利用盖斯定律即可求得 $NH_4Cl(s)$ 的生成焓 $\Delta_f H_m^\ominus$。

为了提高实验的准确度，减小实验误差，本实验要求 $NH_3 \cdot H_2O$ 和 HCl 的中和反应在低浓度溶液中进行，并在绝热、保温良好的量热器中进行。

中和焓或 $NH_4Cl(s)$ 的溶解焓可以通过溶液的比热容和反应过程中溶液温度的改变来计算，计算公式为

$$\Delta H = -\Delta TCVd\frac{1}{n\times 1000} \tag{3-18}$$

式中，ΔH 为反应的焓变（$kJ \cdot mol^{-1}$），即中和焓或溶解焓；ΔT 为反应前后的温度差（℃）；C 为溶液的比热容（$J \cdot g^{-1} \cdot K^{-1}$）；$V$ 为溶液的体积（mL）；d 为溶液的密度（$g \cdot cm^{-3}$）；n 为 V mL 溶液中 NH_4Cl 的物质的量。

三、实验流程图

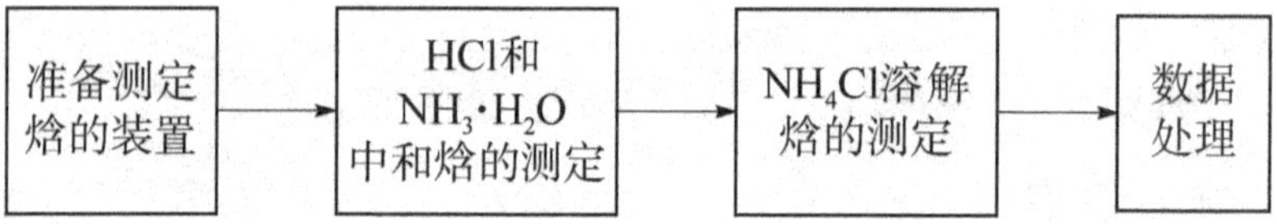

四、实验用品

仪器、用品：移液管（25 mL，2 支；50 mL，1 支）、带盖的塑料保温杯（1 个）、热电偶数字温度计（1 套，精确至 0.1 ℃ ）。

试剂、材料：1.50 $mol \cdot L^{-1}$ HCl、1.60 $mol \cdot L^{-1}$ $NH_3 \cdot H_2O$、NH_4Cl（固体）。

五、实验内容

1. HCl 和 $NH_3 \cdot H_2O$ 中和焓的测定

用移液管取 25.00 mL 1.5 $mol \cdot L^{-1}$ HCl 放入预先洗净且干燥的塑料保温杯中，盖上盖子，在盖上插入热电偶温度传感器（图 3-17），水平旋转方式摇动塑料杯，直至数字温度计显示温度保持恒定为止（需要 3～5 min），记下中和反应前的温度。

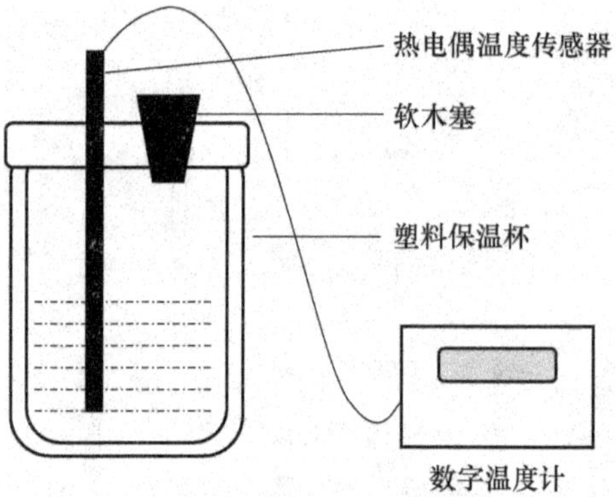

图 3-17　HCl 和 $NH_3 \cdot H_2O$ 中和焓的测定装置

用移液管从保温杯盖子上的小孔中放入 25.00 mL 1.60 $mol \cdot L^{-1}$ 的 $NH_3 \cdot H_2O$，立即盖上小软木塞，水平旋转方式摇动保温杯，并记下中和反应后上升的最高温度（20～30 s 完成）。

测定完毕后，把保温杯中的

NH_4Cl溶液倒入回收瓶中，并把保温杯中的热电偶温度传感器等洗净擦干，以备下次使用。

2. NH_4Cl溶解焓的测定

在电子天平上精确称取 5～6 g $NH_4Cl(s)$。

用移液管量取 50.00 mL 蒸馏水放入保温杯中，盖上盖子，插入热电偶温度传感器，盖上软木塞。水平旋转方式摇动保温杯，直至保温杯中的水温不再改变为止(需要 3～5 min)，记下水温。

迅速将称取好的$NH_4Cl(s)$倒入保温杯中，立即盖紧盖子并不断以水平旋转方式轻轻地摇动保温杯，直到温度下降达到稳定的最低温度后，记下溶解后的水温。

测量完毕，把保温杯中的溶液倒入回收瓶中，并将保温杯、热电偶温度传感器等洗净擦干，放回原处。

六、数据处理

1. HCl 和 $NH_3 \cdot H_2O$ 的中和焓

中和反应前					中和反应后溶液的最高温度 T/℃	中和反应的升温 ΔT/℃
反应物温度 T/℃	HCl		$NH_3 \cdot H_2O$			
	浓度/($mol \cdot L^{-1}$)	体积/mL	浓度/($mol \cdot L^{-1}$)	体积/mL		

2. NH_4Cl 的溶解焓

无水NH_4Cl的摩尔质量/($g \cdot mol^{-1}$)	无水NH_4Cl的质量/g	溶解NH_4Cl前的蒸馏水温度 T_1/℃	溶解NH_4Cl后溶液的最低温度 T_2/℃	$\Delta T=(T_1-T_2)$/℃

3. 反应焓 $\Delta H_{中和}$ 和 $\Delta H_{溶解}$ 的计算[据公式(3-18)]

设：溶液的比热容为 4.18 $J \cdot g^{-1} \cdot K^{-1}$；

NH_4Cl溶液的密度 $d=1.00\ g \cdot cm^{-3}$；

反应器的热容可以忽略不计。

4. $NH_4Cl(s)$的标准摩尔生成焓的计算

$\Delta_f H_m$(实测)$=\Delta H_1+\Delta H_2+\Delta H_3+\Delta H_4$

$\Delta H_1=-80.3\ kJ \cdot mol^{-1}$

$\Delta H_2=-167.2\ kJ \cdot mol^{-1}$

$\Delta H_3=$ ________ $kJ \cdot mol^{-1}$

$\Delta H_4 =$ ________ $kJ \cdot mol^{-1}$

$\Delta_f H_m =$ ________ $kJ \cdot mol^{-1}$

5. 测量的相对误差的计算

$$相对误差=\frac{\Delta_f H_m(实测)-\Delta_f H_m^{\ominus}(理论)}{\Delta_f H_m^{\ominus}(理论)}\times 100\%$$

思考题

1. 在中和焓测定过程中，为什么以 HCl 为基准进行中和焓的计算时，$NH_3 \cdot H_2O$ 必须过量？

2. 所用的量热器(包括保温杯及热电偶温度传感器等)有什么要求？是否容许有残留的洗涤水滴？为什么？

3. 本实验中造成误差的主要原因是什么？

4. 试设计一个合理的测定方案，测定下列置换反应的焓变 $\Delta_r H_m^{\ominus}$。

$$Zn + CuSO_4 \longrightarrow ZnSO_4 + Cu$$

实验五　化学反应热效应的测定

一、实验目的

(1) 了解化学热力学中焓变 ΔH 的概念和化学反应的热效应，并掌握二者的关系。

(2) 了解量热装置的构造、原理及操作方法。

(3) 巩固准确浓度溶液配制的基本操作。

(4) 学会数据作图以及使用作图外推法处理实验数据。

二、实验提要

化学反应通常是在恒压条件下进行的，恒压下进行化学反应的热效应称为等压热效应，用 Q_p 表示。化学热力学中反应的焓变 ΔH 在数值上等于 Q_p。因此，通常可用量热的方法测定反应的焓变。对于放热反应 ΔH 为负值，吸热反应 ΔH 为正值。例如，在恒压下，金属锌从铜盐溶液中置换出 1 mol 铜时放出 216.8 kJ 热量，即反应的焓变 $\Delta H = -216.8\ kJ \cdot mol^{-1}$。

放热反应的反应热测定方法有很多种，本实验的测定原理是：设法使反应物在绝热条件下(反应系统不与量热计外的环境发生热量交换)，仅在量热计中发生反应，使量热计及其内物质的温度发生改变。根据反应系统前后的温度变化及有关物质的质量和比热容，就可以计算出反应热。然而本实验中溶液反应的焓变是采用图 3-18 所示的简易量热计测定的。由于它并非严格绝热，在实验时间内，量热计不可避免地会与环境发生少量热交换，采用作图外推法得到的温度差值 ΔT 可适当地消除这一影响。作图外推法是在保证系统与环境热交换量不变的前提下将混合过程外推为瞬间完成（可视这一瞬间系统与环境无热交换）而确定出合理的初、终温度（图 3-19）。

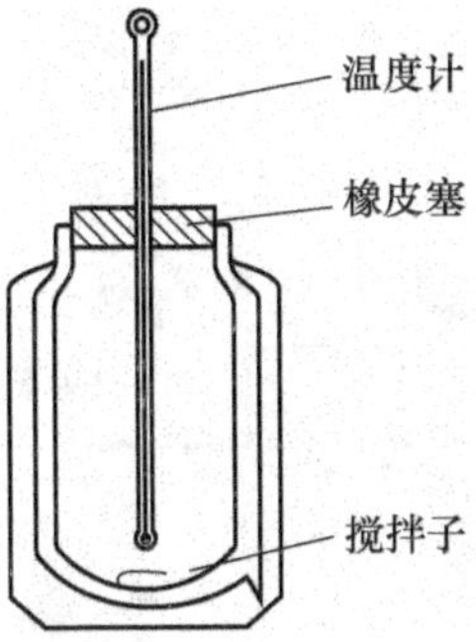

图 3-18　量热计装置

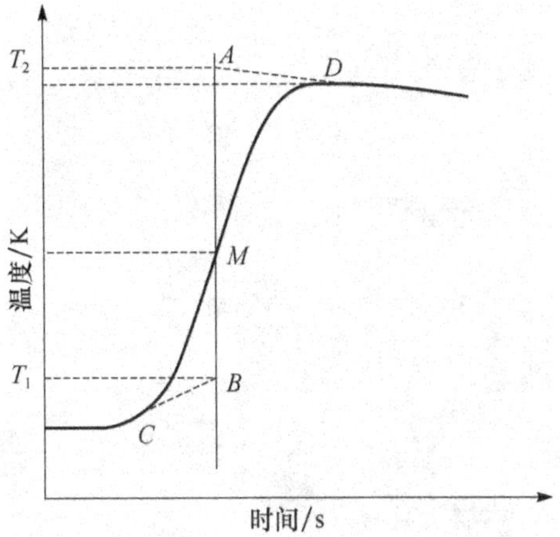

图 3-19　温度-时间曲线

本实验测定 $CuSO_4$ 溶液与 Zn 粉反应的焓变。

$$Cu^{2+}(aq) + Zn(s) = Cu(s) + Zn^{2+}(aq)$$

由于反应速率较快，并且能进行得相当完全。若使用过量 Zn 粉，$CuSO_4$ 溶液中 Cu^{2+} 可认为完全转化为 Cu。系统中反应放出的热量等于溶液所吸收的热量。量热计中溶液温度升高的同时也使量热计的温度相应地提高，因此反应放出的热量可按式(3-19)计算。

$$\Delta H = -\frac{(VdC + C_p)\Delta T}{n \times 1000} \tag{3-19}$$

式中，ΔH 为反应的焓变（$kJ \cdot mol^{-1}$）；V 为溶液的体积（mL）；d 为溶液的密度（$g \cdot mL^{-1}$）；C 为溶液的比热容（$J \cdot g^{-1} \cdot K^{-1}$）；$\Delta T$ 为真实温升（K）；n 为 V mL 溶液中溶质的物质的量（mol）；C_p 为量热计的热容（$J \cdot K^{-1}$）。

量热计的热容，是指量热计的温度升高 1 ℃所需要的热量。在测定反应热之前，必须先测定量热计的热容，其方法大致如下：

在量热计中加入一定质量的冷水 m（如 50 g），测其温度为 T_1，加入相同质量的热水（温度为 T_2），混合后水温为 T_3。已知水的比热容为 4.18 $J \cdot g^{-1} \cdot K^{-1}$，则

$$热水失热 = (T_2 - T_3) \cdot m \cdot C$$

$$冷水得热 = (T_3 - T_1) \cdot m \cdot C$$

$$量热计得热=(T_3-T_1)\cdot C_p$$

因为热水失热与冷水得热之差即为量热计得热，因此量热计的热容为

$$C_p=\frac{(T_2-T_3)\cdot m\cdot C-(T_3-T_1)\cdot m\cdot C}{T_3-T_1}$$

Zn 与 $CuSO_4$ 溶液反应的标准摩尔焓变理论值为

$$\begin{aligned}\Delta_r H_m^\ominus(298.15)&=[\Delta_f H_m^\ominus(Cu,s)+\Delta_f H_m^\ominus(Zn^{2+},aq)]\\&\quad-[\Delta_f H_m^\ominus(Cu^{2+},aq)+\Delta_f H_m^\ominus(Zn,s)]\\&=[0+(-152.42)]\ kJ\cdot mol^{-1}-[64.81+0]\ kJ\cdot mol^{-1}\\&=-217.23\ kJ\cdot mol^{-1}\end{aligned}$$

三、实验流程图

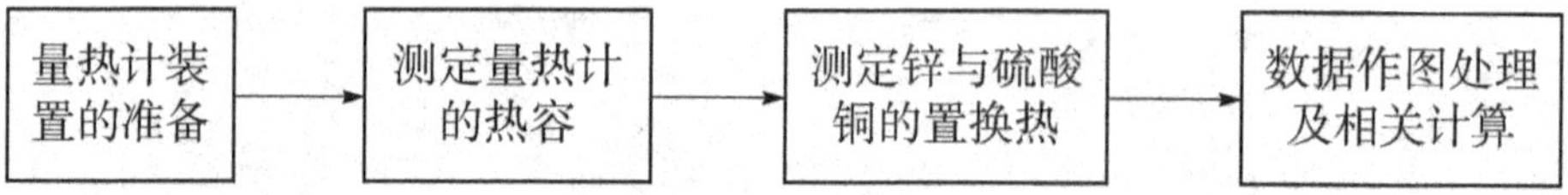

四、实验用品

仪器、用品：分析天平、台秤、温度计、量热计、容量瓶(250 mL)、移液管(50 mL)。

试剂、材料：$CuSO_4\cdot 5H_2O$ 晶体(A. R.)、锌粉(C. P.)。

五、实验内容

1. 测定量热计的热容(C_p)

量热计装置如图 3-18 所示。用量筒量取 50.0 mL 自来水，倒入量热计中，加上盖适当加以搅拌，等待 5～10 min 使体系达到热平衡，记录温度 T_1，精确到 0.1 ℃。同样取 50.0 mL 自来水放在烧杯中，用小火加热到比 T_1 高 15～20 ℃(用同一支温度计测量)。让热水静置 1～2 min 后，迅速测量其温度 T_2，精确到 0.1 ℃，并迅速将其倒入量热计中，加上盖并进行搅拌，立即观察温度计读数，每 15 s 记录一次温度，直至温度上升到最高点后再继续测量 3 min。如图 3-19 所示，做出温度-时间的曲线图，求出 ΔT(即 T_3-T_1)。

2. 测定锌与硫酸铜的置换热

(1) 用台秤称取 3 g 锌粉。

(2) 在分析天平上称出配制 250 mL 0.2000 $mol\cdot L^{-1}$ $CuSO_4$ 溶液所需要的 $CuSO_4\cdot 5H_2O$ 晶体的质量，用 250mL 容量瓶配制成溶液，正确计算出 $CuSO_4$ 溶液的浓度。

(3) 用 50 mL 移液管准确量取 0.2000 mol・L^{-1} $CuSO_4$ 溶液 100 mL，注入干净及干燥的量热计中。不断搅拌溶液，每隔 20 s 记录一次温度。

(4) 在测定开始 2～3 min 后迅速添加 3 g 锌粉(注意仍需不断搅拌溶液)，并继续每隔 15 s 记录一次温度，记录温度上升到最高点后再继续测定 2～3 min。

六、数据记录和处理

1. 数据记录

室温/K ________

列表记录测定量热计热容量每隔 15 s 的温度读数。记录测定锌与硫酸铜置换热每 15 s 的温度读数。

温度随实验时间的变化

时间 t/s		
温度	反应前 T/K	
	反应后 T/K	

2. 计算反应的焓变

1) 量热计的热容

(1) 冷水的温度 T_1/K ________

(2) 热水的温度 T_2/K ________

(3) 从曲线上测得的混合温度 T_3/K ________

(4) 热水失热[$(T_2-T_3)\cdot m\cdot C$]/J ________

(5) 冷水得热[$(T_3-T_1)\cdot m\cdot C$]/J ________

(6) 量热计得热 [(4)－(5)]/J ________

(7) 量热计的热容 C_p/(J・K^{-1})________

2) 置换热

图 3-18 所示的简易量热计，并非严格绝热，在实验时间内，量热计不可避免地会与环境发生少量热交换，搅拌也会引起热量。为了消除此影响，求绝热条件下的真实温升，可采用图 3-19 所示的外推法作图，即先根据实验数值，作出温度(T)-时间(t)曲线，从曲线上相当于反应前(C 点)和反应后(D 点)之间平均温度的 M 点引垂线与温度读数的延长切线交于 A、B 两点，即为所求的真实温度 ΔT。

用作图纸作图，横坐标表示时间，每 15 s 或 20 s 用 1 cm 表示；纵坐标表示温度，每度用 1 cm 表示。按图所示求出真实温度 ΔT。

(1) $CuSO_4$ 溶液的温度/K ________

(2) $CuSO_4\cdot 5H_2O$ 晶体的质量 $m_{CuSO_4\cdot 5H_2O}$/g ________

(3) 从曲线上测得的 ΔT/K ________

(4) 溶液的比热容 $C/(J \cdot g^{-1} \cdot K^{-1})$ ____4.18____

(5) $CuSO_4$ 溶液的体积 V/mL ____100____

(6) 溶液的密度 $d/(g \cdot mL^{-1})$ ____1.03____

(7) V mL 溶液中 $CuSO_4$ 的物质的量(或生成铜的物质的量) n/mol ________

(8) 量热计的热容 $C_p/(J \cdot K^{-1})$________

(9) 生成 1 mol 铜所放出的热量 $\Delta H/(kJ \cdot mol^{-1})$________

(10) 相对误差/%________

注:上述计算中假设反应后溶液的比热容 C,可近似地用水的比热容代替,为 4.18 $J \cdot g^{-1} \cdot K^{-1}$;反应后溶液的密度 d 取 1.03 $g \cdot mL^{-1}$。

3. 计算实验的相对误差,并分析产生误差的原因

误差计算公式如下

$$相对误差=(\Delta H_{实验值}-\Delta H_{理论值})/\Delta H_{理论值}\times 100\%$$

式中,$\Delta H_{理论值}$ 可近似地以 $\Delta_r H_m^{\ominus}(298.15)=-217.23 kJ \cdot mol^{-1}$ 代替。

思考题

1. 为什么要按图 3-19 用外推法作图求出真实温度 ΔT?

2. 为什么实验中锌粉用台秤称量,而对于所用 $CuSO_4$ 溶液的浓度与体积则要求比较精确?

3. 如何配制 250 mL 0.2000 $mol \cdot L^{-1}$ $CuSO_4$ 溶液?

4. 所用的量热计是否允许有残留的水滴?为什么?

5. 分析实验中造成误差的原因。

6. 如何测定中和热?NaOH 与 HCl、NaOH 与 HAc 的中和热是否相同?为什么?

实验六 氢氧化钠溶液的配制与使用

一、实验目的

(1) 巩固分析天平的称量操作,练习减量法称取固体样品。

(2) 学习滴定操作,掌握利用中和滴定原理测定酸或碱溶液中物质的量浓度的方法。

二、实验提要

酸碱滴定是利用酸与碱的中和反应,测定酸或碱溶液中物质的量浓度的一种

定量分析方法。

在酸与碱的中和反应中，酸与碱之间是按照化学计量关系进行的，当酸与碱完全中和（滴定达到终点）时，酸的物质的量（$n_{酸}$）等于碱的物质的量（$n_{碱}$），即 $n_{酸}=n_{碱}$。因此

$$c_{酸}V_{酸}=c_{碱}V_{碱}$$

其中 $c_{酸}$、$c_{碱}$ 分别是酸、碱的物质的量浓度；$V_{酸}$、$V_{碱}$ 分别是酸、碱的体积。

中和滴定的终点借助于指示剂的颜色变化来确定。指示剂本身是一种弱酸或弱碱，它们在不同的 pH 范围显示出不同的颜色。常用指示剂的变色范围见附录 11。

强碱滴定强酸时，常用酚酞溶液作指示剂。强酸滴定强碱时，常用甲基橙溶液作指示剂。

本实验用邻苯二甲酸氢钾作基准物质。邻苯二甲酸氢钾是白色固体，易溶于水，可以把它配制成水溶液。然后，用 NaOH 标准溶液滴定，达到终点后，即可根据所用的 NaOH 标准溶液的体积计算出该 NaOH 标准溶液的浓度。反应方程式为

浓度计算式为

$$c_{NaOH}=\frac{m_{邻苯}}{M_{邻苯}}\times\frac{1000}{V}$$

式中，$m_{邻苯}$ 为邻苯二甲酸氢钾的质量；$M_{邻苯}$ 为邻苯二甲酸氢钾的摩尔质量（204.22 g·mol^{-1}）；V 为到达滴定终点时所用 NaOH 标准溶液的体积（mL）。

本实验选用的指示剂是酚酞溶液，滴定达到终点时，溶液由无色变成淡红色。

三、实验流程图

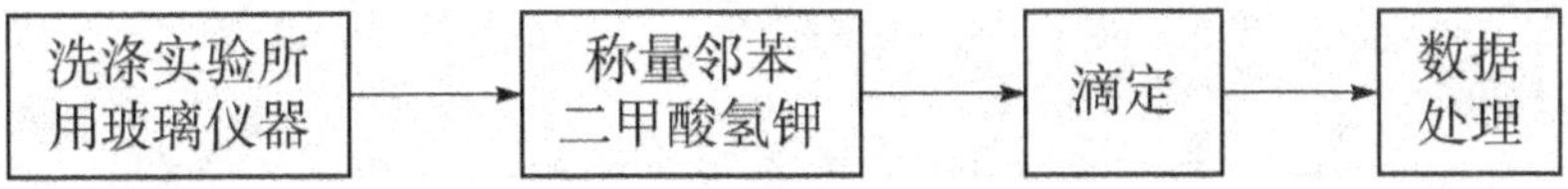

四、实验用品

仪器、用品：分析天平、碱式滴定管（50 mL）、三角烧瓶（250 mL）、称量瓶、滴定管夹、滴定台、洗耳球、洗瓶、干燥器。

试剂、材料：邻苯二甲酸氢钾（A. R.）、待标定的 0.1 mol·L^{-1}NaOH 溶液、酚酞指示剂（1%乙醇溶液）。

五、实验内容

1. 样品称量及溶液的配制

在分析天平上用减量法精确称取三份邻苯二甲酸氢钾，每份质量为 0.4500～0.5500 g。分别置于洗干净的锥形瓶中，各加 20～25 mL 去离子水，小火加热至完全溶解，冷却后滴加酚酞指示剂 1～2 滴，待用。

2. NaOH 标准溶液浓度的标定

先用待标定的 NaOH 溶液润洗碱式滴定管，然后将 NaOH 溶液注入其中。赶尽橡皮管和玻璃尖管内的气泡，调节滴定管内的液面位置至刻度"0"或"0"以下。记录液面位置的读数(初读数)。然后开始滴定，右手持锥形瓶，左手操作滴定管，使碱液慢慢地滴入锥形瓶中。滴定过程中，应不停地轻轻旋转摇动锥形瓶，直至溶液由无色转变为淡红色。如果淡红色在 30 s 内不消失，即为终点。

记录滴定管液面位置的读数(终读数)。它与滴定前的初读数之差，便是滴定所用的 NaOH 溶液体积(mL)。

用同样的方法滴定另外两份样品溶液，将滴定所用的 NaOH 溶液的体积分别记录于表内。

六、数据处理

样品编号	1	2	3
称量瓶＋邻苯二甲酸氢钾质量的终读数/g			
称量瓶＋邻苯二甲酸氢钾质量的初读数/g			
邻苯二甲酸氢钾净重/g			
NaOH 体积的终读数 V_2/mL			
NaOH 体积的初读数 V_1/mL			
消耗的 NaOH 体积(V_2-V_1)/mL			
NaOH 溶液的浓度/(mol·L^{-1})			
NaOH 溶液浓度的平均值/(mol·L^{-1})			
绝对平均偏差			
相对平均偏差			

思考题

1. 基准物质邻苯二甲酸氢钾的质量为什么要控制在 0.45～0.55 g？过多或过少对实验结果有什么影响？

2. 为什么洗涤移液管和滴定管时，最后要用被量取的溶液润洗？锥形瓶也要用同样的方法洗涤吗？

3. 滴定管装入溶液后没有将下端尖管的气泡赶尽就读数，溅在锥形瓶内壁上的液滴没有用去离子水冲下仍继续滴定，对实验的结果各有什么影响？

4. 本实验如选用草酸($H_2C_2O_4 \cdot 2H_2O$)为试样，失去一部分水，则所测的结果会产生何种误差？

5. 若邻苯二甲酸氢钾烘干温度>125 ℃，致使基准物质中有少部分变成了酸酐，问仍使用此基准物质标定 NaOH 溶液时，c_{NaOH}会如何变化？

6. 如 NaOH 标准溶液在保存过程中吸收了空气中的CO_2，用该标准溶液滴定盐酸，以甲基橙为指示剂，NaOH 溶液的物质的量浓度会不会改变？若用酚酞为指示剂进行滴定时，该标准溶液浓度会不会改变？

【扩展实验】

混合碱的组成及各组分含量的测定

一、实验目的

(1) 掌握双指示剂法测定混合碱的原理和方法。

(2) 了解多元弱碱滴定过程中溶液 pH 的变化和指示剂的选择。

二、实验提要

混合碱是Na_2CO_3与 NaOH 或Na_2CO_3与$NaHCO_3$的混合物。要测定同一份试样中各组分的含量，可用 HCl 标准溶液滴定，根据滴定过程中 pH 变化的情况，选用两种不同的指示剂分别指示第一、第二化学计量点的到达，这种方法常称为双指示剂法。此法简便、快速，在生产实际中应用广泛。

常用的两种指示剂是酚酞和甲基橙。在混合碱试样中先加酚酞指示剂，此时溶液呈红色。用 HCl 标准溶液滴定溶液由红色到恰好变为无色时(第一个计量点)，则试液中所含 NaOH 完全被中和，$NaCO_3$被中和为$NaHCO_3$。溶液中所含$NaHCO_3$(或是Na_2CO_3被中和生成的，或是试样中含有的)未被中和。反应方程式如下

$$NaOH + HCl = NaCl + H_2O$$

$$Na_2CO_3 + HCl = NaCl + NaHCO_3$$

设滴定用去的 HCl 标准溶液的体积为V_1。再加入甲基橙指示剂，继续用 HCl 标准溶液滴定溶液由黄色到变为橙色。此时，试液中的$NaHCO_3$被中和。反应方程式为

$$NaHCO_3 + HCl = NaCl + CO_2\uparrow + H_2O$$

此时，第二次滴定消耗的 HCl 标准溶液(即第一计量点到第二计量点间消耗的)的体积为V_2。

由反应式可知，当 $V_1>V_2$ 时，试样为 Na_2CO_3 与 NaOH 的混合物。中和 Na_2CO_3 所消耗 HCl 的体积为 $2V_2$，NaOH 消耗 HCl 的体积为 (V_1-V_2)，于是可计算出 NaOH 和 $NaCO_3$ 组分的质量分数。计算式为

$$w_{NaOH}=\frac{c_{HCl}(V_1-V_2)\cdot M_{NaOH}\times 10^{-3}}{m_s}\times 100\% \tag{3-20}$$

$$w_{NaCO_3}=\frac{\frac{1}{2}c_{HCl}\cdot 2V_2\cdot M_{Na_2CO_3}\times 10^{-3}}{m_s}\times 100\% \tag{3-21}$$

当 $V_1<V_2$ 时，试样为 Na_2CO_3 与 $NaHCO_3$ 的混合物。中和 Na_2CO_3 所消耗 HCl 的体积为 $2V_1$，$NaHCO_3$ 消耗 HCl 的体积为 (V_2-V_1)，于是可以计算出 $NaHCO_3$ 和 Na_2CO_3 组分的质量分数。计算式为

$$w_{Na_2CO_3}=\frac{\frac{1}{2}c_{HCl}\cdot 2V_1\cdot M_{Na_2CO_3}\cdot 10^{-3}}{m_s}\times 100\% \tag{3-22}$$

$$w_{NaHCO_3}=\frac{c_{HCl}\cdot (V_2-V_1)\cdot M_{NaHCO_3}\cdot 10^{-3}}{m_s}\times 100\% \tag{3-23}$$

式中，c_{HCl} 为 HCl 标准溶液的浓度（$mol\cdot L^{-1}$）；M 为物质的摩尔质量（$g\cdot mol^{-1}$）；V_1、V_2 为消耗 HCl 溶液的体积（mL）。

双指示剂法中，传统的方法是先用酚酞，后用甲基橙指示剂，用 HCl 标准溶液滴定。由于酚酞变色不是很灵敏，人眼观察这种颜色变化的灵敏性稍差些，因此可选用甲酚红-百里酚蓝混合指示剂。酸色为黄色，碱色为紫色，变色点的 pH 为 8.3。pH8.2 时呈玫瑰色，pH8.4 时呈清晰的紫色，此混合指示剂变色灵敏。用 HCl 标准溶液滴定溶液由紫色变为粉红色，即为终点。

三、实验用品

仪器、用品：酸式滴定管、移液管、容量瓶、洗耳球、电子天平、锥形瓶、滴定管夹、滴定台。

试剂、材料：混合碱试样、HCl 标准溶液（0.1 $mol\cdot L^{-1}$）、酚酞指示剂（0.2%）、甲基橙指示剂（0.2%）、混合指示剂[将 0.1 g 甲酚红溶于 100 mL 乙醇中，0.1 g 百里酚蓝指示剂溶于 100 mL 20%乙醇中，V（0.1%甲酚红）∶V（0.1%百里酚蓝）=1∶6]。

四、实验内容

1. 样品称量及溶液的配制

精确称取混合碱试样 1.5～2.0 g 于小烧杯中，加 30 mL 蒸馏水使其溶解，必要时适当加热。冷却后，将溶液定量转移至 250 mL 容量瓶中，稀释至刻度并摇匀。从容量瓶中移取 25 mL 试液于锥形瓶中，加入 2 滴酚酞试剂，待用。

2. 混合碱试样测定

用 HCl 标准溶液滴定混合碱试样边滴加边充分摇动，以免局部 Na_2CO_3 直接被中和成 H_2CO_3(CO_2 和 H_2O)，至溶液由红色变为无色，此时即为第一个终点。记下所用 HCl 标准溶液的体积 V_1(用酚酞指示剂指示终点时，最好以 $NaHCO_3$ 溶液加入等量指示剂后进行滴定的终点的颜色作对照)。

然后再加入 1～2 滴甲基橙指示剂，此时溶液呈黄色，继续用 HCl 标准溶液滴定至溶液由黄色恰好变为橙色，即为第二个终点。记下第二次所用 HCl 标准溶液的体积 V_2。

平行做三份，然后根据滴定过程消耗 HCl 标准溶液的体积 V_1、V_2 判断混合碱组成，计算混合碱中组分的含量。

注意事项：

(1) 双指示剂法测定时，酚酞指示剂可适当多加几滴，否则常因滴定不完全使 NaOH 的测定结果偏低，Na_2CO_3 的测定结果偏高。

(2) 最好用 $NaHCO_3$ 的酚酞溶液(浓度相当)作对照。在达到第一终点前，不要滴定速度过快，使溶液中 HCl 局部过浓，造成 CO_2 的损失，从而带来较大的误差。滴定速度也不能太慢，摇动要均匀。

(3) 接近终点时，一定要充分摇动，以防形成 CO_2 的过饱和溶液而使终点提前到达。

五、数据处理

参照下表的格式认真记录实验数据(以 Na_2CO_3 与 $NaHCO_3$ 混合碱为例)。

混合碱中 Na_2CO_3 与 $NaHCO_3$ 含量的测定

样品编号	1	2	3
滴定消耗 HCl 标准溶液的体积 V_1/mL			
滴定消耗 HCl 标准溶液的体积 V_2/mL			
$w(NaHCO_3)$/%			
$w(Na_2CO_3)$/%			
$\overline{w}(NaHCO_3)$/%			
$\overline{w}(Na_2CO_3)$/%			

思考题

1. 何谓双指示剂法？混合碱的测定原理是什么？

2. 采用双指示剂法测定混合碱时，在同一份溶液中测定，试判断下列五种情况中混合碱的成分各是什么？

(1)$V_1=0$，$V_2\neq0$；(2)$V_1\neq0$，$V_2=0$；(3)$V_1>V_2$；(4)$V_1<V_2$；(5)$V_1=V_2$。

3. 用 HCl 标准溶液滴定混合碱液时，将试液在空气中放置一段时间后滴定，将会给测定结果带来什么影响？若到达第一化学计量点前，滴定速度过快或摇动不均匀，对测定结果有何影响？

实验七　水的硬度测定

一、实验目的

(1) 了解并掌握水的硬度的一种测定方法，理解水的硬度的概念。

(2) 掌握配位滴定法的操作，理解配位滴定法的原理。

(3) 了解配位滴定指示剂变色的原理和滴定终点的判断方法。

(4) 了解水的硬度的表示和计算方法。

二、实验提要

水的硬度是指水中钙、镁离子的总浓度，表现为沉淀肥皂水化液的能力。其他含量甚微的铁、铝、锰和锌等离子所形成的硬度通常可以忽略不计。

水的硬度与工业生产和人们生活密切相关，是工业和生活用水的一个重要质量指标。硬度高的水对工业生产和人们生活弊多利少，硬度高的水味道苦涩，对人体健康不利，会大大降低洗涤剂的去污能力，还会使锅炉或水壶内部生成水垢，增加能量消耗、堵塞管道，造成安全隐患等。

水的总硬度包括暂时硬度和永久硬度。通过加热能以碳酸盐形式沉淀下来的钙、镁离子所形成的硬度称为暂时硬度。加热后不能沉淀下来的钙离子、镁离子的硫酸盐、硝酸盐或氯化物所形成的硬度称为永久硬度。

水的硬度的表示方法有多种，我国较普遍采用的表示方法是德国硬度。这种方法以度(°)为计量单位，将所测得的钙离子、镁离子的质量折算成 CaO 的质量，再转换为度。1°表示 1 L 水中含有 10 mg CaO。有时也可以采用 $CaCO_3$ 的质量浓度($mg \cdot L^{-1}$)来表示水的硬度。一般认为，水的硬度(以 $CaCO_3$ 计)在 140 $mg \cdot L^{-1}$以上为硬水，我国生活饮用水卫生标准规定的硬度(以 $CaCO_3$ 计)不应超过 450 $mg \cdot L^{-1}$。

实验室里一般采用配位滴定法测定水的硬度。在 pH10 左右的 $NH_3 \cdot H_2O$-NH_4Cl 缓冲溶液中，以铬黑 T 为指示剂，用 EDTA 标准溶液直接滴定水中的钙离子、镁离子。

EDTA 是乙二胺四乙酸的简称，其结构如图 3-20(a)所示，配位滴定法常用的是 EDTA 的二钠盐，可简写为 Na_2H_2Y，是常用的络合剂，EDTA 与金属离子形成的配合物[图 3-20(b)]具有稳定性高、配位比固定(1∶1)和水溶性好的优点。铬黑 T 也具有络合能力，其阴离子部分可简写为 In^{3-}，结构如图 3-20(c)所示。

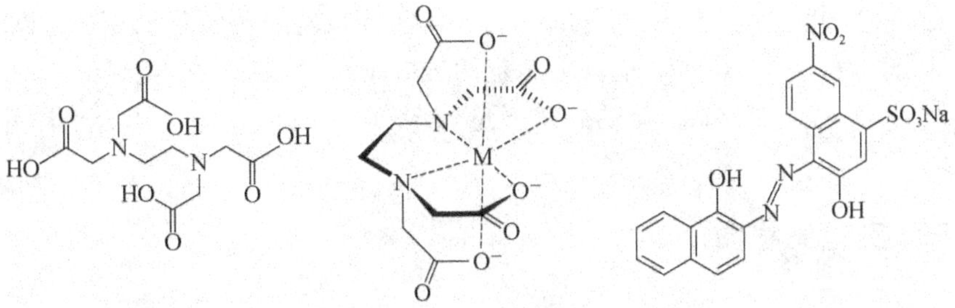

（a）EDTA　（b）EDTA配合物　（c）铬黑T

图 3-20　EDTA、铬黑 T 和 EDTA 配合物的结构

EDTA 在 pH8.5～11.5 的缓冲溶液中与钙离子、镁离子形成无色配合物，相同条件下，铬黑 T 与钙离子、镁离子形成酒红色配合物，但其稳定性没有前者大。当用 Na_2H_2Y 进行滴定时，H_2Y^{2-} 不仅与水样中的钙离子、镁离子形成配合物，还可以优先络合已经被铬黑 T 结合的钙离子、镁离子，使铬黑 T 完全游离出来。当被滴定的水样由酒红色变为淡蓝色（溶液中游离状态铬黑 T 的颜色）时达到滴定终点。

整个滴定过程可以用以下反应式表示。

加入指示剂时，铬黑 T 与钙离子、镁离子（用 M^{2+} 表示）络合

$$\underset{（无色）}{M^{2+}} + \underset{（蓝色）}{HIn^{2-}} \longrightarrow \underset{（酒红色）}{MIn^-} + H^+$$

滴定过程中，随着滴定剂的加入，H_2Y^{2-} 与 M^{2+} 络合

$$\underset{（无色）}{M^{2+}} + \underset{（无色）}{H_2Y^{2-}} \longrightarrow \underset{（无色）}{MY^{2-}} + 2H^+$$

接近滴定终点时，H_2Y^{2-} 置换出 MIn^- 中的 M^{2+}，HIn^{2-} 游离出来，溶液由酒红色突变为淡蓝色，达到滴定终点。

$$\underset{（酒红色）}{MIn^-} + \underset{（无色）}{H_2Y^{2-}} \longrightarrow \underset{（无色）}{MY^{2-}} + \underset{（蓝色）}{HIn^{2-}} + H^+$$

Al^{3+}、Fe^{3+}、Cu^{2+}、Pb^{2+} 和 Zn^{2+} 等离子也可以与 EDTA 形成稳定的配合物，水样中若存在这些离子将会干扰钙离子、镁离子含量的准确测定，实验中常采用掩蔽剂消除这些干扰。通常可用三乙醇胺掩蔽 Al^{3+} 和 Fe^{3+} 等离子，用硫化钠掩蔽 Cu^{2+}、Pb^{2+} 和 Zn^{2+} 等离子。

水的硬度可通过下式计算。

$$水的硬度=\frac{n_{EDTA}M_{CaO}}{V_{水样}}\times\frac{1000}{10}=\frac{c_{EDTA}V_{EDTA}M_{CaO}}{V_{水样}}\times 100$$

（以德国硬度，即 10 mg CaO 计）

$$水的硬度=\frac{n_{EDTA}M_{CaCO_3}}{V_{水样}}\times 1000=\frac{c_{EDTA}V_{EDTA}M_{CaCO_3}}{V_{水样}}\times 1000$$

（以 $CaCO_3$ 计）

式中，n_{EDTA}为滴定用去的 EDTA 的物质的量(mol)；c_{EDTA}为滴定所用的 EDTA 的物质的量浓度($mol \cdot L^{-1}$)；V_{EDTA}为滴定用去的 EDTA 溶液的体积(mL)；M_{CaO}和 M_{CaCO_3}分别为 CaO 和 $CaCO_3$ 的摩尔质量($g \cdot mol^{-1}$)；$V_{水样}$为所测定水样的体积(mL)。

三、实验流程图

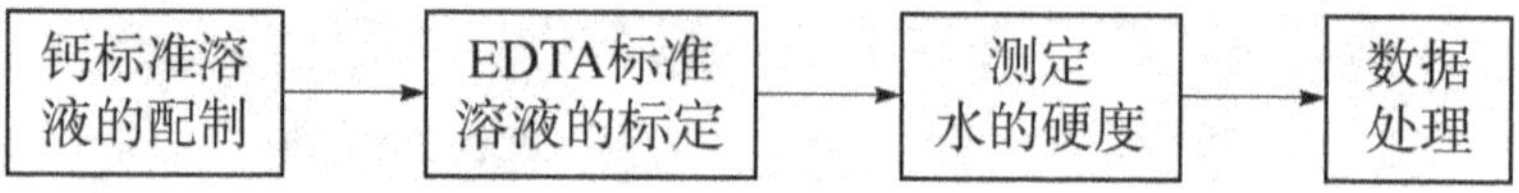

四、实验用品

仪器、用品：锥形瓶(250 mL，4 只)、移液管(25 mL，1 支；50 mL，1 支)、碱式滴定管(50 mL，1 支)、烧杯(50 mL，5 只)、洗耳球、量筒(10 mL，2 支；5 mL，1 支)。

试剂、材料：$NH_3 \cdot H_2O$-NH_4Cl 缓冲溶液、钙镁标准溶液、EDTA 标准溶液、铬黑 T 指示剂、2%硫化钠溶液、20%三乙醇胺溶液。

五、实验内容

1. 0.005 $mol \cdot L^{-1}$钙标准溶液的配制

(1) 0.05 $mol \cdot L^{-1}$钙标准溶液的配制：用电子分析天平准确称量 0.5 g 分析纯 $CaCO_3$，加入 10 mL 水和 1.0 mL 6 $mol \cdot L^{-1}$ HCl，在烧杯中溶解后，转入 100 mL 容量瓶中，用去离子水稀释至刻度。

(2) 用移液管吸取 25.00 mL 0.05 $mol \cdot L^{-1}$钙标准溶液于 250 mL 容量瓶中，用去离子水稀释至刻度，即得 0.005 $mol \cdot L^{-1}$钙标准溶液。

2. EDTA 标准溶液的标定

用移液管移取 25.00 mL 钙镁标准溶液置于 250 mL 锥形瓶中，加入 25 mL 去离子水，5 mL $NH_3 \cdot H_2O$-NH_4Cl 缓冲溶液和 3 滴铬黑 T 指示剂，溶液呈酒红色。用待标定的 EDTA 溶液滴定钙镁标准溶液至溶液由酒红色变为蓝色即为滴定终点。记录滴定前后 EDTA 溶液的体积，利用体积的差值通过下面的公式计算 EDTA 的浓度。

$$c_{EDTA} = \frac{25.00 c_{Ca^{2+}}}{V_{EDTA}} (mol \cdot L^{-1})$$

式中，$c_{Ca^{2+}}$为钙标准溶液的浓度；V_{EDTA}为所消耗 EDTA 溶液的体积。

重复滴定，至相邻两次滴定所消耗的 EDTA 体积相差在 0.20 mL 之内。取两次滴定所得浓度的平均值作为 EDTA 标准溶液的浓度。

实验编号	滴定管初读数/mL	滴定管终读数/mL	消耗 EDTA 体积/mL	EDTA 标准溶液的浓度/($mol \cdot L^{-1}$)
1				
2				
3				
⋮				

3. 水的硬度测定

用移液管移取 50.00 mL 待测水样置于 250 mL 锥形瓶中，加入 5 mL $NH_3 \cdot H_2O$-NH_4Cl缓冲溶液、5 mL 20%三乙醇胺溶液、1 mL 2%硫化钠溶液和 3～5 滴铬黑 T 指示剂，溶液呈酒红色。用已标定的 EDTA 溶液滴定待测水样至溶液由酒红色变为蓝色即为滴定终点。记录滴定前后 EDTA 溶液的体积，利用体积的差值通过实验提要部分所给的公式计算水样的硬度。

重复滴定，至相邻两次滴定所消耗的 EDTA 体积相差在 0.20 mL 之内。取两次滴定所得硬度的平均值作为水样的硬度。

滴定接近终点时，应控制滴定的速度，并充分振摇，仔细观察滴定终点附近溶液由酒红色、淡紫色至蓝色的突变，否则会消耗过多 EDTA 溶液，错过终点，产生较大误差。

实验编号	滴定管初读数/mL	滴定管终读数/mL	消耗 EDTA 体积/mL	水样的硬度(以 10 mg CaO 计)/(°)	水样的硬度(以 $CaCO_3$ 计)/($mg \cdot L^{-1}$)
1					
2					
3					
⋮					

思考题

1. 什么叫水的硬度？硬度的常用表示方法是什么？

2. 本实验中移液管是否要用去离子水润洗？锥形瓶是否要用去离子水润洗？

3. 滴定过程中为什么使用碱式滴定管？

4. 滴定前为什么要加缓冲溶液？水样中为什么要加三乙醇胺和硫化钠溶液？

5. 所测水样属于软水还是硬水？

【扩展实验】

蛋壳中钙、镁含量的测定

一、实验目的

(1) 进一步巩固掌握配合滴定分析中测定 Ca、Mg 总量的原理与方法。
(2) 学习固体试样的酸溶方法。
(3) 练习对实际试样中某组分含量测定的一般步骤。

二、实验提要

鸡蛋壳的主要成分为 $CaCO_3$，其次为 $MgCO_3$、蛋白质、色素以及少量的 Fe、Al。测定鸡蛋壳中 Ca、Mg 含量的方法主要有配合滴定法、酸碱滴定法和氧化还原滴定法(高锰酸钾法)等。本实验采用配合滴定法测定普通蛋壳中 Ca、Mg 的含量，特点是快速、简便。

配合滴定时，由于 Fe^{3+}、Al^{3+} 等对 Ca^{2+}、Mg^{2+} 的测定会产生干扰，可在酸性溶液中加入三乙醇胺掩蔽。调节溶液的酸度至 pH≥12，使 Mg^{2+} 生成氢氧化物沉淀，以钙试剂作指示剂，用 EDTA 标准溶液滴定，单独测定钙的含量。另取一份试样，调节其酸度至 pH10，以铬黑 T 作指示剂，用 EDTA 标准溶液滴定可直接测定溶液中钙和镁的总量。由总量减去钙的含量即得镁的含量。

三、实验用品

仪器、用品：电子天平、滴定管(50 mL)、锥形瓶(250 mL)、容量瓶(250 mL)、移液管(25 mL)、烧杯(250 mL)。

试剂、材料：EDTA 标准溶液(0.02 $mol \cdot L^{-1}$)、HCl(6 $mol \cdot L^{-1}$)、NaOH 溶液(10%)、钙试剂(应配成 1∶100(NaCl)的固体指示剂)、0.2%铬黑 T 指示剂、NH_3-NH_4Cl 缓冲液(pH10)、$V_{三乙醇胺}$ ∶ $V_{水}$ =1∶2、95%乙醇、蛋壳。

四、实验内容

1. 试样的溶解及试液的制备

先将鸡蛋壳洗净(勿弄碎)，加水煮沸 5～10 min，趁湿热除去蛋壳内表层的蛋白薄膜，然后把蛋壳放于烧杯中用小火(或在 105 ℃干燥箱中)烤干，研成粉末。

精确称取上述试样 0.3～0.5 g 置于 250 mL 烧杯中，加少量水润湿，盖上表面皿，从烧杯嘴处用滴管滴加约 5 mL 6 $mol \cdot L^{-1}$ HCl 溶液，微火加热至完全溶解(少量蛋白膜不溶)。冷却，转移至 250 mL 容量瓶中，稀释至接近刻度线，若有泡沫，滴加 2～3 滴 95%乙醇，泡沫消除后，定容、摇匀。

2. 钙含量的测定

准确移取上述试液 25.00 mL 置于 250 mL 锥形瓶中，分别加入 20 mL 去离子水、5 mL 1∶2 三乙醇胺，摇匀。再加入 10 mL 10% NaOH 溶液、0.5 mL 钙指示剂，摇匀后，用 EDTA 标准溶液滴定至溶液由红色恰好变为蓝色，即为终点。根据 EDTA 消耗的体积计算试样中 Ca^{2+} 的含量，平行测定三次，以 CaO 的含量表示。

3. 钙、镁总量的测定

准确移取待测试液 25.00 mL 置于 250 mL 锥形瓶中，分别加入 20 mL 去离子水、5 mL 1∶2 三乙醇胺，摇匀。再加入 10 mL NH_3-NH_4Cl 缓冲液，摇匀。最后加入 1～2 滴铬黑 T 指示剂，用 EDTA 标准溶液滴定至溶液由酒红色恰好变为纯蓝色即为终点。根据 EDTA 消耗的体积计算 Ca^{2+}、Mg^{2+} 总量。平行测定三次，同样以 CaO 的含量表示。

五、数据记录与处理

记录相关数据，表格自行设计。

思考题

1. 蛋壳粉末溶解稀释时为何加 95%乙醇可以消除泡沫?
2. 试列出求 Ca^{2+} 及 Ca^{2+}、Mg^{2+} 总量的计算式(以 CaO 含量表示)。

实验八　粗食盐提纯

一、实验目的

(1) 掌握用化学法提纯粗食盐的过程和反应原理。

(2) 掌握台秤、量筒、pH 试纸、滴管和试管的正确使用方法。练习溶解、沉淀、蒸发、浓缩、结晶、干燥等基本操作。

(3) 了解一些常见杂质离子(SO_4^{2-}、Mg^{2+}、Ca^{2+}等)的去除和鉴定方法。

二、实验提要

纯度较高的 NaCl 是由粗食盐提纯制备的。粗食盐中往往含有泥沙等不溶性杂质和 K^+、Ca^{2+}、Mg^{2+}、SO_4^{2-} 及 CO_3^{2-} 等相应盐类的可溶性杂质。为了得到较纯的氯化钠，必须将上述杂质除去。不溶性杂质可用溶解、过滤等方法除去。由于 NaCl 的溶解度随温度的变化很小，用重结晶的方法难以纯化，所以其中 Ca^{2+}、

Mg^{2+}及 SO_4^{2-} 等杂质离子需加入适当的化学试剂使之成为难溶性化合物而除去，去除方法如下。

在粗食盐溶液中加入稍微过量的 $BaCl_2$ 溶液，使 SO_4^{2-} 转化为 $BaSO_4$ 沉淀。

$$SO_4^{2-}+Ba^{2+} = BaSO_4\downarrow$$

向过滤掉 $BaSO_4$ 沉淀的食盐溶液中，加入过量的 NaOH 和 Na_2CO_3 溶液，可将 Ca^{2+}、Mg^{2+} 和过量的 Ba^{2+} 都转化为沉淀。

$$Ca^{2+}+CO_3^{2-} = CaCO_3\downarrow$$

$$2Mg^{2+}+2OH^-+CO_3^{2-} = Mg_2(OH)_2CO_3\downarrow$$

$$Ba^{2+}+CO_3^{2-} = BaCO_3\downarrow$$

过滤，去除 $CaCO_3$、$Mg_2(OH)_2CO_3$ 和 $BaCO_3$ 沉淀。引入的过量 Na_2CO_3 和 NaOH 可用稀盐酸中和至微酸性去除。

$$OH^-+H^+ = H_2O$$

$$CO_3^{2-}+2H^+ = CO_2\uparrow+H_2O$$

其他可溶性杂质 KCl 在粗食盐中含量较少，且由于高温时 KCl 的溶解度大于 NaCl 的溶解度，所以在最后的结晶过程中 NaCl 先结晶出来，而 KCl 绝大部分仍留在母液中而与 NaCl 分离。少量多余的盐酸在干燥 NaCl 时，以 HCl 的形式溢出而去除。

三、实验流程图

（粗食盐提纯）

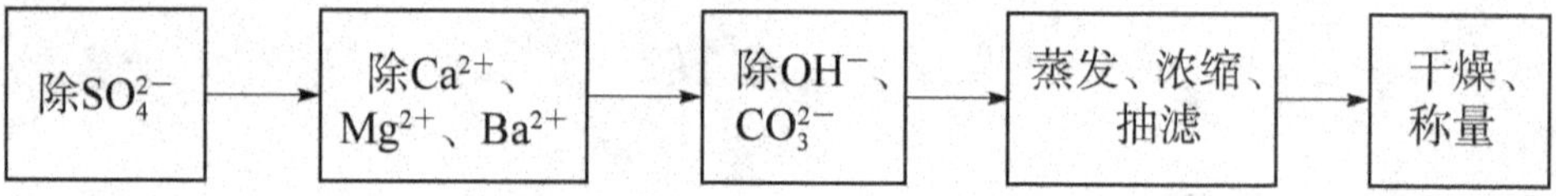

（产品检验）

四、实验用品

仪器、用品：托盘天平、烧杯(250 mL)、量筒(100 mL)、石棉网、铁架台、铁圈、布氏漏斗、吸滤瓶、蒸发皿。

试剂、材料：HCl($6\ mol\cdot L^{-1}$)、NaOH($2\ mol\cdot L^{-1}$、$6\ mol\cdot L^{-1}$)、$BaCl_2$($1\ mol\cdot L^{-1}$)、Na_2CO_3(饱和)、$(NH_4)_2C_2O_4$(饱和)、粗食盐(固体)、镁试剂、pH 试纸、滤纸。

五、实验内容

1. 粗食盐提纯

1）除 SO_4^{2-}

称取 20 g 粗食盐，放入 250 mL 烧杯中，加入 80 mL 蒸馏水，加热搅拌使之溶解。在将溶液加热至近沸时搅拌滴加 1 mol·L^{-1} $BaCl_2$溶液，直至 SO_4^{2-} 全部生成白色沉淀为止(需要 3～4 mL $BaCl_2$)。为了检查沉淀是否完全，可停止加热和搅拌，待沉淀下降后，沿烧杯壁滴加 1～2 滴 $BaCl_2$，观察上层清液内是否仍有混浊。如无浑浊，说明已沉淀完全；如有混浊，则需继续滴加 $BaCl_2$溶液，直至沉淀完全为止。沉淀完全后继续加热煮沸 5 min。减压抽滤，将粗食盐中的不溶性杂质及生成的 $BaSO_4$ 沉淀除去。

2）除 Ca^{2+}、Mg^{2+} 及过量的 Ba^{2+}

将步骤 1) 得到的滤液转移至另一个干净的 250 mL 烧杯中，加热至沸后，改为小火维持微沸，边搅拌边滴加 NaOH(2 mol·L^{-1})和 Na_2CO_3(饱和)的混合溶液(体积比为 1∶1)至滤液的 pH 约为 11，当检查沉淀完全后，继续煮沸约 5 min，减压抽滤，弃去沉淀($CaCO_3$、$BaCO_3$ 和 $Mg_2(OH)_2CO_3$ 等)。

3）除去过量的 OH^-、CO_3^{2-}

将步骤 2) 得到的滤液转入蒸发皿中，用 6 mol·L^{-1} HCl 调节溶液的 pH3～4，用小火加热蒸发，使 CO_3^{2-} 转化为 CO_2 逸出。

4）蒸发、浓缩

将蒸发皿中的溶液继续小火蒸发、浓缩至糊状为止(不要停止搅拌，切勿蒸干)。冷却结晶、减压抽滤。

5）干燥

将步骤 4) 得到的固体转至洗净的蒸发皿中(下垫石棉网)，用小火慢慢烘干(烘干过程中用玻璃棒不断翻动，防止结块直至无水蒸气逸出)，再用大火烘炒 1～2 min，即可得到白色的 NaCl 晶体。冷却至室温，称重，计算收率。

2. 产品纯度检验

分别称取少量(约 1 g)粗食盐和提纯后的食盐溶于 5 mL 蒸馏水中，将粗盐过滤。将两种清液分别转移至三支小试管中，组成三组，对照检验它们的纯度。

1）SO_4^{2-} 的检验

在第一组溶液中分别滴入 2 滴 6 mol·L^{-1}盐酸溶液和数滴 1 mol·L^{-1} $BaCl_2$ 溶液，观察现象，比较、记录结果。

2）Ca^{2+} 的检验

在第二组溶液中分别滴入 2 滴 6 mol·L^{-1}盐酸溶液和数滴饱和$(NH_4)_2C_2O_4$ 溶液，观察现象，比较、记录结果。

3) Mg^{2+}的检验

在第三组溶液中分别滴入5滴6 mol·L^{-1} NaOH溶液和1滴镁试剂(对硝基偶氮间苯二酚溶液),比较、记录结果。

思考题

1. 粗食盐能否直接用重结晶的方法进行纯化?为什么?
2. 除去SO_4^{2-}、Mg^{2+}、Ca^{2+}、K^+的先后顺序能否颠倒?
3. 在最后浓缩结晶时若把氯化钠溶液蒸干结果会怎样?

实验九　氧化还原反应与电化学

一、实验目的

(1) 掌握电极电势与氧化还原反应方向的关系。
(2) 理解介质的酸碱性对氧化还原反应的影响。
(3) 掌握原电池的组成和影响原电池电动势的因素。
(4) 理解电解的原理和装置。

二、实验提要

氧化还原反应的实质是电子的得失和转移。物质氧化还原能力的强弱与其本性有关,一般可从电对的电极电势大小来进行判断。电极电势代数值越大,表示氧化还原电对中氧化态物质的氧化能力越强,还原态物质的还原能力越弱;反之,电极电势代数值越小,表示氧化还原电对中还原态物质的还原能力越强,氧化态物质的氧化能力越弱。

所以,可根据电对的电极电势的大小来判断氧化还原反应的方向。例如,对下列反应

$$2Fe^{3+}+2I^-=\!=\!=2Fe^{2+}+I_2 \tag{3-24}$$

$$2Fe^{3+}+2Br^-=\!=\!=2Fe^{2+}+Br_2 \tag{3-25}$$

因为

$$E^\ominus(I_2/I^-)=0.535V$$

$$E^\ominus(Fe^{3+}/Fe^{2+})=0.77V$$

$$E^\ominus(Br_2/Br^-)=1.065V$$

所以,在标准状态下,反应(3-24)正向进行,而反应(3-25)逆向进行。换言之,Fe^{3+}可以氧化I^-而不能氧化Br^-,同样Br_2可以氧化Fe^{2+}而I_2不能。

非标准状态下,对于电极反应式

$$p\,\text{氧化态}+ne^- \rightleftharpoons q\,\text{还原态}$$

在 298 K 时，电对的电势可用 Nernst 方程表示。

$$E_{\text{氧化态/还原态}}=E^{\ominus}_{\text{氧化态/还原态}}+\frac{0.059}{n}\lg\frac{[\text{氧化态}]^p}{[\text{还原态}]^q}$$

从上式可见，当氧化态物质或还原态物质的浓度(或分压)发生改变时，电对的电势也会发生改变。

在有含氧酸根参加的氧化还原反应中，介质的酸碱性同样会对电极电势产生较大的影响。例如

$$MnO_4^- + 8H^+ + 5e^- \rightleftharpoons Mn^{2+} + 4H_2O$$

随着 H^+ 浓度的增大，MnO_4^- 的氧化能力增强。

利用氧化还原反应产生电流的装置称为原电池。一般原电池由两个半电池和盐桥构成。单个半电池的电极电势是无法测定的，我们可以测量由两个半电池构成的原电池的电动势。在一定的条件下，原电池的电动势为正、负电极的电势之差。

$$E(\text{电动势})=E(\text{正})-E(\text{负})$$

电流通过电解质溶液，在两极上析出产物的过程称为电解。电解时电对的标准电极电势、离子浓度、电极材料等都会对电解产物产生影响。本实验以铜为电极，电解 Na_2SO_4 溶液，其电极反应如下

$$2H_2O + 2e^- \rightleftharpoons H_2\uparrow + 2OH^- \quad (\text{阴极})$$

$$Cu - 2e^- \rightleftharpoons Cu^{2+} \quad (\text{阳极})$$

三、实验用品

仪器、用品：试管及试管架、小烧杯、盐桥、电压表。

试剂、材料：H_2SO_4(3.0 mol·L^{-1})、HCl(0.1 mol·L^{-1})、NaOH(6.0 mol·L^{-1})、KBr(0.5 mol·L^{-1})、CCl_4、$NH_3\cdot H_2O$(浓)、Na_2SO_3(0.1 mol·L^{-1})、Na_2SO_4(0.5 mol·L^{-1})、$KMnO_4$(0.01 mol·L^{-1})、KI(0.1 mol·L^{-1})、$ZnSO_4$(1.0 mol·L^{-1})、$KClO_3$(0.1 mol·L^{-1})、$K_3[Fe(CN)_6]$(0.01 mol·L^{-1})、NH_4F(10%)、KI(0.5 mol·L^{-1})、$FeSO_4$(0.1 mol·L^{-1})、$FeCl_3$(0.1 mol·L^{-1})、$CuSO_4$(1.0 mol·L^{-1})、溴水、碘水、酚酞溶液、乌洛托品(20%)、铜片电极、锌片电极、铁钉、锌粒、铜丝、砂纸。

四、实验内容

1. 氧化还原反应与电极电势的关系

(1) 在 2 支小试管中，分别滴加 3 滴 0.5 mol·L^{-1}KBr 溶液、0.5 mol·L^{-1}KI 溶液，再分别滴加 3 滴 0.1 mol·$L^{-1}$$FeCl_3$ 溶液和 5 滴 CCl_4 溶剂，用玻璃棒充分搅匀，观察 CCl_4 层的颜色有何变化，并比较之，写出反应方程式。

(2) 在另 2 支小试管中，分别用溴水和碘水与 0.1 mol·$L^{-1}$$FeSO_4$ 溶液反应，

加入 CCl_4，观察 CCl_4 层颜色变化，写出反应方程式。

根据上述反应结果，试比较 Br_2/Br^-、I_2/I^- 和 Fe^{3+}/Fe^{2+} 3 个电对的电极电势大小。

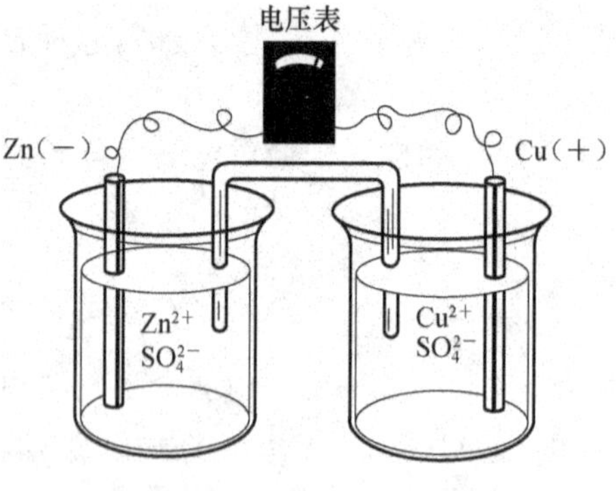

图 3-21 原电池装置示意图

2. 原电池电动势的测定

在 2 个 50 mL 小烧杯中，分别加入 30 mL 1.0 mol·L^{-1} $ZnSO_4$ 和 1.0 mol·L^{-1} $CuSO_4$ 溶液，在 $ZnSO_4$ 溶液中插入 Zn 片，在 $CuSO_4$ 溶液中插入 Cu 片，组成两个电极。用盐桥连接起来，按图3-21 所示装配成原电池，接上电压表，观察电压表指针偏转方向，记录读数。

(注意保留 $ZnSO_4$、$CuSO_4$ 溶液供下面实验用)。

3. 介质的酸碱性、离子浓度对电极电势和氧化还原反应的影响

1) 浓度对电极电势的影响

在上述铜半电池中加入浓氨水并搅拌，直至生成的沉淀完全溶解，形成深蓝色溶液，观察电压表指针偏转的变化(包括指针偏转的方向及变化程度)。按同样方法在锌半电池中加入浓氨水并搅拌，直至生成的沉淀完全溶解，形成无色溶液，观察电压表指针偏转的变化。

2) 酸度对电极电势的影响

(1) 在 1 支小试管中，加 3 滴 0.1 mol·L^{-1} $KClO_3$ 溶液和 3 滴 0.1 mol·L^{-1} KI 溶液，用玻璃棒搅匀，观察现象。若在小试管中加入 2 滴 3 mol·L^{-1} H_2SO_4 溶液进行酸化，观察现象，并写出有关反应方程式(用离子-电子法配平)。

(2) 在 3 支小试管中分别滴加 3 滴 0.01 mol·L^{-1} $KMnO_4$ 溶液，并分别依次加入 2 滴 3 mol·L^{-1} H_2SO_4 溶液，2 滴去离子水或 2 滴 6 mol·L^{-1} NaOH 溶液，分别搅匀后再向 3 支小试管中分别加入 5 滴 0.1 mol·L^{-1} Na_2SO_3 溶液，观察现象并比较之。写出反应方程式并配平。

(注意试剂滴加次序，还原剂用量要合适。为什么?)

(3) 在小试管中滴加 4 滴 0.1 mol·L^{-1} $FeCl_3$ 溶液和 4 滴 0.1 mol·L^{-1} KI 溶液，观察现象。若在加 KI 前先加 4～5 滴 10% NH_4F 溶液，现象如何变化? 请说明原因。

4. 金属的腐蚀和防护(选做)

1) 金属的电化学腐蚀

在小试管中滴加 8～10 滴 HCl 溶液，加入纯锌粒，观察锌粒表面有无气体析出? 取一根铜丝，插入溶液，观察铜丝与锌粒接触时，情况有何不同? 试解释之。

2）缓蚀剂延缓铁钉腐蚀的实验

在 2 支小试管中各放入 1 个去锈铁钉，往一支小试管中加 2 滴乌洛托品，往另一支小试管中加 2 滴去离子水，再往 2 支小试管中各滴加 5 滴 0.1 $mol \cdot L^{-1}$ HCl 和 1 滴 0.01 $mol \cdot L^{-1}$ $K_3[Fe(CN)_6]$溶液，观察、比较两支小试管中出现的颜色。写出反应方程式。

5. 电解

如图 3-22 所示，在一个小烧杯中，加入 30 mL 1.0 $mol \cdot L^{-1}$ $ZnSO_4$，在其中插入 Zn 片，在另一个小烧杯中，加入 30 mL 1.0 $mol \cdot L^{-1}$ $CuSO_4$，在其中插入 Cu 片，把线路连接好。把两根分别连接锌片和铜片的导线的另一端，分别插入装有 20 mL 0.5 $mol \cdot L^{-1}$ Na_2SO_4（溶液中预先滴入几滴酚酞）的烧杯中，观察阴极处发生的变化。

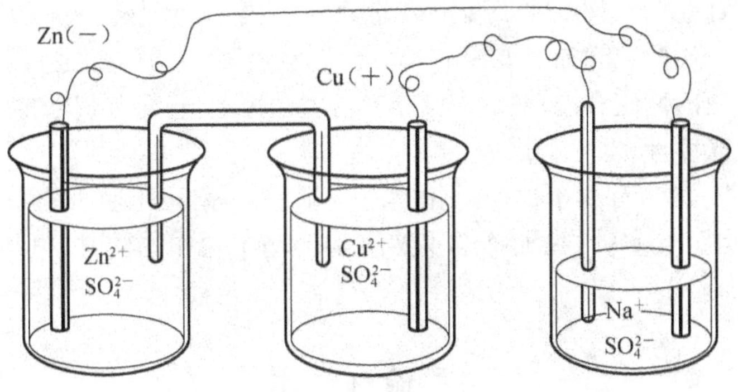

图 3-22　电解示意图

思考题

1. $KMnO_4$ 是常用氧化剂，在不同的介质中能被还原为 Mn^{2+}、MnO_2、MnO_4^{2-}。做实验时，试剂加入的先后顺序对实验结果有何影响？为什么？

2. 电解 Na_2SO_4 溶液时，与原电池(电源)正极连接的是电解池的什么极？与负极连接的是电解池的什么极？各发生什么反应？

3. 电解 Na_2SO_4 溶液时，两极用的是 Cu，若改用石墨作电极，则两极上的产物各是什么？写出两极反应方程式。

第四章
化学反应特征常数的测定

【基本要求】

化学常数的测定，如电离平衡常数的测定、化学反应速率常数的测定、溶度积的测定等，都是实验化学的重要组成部分。本章实验训练学生的主要基本操作有移液管、容量瓶的使用和滴定操作等，要求学生学会一些简单仪器的使用方法，如酸度计、分光光度计、电导率仪等。

通过这些实验，有利于加深对化学基础知识和基本理论的理解。同时，由于大部分实验是定量实验，在训练学生熟练掌握基本操作的同时，也能培养其严谨的科学态度。

理论概述

化学反应是化学研究的中心课题。人们对化学反应所关心的问题主要有以下几个方面：①化学反应是否可能发生；②若反应能发生，那么反应后能产生多少新物质以及伴随着多大的能量变化；③化学反应进行是快还是慢。前两个问题属于化学热力学研究的范畴，后一个问题则是化学动力学探讨的课题。因此，通俗地说，化学热力学研究的是反应可能性，化学动力学探讨的是反应现实性。

一、判断化学反应方向

化学反应的方向是人们最感兴趣和最关心的问题之一。只有对于可能发生的反应，才好研究如何进一步实现这个反应和加快反应速率，提高产率。如果根本不可能发生的反应，就没有进一步研究的必要。所以，从理论上和应用上研究如何判断一个反应能否发生具有很大的意义。贝赛洛曾提出一个经验规则：“在没有外界能量的参与下，化学反应总是朝着放热更多的方向进行”。这个规则把反应热与化学反应进行的方向联系起来，并且放热越多，化学反应进行得越彻底。例如

$$CH_4(g) + 2O_2(g) \longrightarrow 2H_2O(l) + CO_2(g) \quad \Delta H^{\ominus} = -890.31\ \mathrm{kJ \cdot mol^{-1}}$$
$$2H_2(g) + O_2(g) \longrightarrow 2H_2O(g) \quad \Delta H^{\ominus} = -483.68\ \mathrm{kJ \cdot mol^{-1}}$$

但是,也有不少与贝赛洛规则相矛盾的例子,如

$$NH_4Cl(s) \xrightarrow{>621\ K} NH_3(g) + HCl(g) \quad \Delta H^{\ominus} = 176.91\ \mathrm{kJ \cdot mol^{-1}}$$
$$CaCO_3(s) \xrightarrow{1173\ K,101.3\ kPa} CaO(s) + CO_2(g) \quad \Delta H^{\ominus} = 178.5\ \mathrm{kJ \cdot mol^{-1}}$$

仔细研究这些反例,可以发现,它们的共同特征是:化学反应导致了系统内分子热运动混乱度的增加。

系统混乱度可以用熵(S)来量度,它与热力学能及焓一样是系统的一个状态函数。系统的混乱度越低,有序性越高,熵值就越低。综上所述,化学反应的方向是由两个因素(反应热和系统的混乱度)所决定。综合这两个因素,热力学引入了一个新的状态函数——Gibbs 函数(G),定义为:$G=H-TS$。

在等温等压和只做体积功的条件下

$$\Delta G = \Delta H - T\Delta S \tag{4-1}$$

采用 ΔG 作为判断反应自发性的标准:

(1) 如果 $\Delta G<0$,这个反应可以自发进行;

(2) 如果 $\Delta G>0$,这个反应不能自发进行,但其逆过程可以自发进行;

(3) 如果 $\Delta G=0$,则反应处于平衡状态。

恒温下,由最稳定的单质生成 1 mol 物质的标准 Gibbs 函数变化,记为 $\Delta_f G_m^{\ominus}$。利用 $\Delta_f G_m^{\ominus}$ 可以计算反应的 $\Delta G^{\ominus}$。

$$\Delta G^{\ominus} = \sum \nu_i \Delta_f G^{\ominus}_{m(产物)} - \sum \nu_i \Delta_f G^{\ominus}_{m(反应物)} \tag{4-2}$$

二、化学平衡

在同一条件下,既能向正反应方向进行,也能向逆反应方向进行的反应称为可逆反应。大部分的化学反应都是可逆的。正逆反应速率相等时系统所处的状态称为化学平衡。化学平衡是一种动态平衡。

化学平衡可以用平衡常数来衡量,对任意反应

$$e\mathrm{E} + f\mathrm{F} \rightleftharpoons g\mathrm{G} + r\mathrm{R}$$

有

$$K^{\ominus} = \frac{[c(\mathrm{G})/c^{\ominus}]^g [c(\mathrm{R})/c^{\ominus}]^r}{[c(\mathrm{E})/c^{\ominus}]^e [c(\mathrm{F})/c^{\ominus}]^f} \tag{4-3}$$

该式可叙述为:在一定温度下,某个可逆反应达到平衡时,产物浓度幂次方的乘积与反应物浓度幂次方的乘积之比是一个常数。这个关系称为化学平衡定律。

如果某个反应可以表示为两个或多个反应的总和,则总反应的平衡常数等于各步分反应平衡常数之积。这个关系称为多重平衡规则。有了平衡常数,可根据其数值的大小判断反应进行的程度,估计反应的可能性。虽然平衡状态是反应进行的最大限度,但是,有两点必须指出。

(1) 平衡常数数值的大小,只能告诉我们一个可逆反应的正向反应所进行的最大程度,并不能预示反应达到平衡所需要的时间。例如

$$2SO_2 + O_2 = 2SO_3$$

298 K 时 $K^{\ominus}$ 很大,但由于速率太慢,常温时,几乎不发生反应。

(2) 平衡常数数值极小的反应,说明正反应在该条件下不可能进行。例如

$$N_2 + O_2 = 2NO$$

$K^{\ominus}$ 值很小,说明常温下用此反应固定氮气是不可能的。因此没有必要在该条件下进行实验,以免浪费人力物力。

由热力学可导出

$$\Delta G = -RT\ln K^{\ominus} + RT\ln J$$

其中,

$$\Delta G^{\ominus} = -RT\ln K^{\ominus}$$

如果条件改变,旧的平衡被破坏,引起系统中各物质含量随之改变(即 J 值发生变化),从而达到新平衡状态的过程称为化学平衡移动。在其他条件不变的情况下,增加反应物的浓度或减少生成物的浓度,化学平衡向着正反应方向移动;增加生成物的浓度或减少反应物的浓度,化学平衡向着逆反应的方向移动。

升高温度,平衡向吸热方向移动;降低温度,平衡向放热方向移动。

三、化学反应速率

有的化学反应进行得很快,如中和反应、爆炸反应等;有的化学反应进行得较慢,如合成氨反应、酯化反应等。显然,各种化学反应的速率是极不相同的。化学反应速率(v)是指在一定条件下,某化学反应的反应物转变为生成物的速率。

为使用方便,常选用参加反应的某物质 B 表示反应速率,恒容时

$$v_B = \pm \frac{dc_B}{dt} \tag{4-4}$$

即用单位时间内反应物浓度的减少或生成物浓度的增加来表示。

那么,反应速率(v)与反应物浓度之间有什么定量关系?

对一般基元反应

$$eE + fF \longrightarrow gG + rR$$

$$v = kc^e(E) \cdot c^f(F) \tag{4-5}$$

由此可以得出结论:在一定温度下,基元反应的反应速率与反应物浓度幂次方的乘

积成正比，这就是质量作用定律。

式(4-5)表示反应速率与反应物浓度之间的关系式，称为速率方程式，又称质量作用定律的表示式。速率方程中的比例常数 k 称为速率常数，k 值不随反应物浓度的变化而改变，但是随温度的变化而改变，即 k 是温度的函数。速率方程式中各反应物浓度的指数之和($e+f$)称为反应级数。

实际上许多化学反应都不是一步完成的基元反应，而是由几步完成的复杂反应，即非基元反应。对于非基元反应，速率方程式只能通过实验来确定。如实验十四中，需要通过一系列实验，确定反应的级数和速率方程式。

实验十　乙酸电离常数的测定(pH 法)

一、实验目的

(1) 测定乙酸的电离度和电离常数。

(2) 学会使用移液管和容量瓶配制一定浓度的溶液。

(3) 学习使用 pH 计。

二、实验提要

乙酸(CH_3COOH，简写成 HAc)是弱电解质，在水溶液中存在着下列离解平衡。

$$HAc \rightleftharpoons H^+ + Ac^-$$

	HAc	H^+	Ac^-
起始浓度	c		
平衡浓度	$c-x$	x	x

电离常数(K_{HAc})表达为

$$K_{HAc} = \frac{c(H^+) \cdot c(Ac^-)}{c(HAc)} \tag{4-6}$$

设乙酸初始浓度为 c，平衡时 $c(H^+)=c(Ac^-)=x$，代入式(4-6)，可以得到

$$K_{HAc} = \frac{x^2}{c-x} \tag{4-7}$$

用酸度计测定已知浓度乙酸的 pH，再由 $pH=-\lg c(H^+)$ 算出 $c(H^+)$，就可由式(4-7)计算 K_{HAc}。

同样，我们可以根据电离度计算公式

$$\alpha = \frac{c(H^+)}{c} \tag{4-8}$$

求出电离度 α。

三、实验流程图

洗涤器皿 → 配制溶液 → 测定溶液酸度 → 数据处理

四、实验用品

仪器、用品：酸度计、容量瓶(50 mL,3 只)、移液管(25 mL、10 mL)、小烧杯(50 mL,4 只)、标签纸、浆糊。

试剂、材料：HAc(0.1 mol·L^{-1}标准溶液)、缓冲溶液(pH4.00,pH6.88)。

五、实验内容

(1) 把移液管、小烧杯洗净，沥干。用少量已知精确浓度的乙酸溶液(约 0.1 mol·L^{-1})将移液管润洗三次。移取 25 mL、5 mL、2.5 mL 上述乙酸溶液分别置于三个洗净的 50 mL 容量瓶中，然后加水稀释至刻度，摇匀。如果小烧杯事先未烘干，则需用少量待盛溶液润洗三次。然后分别取约 30 mL 配好的溶液倒入编号的小烧杯中，供测定 pH 用。

(2) 用酸度计由稀到浓分别测定 1 号～4 号乙酸的 pH，把数据填入表中。本实验所用酸度计的使用方法见第二章第十节。

编号	HAc 的原始体积	HAc 的浓度 $c/(mol\cdot L^{-1})$	pH	$c(H^+)$	K_{HAc}	α
1	2.5 mL					
2	5 mL					
3	25 mL					
4	原溶液					

测定温度/℃________，电离常数平均值 $K_{平均}$________。

思考题

1. K_{HAc}、α 是否随温度变化？怎样变化？
2. 哪些玻璃器皿需要干燥或用相应溶液洗涤？为什么？
3. “电离度越大，酸度越大”这句话是否正确？根据本实验加以说明。
4. 若 HAc 溶液的浓度极稀，是否能用 $K_{HAc}=c^2(H^+)/c$ 求 K_{HAc}。
5. 在测定时，为什么要按由稀到浓的顺序进行？

实验十一　四氨合铜(Ⅱ)配离子的 $\Delta G^{\ominus}$ 和 $K^{\ominus}_{稳}$ 的测定(pH 电位法)

一、实验目的

(1) 掌握利用酸度计测定配离子的 $\Delta G^{\ominus}$ 和 $K^{\ominus}_{稳}$ 的基本原理和方法。

(2) 进一步练习 pH 计的使用。

(3) 了解比重计的使用。

二、实验提要

本实验所设计的电池为

$$(-)Cu(s) \mid [Cu(NH_3)_4]^{2+}(0.5\ mol \cdot L^{-1}),\ NH_3(x\ mol \cdot L^{-1}) \parallel Cu^{2+}(0.5\ mol \cdot L^{-1}) \mid Cu(s)(+)$$

左边半电池的构成是将铜片浸在含有 $0.5\ mol \cdot L^{-1}[Cu(NH_3)_4]^{2+}$ 及 $NH_3 \cdot H_2O$(维持一定浓度)中，其中$[Cu(NH_3)_4]^{2+}$是由 Cu^{2+} 和过量的 $NH_3 \cdot H_2O$ 反应而得，所以$[Cu(NH_3)_4]^{2+}$的浓度可以近似认为 Cu^{2+} 的初始浓度。右边半电池的构成是将铜片浸入 $0.5\ mol \cdot L^{-1}\ Cu^{2+}$ 溶液中。中间用盐桥连接，其装置可参见图 4-1。相应的半电池反应是

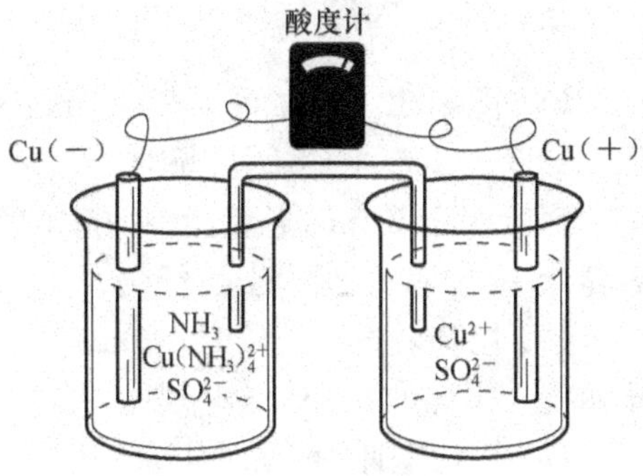

图 4-1　浓差原电池示意图

负极　$Cu + 4NH_3 - 2e^- \rightleftharpoons [Cu(NH_3)_4]^{2+}$

正极　$Cu^{2+} + 2e^- \rightleftharpoons Cu$

电池反应　$Cu^{2+} + 4NH_3 \rightleftharpoons [Cu(NH_3)_4]^{2+}$　　(4-9)

显然，该电池反应就是$[Cu(NH_3)_4]^{2+}$配离子的生成反应。将$[Cu(NH_3)_4]^{2+}$、Cu^{2+}、NH_3的活度系数近似地看成 1，则根据 Nernst 方程式，在 25 ℃时，电池的电动势为

$$E = E^{\ominus} - \frac{0.0592}{2}\lg\frac{c([Cu(NH_3)_4]^{2+})}{c(Cu^{2+}) \cdot c^4(NH_3)} \tag{4-10}$$

当$[Cu(NH_3)_4]^{2+}$、Cu^{2+}、NH_3 的浓度已知时，测定该电池的电动势 E，由式(4-10)计算电池的标准电动势 $E^{\ominus}$。再运用公式

$$\Delta G^{\ominus} = -nFE^{\ominus} \tag{4-11}$$

和

$$E^{\ominus}=\frac{0.0592}{2}\lg K_{稳}^{\ominus} \tag{4-12}$$

可以算得$[Cu(NH_3)_4]^{2+}$配离子的 $\Delta G^{\ominus}$ 和 $K_{稳}^{\ominus}$。

$NH_3 \cdot H_2O$ 的密度和浓度有对应关系(见附录十)。测定加入的浓 $NH_3 \cdot H_2O$ 密度,可以求出游离氨的浓度。

三、实验流程图

配制原电池溶液 → 组成原电池 → 测原电池电动势 → 数据处理

四、实验用品

仪器、用品:酸度计、分析天平、比重计、量筒(100 mL)、移液管(10 mL,3 支)、烧杯(50 mL,3 只)、容量瓶(50 mL)、铜片电极、盐桥。

试剂、材料:$CuSO_4 \cdot 5H_2O$(粉末状晶体)、氨水(浓)、砂纸。

五、实验内容

(1) 配制 50 mL 浓度为 1.00 mol · L^{-1}的硫酸铜溶液:在分析天平上精确称取 12.50 g $CuSO_4 \cdot 5H_2O$ 晶体,在洁净的小烧杯中加入 30 mL 去离子水溶解。将溶液转移至 50 mL 容量瓶中,并用少量水洗涤烧杯 2 次或 3 次,洗涤液都注入容量瓶中,加水稀释至刻度,摇匀。

(2) 用移液管分别取 10.00 mL 1.00 mol · L^{-1} $CuSO_4$ 溶液和 10.00 mL 去离子水置于干燥的 50 mL 烧杯中,混合均匀。

(3) 用比重计测量浓 $NH_3 \cdot H_2O$ 的密度,查表求出浓氨水的浓度。氨水的物质的量浓度为

$$c(NH_3)=\frac{1000\times密度\times质量分数}{17}(mol \cdot L^{-1})$$

(4) 用移液管分别取 10.00 mL 1.00 mol · L^{-1} $CuSO_4$ 溶液和 10.00 mL 浓氨水置于另一个干燥的 50 mL 烧杯中,充分搅拌,直至沉淀完全溶解,生成深蓝色溶液。

(5) 用砂纸将两个铜电极擦亮,洗净并干燥,按图 4-1 安装好电池。

(6) 将左边的半电池引线与酸度计负极相连接,右边半电池的引线与正极相连接,将酸度计的 pH-mV 开关置于"+mV"挡,测定电池的电动势。整个实验在室温下进行。

(7) 用移液管分别取 5.00 mL 1.00 mol · L^{-1} $CuSO_4$ 溶液和 15.00 mL 去离子水置于干燥的 50 mL 烧杯中,混合均匀。将这杯硫酸铜溶液替换图 4-1 实验装置中右边的硫酸铜溶液重新测定电池的电极电位。

(8) 用移液管分别取 5.00 mL 1.00 mol·L^{-1} $CuSO_4$ 溶液、10.00 mL 浓氨水和 5.00 mL 去离子水置于另一个干燥的 50 mL 烧杯中，充分搅拌，直至沉淀完全溶解，生成深蓝色溶液。将这杯硫酸四氨合铜溶液替换图 4-1 装置中左边的硫酸四氨合铜溶液，重新测定电池的电极电位。

六、数据处理

pH 计编号			
实验编号	1(步骤 6)	2(步骤 7)	3(步骤 8)
Cu^{2+} 的浓度/(mol·L^{-1})			
$[Cu(NH_3)_4]^{2+}$ 浓度/(mol·L^{-1})			
浓 $NH_3\cdot H_2O$ 的浓度/(mol·L^{-1})			
游离氨的浓度/(mol·L^{-1})			
电池电动势/V			
标准电动势 $E^\ominus$			
$[Cu(NH_3)_4]^{2+}$ 的 $\Delta G^\ominus$			
$[Cu(NH_3)_4]^{2+}$ 的 $K^\ominus_{稳}$			
$[Cu(NH_3)_4]^{2+}$ 的 $\Delta G^\ominus$ 平均值			
$[Cu(NH_3)_4]^{2+}$ 的 $K^\ominus_{稳}$ 平均值			

思考题

1. 怎样用酸度计测定电动势？
2. 盐桥的作用是什么？
3. 如果浓 $NH_3\cdot H_2O$ 的密度测定不准，对实验结果有何影响？
4. 铜电极为何要擦净，干燥？否则对实验结果有何影响？
5. 烧杯为什么要干燥，若不干燥，结果会怎样？
6. 3 种实验方法测定的 $K^\ominus_{稳}$ 是否一致？为什么？

实验十二　Fe^{3+}～NCS^- 平衡常数的测定(分光光度法)

一、实验目的

(1) 测定 Fe^{3+}～NCS^- 的平衡常数，加深对平衡常数的理解。

(2) 学会分光光度计的使用。

二、实验提要

如果溶液中的溶质可吸收某些波长的可见光，则溶液就显示一定的颜色。溶液的浓度越大，吸收的光越多，颜色越深。因此可以通过比较溶液颜色的深浅来测定溶液的浓度，这种测定方法称为比色分析；也可以通过比较溶液吸收光的多少来测定溶液的浓度，这种测定方法称为分光光度分析。

分光光度法测定的理论依据是朗伯-比尔定律：当一束平行单色光通过单一均匀的、非散射的吸收光物质溶液时，溶液的吸光度与溶液浓度和液层厚度的乘积成正比。即

$$A = K \cdot c \cdot L \tag{4-13}$$

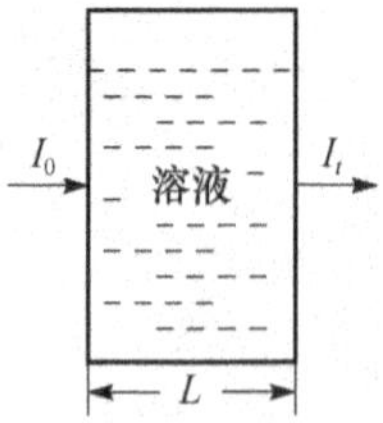

图 4-2　光吸收示意图

式中，c 为溶液浓度；L 为溶液厚度；K 为吸光系数。

如果固定比色皿厚度测定有色溶液的吸光度，则溶液的吸光度与浓度之间有简单的线性关系。

不同物质吸收光的波长（或频率）是不相同的。利用分光光度计产生所需频率的单色光，使其通过被测溶液，然后测定该单色光的强度，即可得到溶液的吸光度。图 4-2 是光吸收的示意图。

吸光度 A（又称消光度），即溶液吸收光的量，可用式(4-14)表示。

$$A = \lg \frac{I_0}{I_t} \tag{4-14}$$

式中，I_0 为入射光的强度；I_t 为透过光的强度。

通常先配一份已知浓度但与未知溶液具有相同物质的溶液，把它们分别放入两个厚度相同的容器中，分别测出 A_1 和 A_2，则 $A_1/A_2 = c_1/c_2$，即

$$c_2 = \frac{A_2}{A_1} \cdot c_1 \tag{4-15}$$

式中，c_1 为已知溶液的浓度；c_2 为未知溶液的浓度。

本实验用分光光度计法测定下列化学反应的平衡常数。

$$Fe^{3+} + HNCS \rightleftharpoons [FeNCS]^{2+} + H^+$$

$$K_c = \frac{c([FeNCS]^{2+}) \cdot c(H^+)}{c(Fe^{3+}) \cdot c(HNCS)} \tag{4-16}$$

由于反应体系中只有$[FeNCS]^{2+}$吸收可见光，所以可用分光光度法测定其平衡浓度。当 $c(Fe^{3+}) \gg c(HNCS)$时，HNCS 基本上全部转化成$[FeNCS]^{2+}$，所以$[FeNCS]^{2+}$的平衡浓度等于已知的 HNCS 的初始浓度，为了防止 Fe^{3+} 水解和 HNCS 电离，可用硝酸来保持 $c(H^+) = 0.5\ mol \cdot L^{-1}$。

三、实验流程图

配制参比和标准溶液 → 配制待测溶液 → 吸光度的测定 → 数据处理

四、实验用品

仪器、用品：722 型分光光度计、移液管（10 mL，2 支；5 mL，2 支）、烧杯

(50 mL,6 只)、洗耳球。

试剂、材料:Fe^{3+}(0.200 $mol \cdot L^{-1}$,0.002 $mol \cdot L^{-1}$)、KNCS(0.002 $mol \cdot L^{-1}$)、HNO_3(0.500 $mol \cdot L^{-1}$)、擦镜纸、标签纸、浆糊。

五、实验内容

1. 配制参比溶液和$[FeNCS]^{2+}$标准溶液

在 0 号和 1 号干燥洁净的烧杯中,分别按下表中所列的用量配制参比溶液和$[FeNCS]^{2+}$标准溶液,并充分混匀。

烧杯编号	0.200 $mol \cdot L^{-1}$ Fe^{3+}/mL	0.002 $mol \cdot L^{-1}$ KNCS/mL	0.500 $mol \cdot L^{-1}$ HNO_3/mL
0(参比溶液)	5.00	0.00	5.00
1(标准溶液)	10.00	2.00	8.00

$$c(\text{HNCS}) = \frac{2}{20} \times 0.002\ \text{mol} \cdot \text{L}^{-1} = 2.00 \times 10^{-4}\ \text{mol} \cdot \text{L}^{-1}$$

因为当 $c(Fe^{3+}) \gg c(HNCS)$时,HNCS 基本上都转化为$[FeNCS]^{2+}$,因此

$$c([\text{FeNCS}]^{2+})_{\text{标准}} = 2.00 \times 10^{-4}\ \text{mol} \cdot \text{L}^{-1}$$

2. 配制待测溶液

在 2 号～5 号烧杯中,分别按下表中所列的用量配制溶液,并充分混匀。

烧杯编号	0.002 $mol \cdot L^{-1}$ Fe^{3+}/mL	0.002 $mol \cdot L^{-1}$ KNCS/mL	0.500 $mol \cdot L^{-1}$ HNO_3/mL
2	5.00	5.00	0.00
3	5.00	4.00	1.00
4	5.00	3.00	2.00
5	5.00	2.00	3.00

3. 吸光度的测定

把分光光度计的波长调至 447 nm,将参比溶液推入光路,选择使用状态,调满刻度为零。测定 1 号～5 号溶液的吸光度,并及时记录。

六、数据处理

由于 HNO_3 浓度很高,Fe^{3+} 的浓度很低。反应生成的氢离子浓度可忽略不计,则

$$c(\text{H}^+)_{\text{平衡}} = c(\text{HNO}_3)_{\text{标定}}$$

由郎伯-比尔定律得

$$c([\text{FeNCS}]^{2+})_{\text{平衡}} = \frac{A_i}{A_1} c([\text{FeNCS}]^{2+})_{\text{标准}}$$

由质量守恒得

$$c(Fe^{3+})_{平衡} = c(Fe^{3+})_{始} - c([FeNCS]^{2+})_{平衡}$$

$$c(HNCS)_{平衡} = c(HNCS)_{始} - c([FeNCS]^{2+})_{平衡}$$

把计算所得的数据填入下表：

编号	吸光度 A	初始浓度		平衡浓度				K_c
		$c(Fe^{3+})_{始}$	$c(HNCS)_{始}$	$c(H^+)_{平}$	$c([FeNCS]^{2+})_{平}$	$c(Fe^{3+})_{平}$	$c(HNCS)_{平}$	
1								
2								
3								
4								
5								

思考题

1. 为什么要使 $c(Fe^{3+}) \gg c(HNCS)$？

2. 为什么要加 HNO_3 来保持溶液的酸度？

3. 烧杯为什么要干燥？

4. 3 支移液管为什么在使用前要用相应的溶液洗过？在使用过程中为什么不能混用？

5. K_c 的文献值是 104，分析产生误差的原因。

实验十三　Fe^{3+} 与磺基水杨酸配合物的组成和标准稳定常数的测定(分光光度法)

一、实验目的

(1) 学习等摩尔系列法测配离子的组成和稳定常数的原理和方法。

(2) 学习分光光度计的使用及有关实验数据的处理方法。

(3) 练习溶液配制及相关的基本操作。

二、实验提要

1. 分光光度法的基本原理

分光光度法测定溶液浓度的原理参见实验十二。

2. 等摩尔系列法测配离子的组成和稳定常数

设中心离子 M 和配位体 L 在给定条件下反应，只生成一种有色配离子或配合物 ML_n。

$$M+nL \rightleftharpoons ML_n$$（略去三种物质的电荷）

根据朗伯-比尔定律，若 M 和 L 都是无色的，则此溶液的吸光度 A 与有色配离子 ML_n 或配合物的浓度 c 成正比。据此，可用等摩尔系列法（浓比递变法，又称 JOB 法）测定该配离子或配合物的组成和稳定常数。方法如下。

配制一系列含有中心离子 M 与配位体 L 的溶液，保持 M 与 L 的总物质的量相等，但各自的摩尔分数系列改变。例如，配制配位体 L 的摩尔分数依次为 0、0.1、0.2、0.3、…、0.9、1.0 的溶液，而 M 的摩尔分数依次作相应递减。在一定波长的单色光中分别测定这系列溶液的吸光度。有色配离子或配合物的浓度越大，溶液颜色越深，其吸光度越大。当 M 和 L 恰好全部形成配离子或配合物时（不考虑配离子的离解），ML_n 的浓度最大，吸光度也最大。若以 ML_n 溶液的吸光度 A 为纵坐标，以配位体 L 的摩尔分数为横坐标作图，可以求得最大的吸光度处。例如，从图 4-3 可以看出，延长曲线两边的直线部分，相交于 D 点，点 D 所对应的吸光度为 A_1，D 点即为最大吸收处。D 点或 B 点所对应的配位体的摩尔分数即为 ML_n 的组成。若 D 点或 B 点所对应的配位体的摩尔分数为 0.5，则中心离子的摩尔分数为

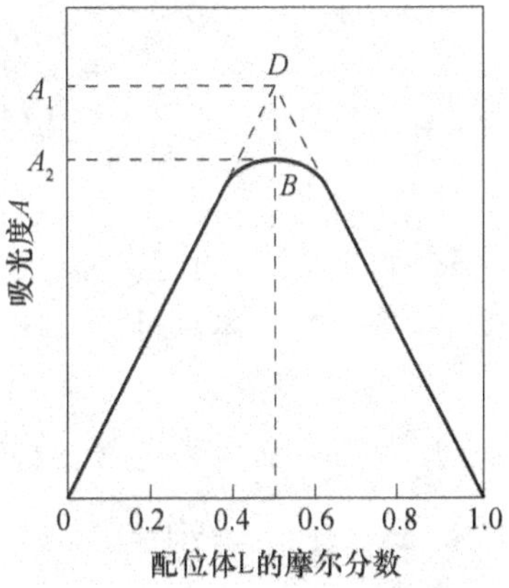

图 4-3　配位体摩尔分数-吸光度图

$$1.0-0.5=0.5$$

所以

$$\frac{\text{配位体的物质的量}}{\text{中心离子物质的量}}=\frac{\text{配位体的摩尔分数}}{\text{中心离子的摩尔分数}}=\frac{0.5}{0.5}=1$$

由此可知，该配离子或配合物的组成为 ML 型。

配离子的稳定常数也可根据图 4-3 求得。从图中还可以看出，对于 ML_n 型配离子或配合物，若它全部以 ML_n 形式存在，则其最大吸光度应在 D 处，即吸光度为 A_1。但由于配离子或配合物有一部分离解，其浓度比未离解时的要稍小一些，实际测得的最大吸光度在 B 处，即吸光度为 A_2。此时配离子或配合物的离解度为

$$\alpha=\frac{A_1-A_2}{A_1} \tag{4-17}$$

配离子或配合物 ML 的稳定常数与离解度的关系如下

	$ML \rightleftharpoons$	$M\ +$	L
起始时浓度	c	0	0
平衡时浓度	$c-c\alpha$	$c\alpha$	$c\alpha$

$$K_{稳}=\frac{c(ML)}{c(M)\cdot c(L)}=\frac{1-\alpha}{c\alpha^{2}} \tag{4-18}$$

式中，c 表示 D 点的中心离子的物质的量浓度。

Fe^{3+} 与磺基水杨酸（H_3SSA）的酸根离子能形成稳定的螯合物。磺基水杨酸与 Fe^{3+} 形成的螯合物的组成因 pH 不同而不同。磺基水杨酸溶液是无色的，Fe^{3+} 的浓度很稀时也可认为是无色的，它们在 pH2～3 时，生成紫红色的螯合物（有 1 个配位体），反应可表示如下

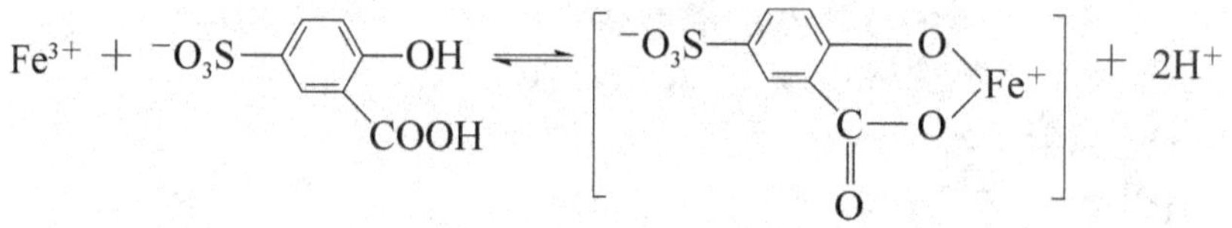

pH4～9 时，生成红色的螯合物（有 2 个配位体）；pH9～11.5 时，生成黄色的螯合物（有 3 个配位体）；pH>12 时，有色螯合物被破坏而生成 $Fe(OH)_3$ 沉淀。

本实验是在 pH2～3（用高氯酸 $HClO_4$ 来控制溶液的 pH，其优点主要是 ClO_4^- 不易与金属离子配合）的条件下，测定上述配合物的组成和稳定常数的。

三、实验流程图

溶液的配制 → 等摩尔系列溶液的配制 → 吸光度的测定 → 数据处理

四、实验用品

仪器、用品：烧杯（50 mL，11 只；600 mL，1 只）、分光光度计（722S 型或 VIS7200 型）、容量瓶（100 mL，2 只）、刻度移液管（10 mL，3 支）、洗耳球、玻璃棒、吸水纸（或滤纸片）。

试剂、材料：$HClO_4$（0.01 mol · L^{-1}）、磺基水杨酸、硫酸高铁铵 $NH_4Fe(SO_4)_2$（0.0100 mol · L^{-1}）。

五、实验内容

1. 溶液的配制

1）配制 0.0010 mol · L^{-1} Fe^{3+} 溶液

使用 10mL 移液管吸取 10.0 mL 0.0100 mol · L^{-1} $NH_4Fe(SO_4)_2$ 溶液，注入 100 mL 容量瓶中，用 0.01 mol · L^{-1} $HClO_4$ 溶液稀释至刻度，摇匀备用。

2）配制 0.0010 mol · L^{-1} 磺基水杨酸溶液

使用 10 mL 移液管吸取 10.0 mL 0.0100 mol · L^{-1} 磺基水杨酸溶液，注入

100 mL 容量瓶中，用 0.01 mol・L^{-1} $HClO_4$ 溶液稀释至刻度，摇匀备用。

2. 等摩尔系列溶液的配制

把 3 支 10 mL 刻度的移液管或吸量管分别用新配制的 0.0010 mol・L^{-1} Fe^{3+} 溶液、0.0010 mol・L^{-1} 磺基水杨酸溶液和 0.01 mol・L^{-1} $HClO_4$ 溶液洗涤。

配制等摩尔系列溶液：用移液管或吸量管按表 4-1 所列出的试剂的准确体积取各溶液，分别注入已编号的干燥小烧杯中，搅拌均匀。用刻度移液管移取溶液时，应将溶液吸至移液管最高刻度，然后放出规定的体积。

表 4-1　等摩尔系列溶液的组成和吸光度记录

溶液编号	0.01 mol・L^{-1} $HClO_4$/mL	0.0010 mol・L^{-1} Fe^{3+}溶液/mL	0.0010 mol・L^{-1} 磺基水杨酸/mL	吸光度 A
1	10.0	10.0	0.0	
2	10.0	9.0	1.0	
3	10.0	8.0	2.0	
4	10.0	7.0	3.0	
5	10.0	6.0	4.0	
6	10.0	5.0	5.0	
7	10.0	4.0	6.0	
8	10.0	3.0	7.0	
9	10.0	2.0	8.0	
10	10.0	1.0	9.0	
11	10.0	0.0	10.0	
入射光波长______ nm；比色皿规格______ cm				

3. 等摩尔系列溶液的吸光度测定

根据分光光度计的操作步骤，将波长调节至 500 nm。以 0.01 mol・L^{-1} $HClO_4$ 为参比液，调节参比液的吸光度为 0，不透光时，吸光度为∞。

取 4 只厚度为 1 cm 的比色皿，往其中 1 只中加入 0.01 mol・L^{-1} $HClO_4$ 溶液至约 4/5 容积处；其余 3 只中分别加入各编号的待测溶液（比色皿先用待装液润洗 2 或 3 次）。分别测定各待测溶液的吸光度，并把所有实验及测定结果记在实验报告本上。每次测定必须核对，记录稳定的数值。

4. 配离子的组成和稳定常数测定

(1) 在小方格坐标纸上以吸光度对磺基水杨酸的摩尔分数作图（注意图应是平滑的直线或曲线）。延长曲线两边的直线部分，相交于一点，这一点即为最大吸光处 D。根据实验提要的介绍，算出 Fe^{3+} 和磺基水杨酸的配离子的组成。

(2) A_1 为交点 D 所对应的吸光度，A_2 为交点 B 所对应的吸光度，求出配合物的离解度 α。

(3) 将 α 值代入式(4-18)，求出配合物的稳定常数 $K_{稳}$。

思考题

1. 本实验测定配合物的组成及稳定常数的原理如何？如果以 0.0100 mol·L^{-1} Fe^{3+} 溶液代替 0.0010mol·L^{-1} Fe^{3+} 溶液，其他试剂的浓度是否也要相应增大，为什么？

2. 等摩尔系列法的原理如何？如何用作图法来计算配离子或配合物的组成和稳定常数？

3. 在使用移液管量取一定体积的液体时，有哪些应注意的地方？

4. 在使用比色皿时，操作上有哪些应注意的地方？

5. 浓比递变法(或等摩尔系列法)的原理如何？如何用作图法来求得配离子(或配合物)的组成及其稳定常数？

6. 本实验为什么用 $HClO_4$ 溶液作空白溶液？为什么选用 500 nm 波长的光源来测定溶液的吸光度？

7. 试从多元弱酸的离解平衡出发，指出溶液的酸度对磺基水杨酸(或其离子)配位体浓度的影响。

实验十四　化学反应速率、速率常数和反应级数的测定——$S_2O_8^{2-}$ 与 I^- 的氧化还原反应

一、实验目的

(1) 了解浓度、温度和催化剂对反应速率的影响。

(2) 测定过二硫酸铵与碘化钾反应的平均反应速率，并计算不同温度下的反应常数和该反应的反应级数。

二、实验提要

在溶液中，过二硫酸铵和碘化钾发生如下反应。

$$(NH_4)_2S_2O_8 + 3KI \longrightarrow (NH_4)_2SO_4 + K_2SO_4 + KI_3$$

它的离子方程式为

$$S_2O_8^{2-} + 3I^- \longrightarrow 2SO_4^{2-} + I_3^- \tag{4-19}$$

反应(4-19)在 $t_2 \sim t_1$ 间隔内的平均反应速率为

$$v = \frac{\Delta c(S_2O_8^{2-})}{\Delta t} = \frac{c_1(S_2O_8^{2-}) - c_2(S_2O_8^{2-})}{t_2 - t_1}$$

式中，$\Delta c(S_2O_8^{2-})$ 为 $S_2O_8^{2-}$ 在 Δt 时间内浓度的改变值。

为了测定出 $\Delta c(S_2O_8^{2-})$，在混合 $(NH_4)_2S_2O_8$ 和 KI 溶液时，以淀粉溶液作为

指示剂，同时加入一定体积的、已知浓度的 $Na_2S_2O_3$ 溶液。这样，在反应(4-19)进行的同时，也进行着如下反应。

$$2S_2O_3^{2-} + I_3^- \longrightarrow S_4O_6^{2-} + 3I^- \tag{4-20}$$

反应(4-20)进行得非常快，几乎瞬时完成，而反应(4-19)却慢得多。于是，由反应(4-19)生成的碘立刻与 $S_2O_3^{2-}$ 反应，生成了无色的 $S_4O_6^{2-}$ 和 I^-。因此，在开始一段时间内，看不到碘和淀粉作用而显示特有的蓝色。但是，一旦 $S_2O_3^{2-}$ 耗尽，反应(4-19)生成的碘，即使是微量的也能使淀粉指示剂变成蓝色。所以蓝色的出现就标志着反应(4-20)的完成。

从反应方程式(4-19)和式(4-20)的关系可以看出，$S_2O_8^{2-}$ 浓度减少的量等于 $S_2O_3^{2-}$ 减少量的一半。因为 $S_2O_3^{2-}$ 在溶液显蓝色时已全部消耗掉，因此 $\Delta c(S_2O_3^{2-})$ 实际上等于反应开始时 $Na_2S_2O_3$ 的浓度。即

$$\Delta c(S_2O_8^{2-}) = \frac{\Delta c(S_2O_3^{2-})}{2} = \frac{1}{2}c(S_2O_3^{2-})$$

由于本实验中每份混合溶液只考虑 $(NH_4)_2S_2O_8$ 和 KI 的浓度改变，而使用的 $Na_2S_2O_3$ 起始浓度都是相同的，因此到蓝色出现时已消耗去的 $S_2O_3^{2-}$，即 $\Delta c(S_2O_3^{2-})$ 也都是相同的。这样，只要记下从反应开始到溶液出现蓝色所需要的时间(Δt)，就可以求算出在各种不同浓度下的平均反应速率

$$v = \frac{\Delta c(S_2O_8^{2-})}{\Delta t} = \frac{c(S_2O_3^{2-})}{2\Delta t}$$

根据质量作用定律，过二硫酸铵与碘化钾反应速率与反应物浓度的关系如下

$$\frac{\Delta c(S_2O_8^{2-})}{\Delta t} = k \cdot c^m(S_2O_8^{2-}) \cdot c^n(I^-) \tag{4-21}$$

从不同浓度下测得的反应速率，即能计算出该反应的 m、n 和反应级数，然后由式(4-21)求得一定温度下的反应速率常数。

三、实验流程图

配制溶液 → 反应、计时 → 数据处理

四、实验用品

仪器、用品：烧杯(100 mL，8 只；50 mL，8 只)、量筒(25 mL，4 支；10 mL，2 支)、试管、秒表、煤气灯、玻璃棒、温度计(0～100 ℃)、水浴锅。

试剂、材料：$(NH_4)_2S_2O_8$(0.20 mol·L^{-1})、KI(0.20 mol·L^{-1})、$Na_2S_2O_3$(0.010 mol·L^{-1})、KNO_3(0.20 mol·L^{-1})，$(NH_4)_2SO_4$(0.20 mol·L^{-1})、淀粉溶液(0.2%)、$Cu(NO_3)_2$(0.020 mol·L^{-1})、冰。

五、实验内容

1. 浓度对反应速率的影响

(1) 在室温下，按表 4-2 中实验编号 1 的要求，用量筒（每种试剂所用的量筒都应在洗涤后贴上标签，以免混乱）分别准确量取 20.0 mL 0.20 mol·L^{-1} KI 溶液、8.0 mL 0.01 mol·L^{-1} $Na_2S_2O_3$ 溶液和 4.0 mL 0.2%淀粉溶液于 100 mL 烧杯中，混合均匀。

表 4-2 KI 与 $(NH_4)_2S_2O_8$ 的浓度对反应速率的影响

实验编号		1	2	3	4	5
试剂用量/mL	0.20 mol·L^{-1} KI	20.0	20.0	20.0	10.0	5.0
	0.2%淀粉	4.0	4.0	4.0	4.0	4.0
	0.010 mol·L^{-1} $Na_2S_2O_3$	8.0	8.0	8.0	8.0	8.0
	0.20 mol·L^{-1} KNO_3	—	—	—	10.0	15.0
	0.20 mol·L^{-1} $(NH_4)_2SO_4$	—	10.0	15.0	—	—
	0.20 mol·L^{-1} $(NH_4)_2S_2O_8$	20.0	10.0	5.0	20.0	20.0
起始的浓度	$(NH_4)_2S_2O_8$/(mol·L^{-1})					
	KI/(mol·L^{-1})					
	$Na_2S_2O_3$/(mol·L^{-1})					
反应温度 T/℃						
反应时间 Δt/s						
反应的平均速率 $v(\Delta c/\Delta t)$						
反应级数$(m+n)$						
速率常数 k						

(2) 用量筒准确量取 20.0 mL 0.20 mol·L^{-1} $(NH_4)_2S_2O_8$ 溶液，迅速加到烧杯中，立刻开始计时并搅拌溶液。观察到溶液刚一出现蓝色，立即停止计时，将反应时间记入表 4-2 中。

(3) 用上述方法参照表 4-2 重复进行实验编号 2～5。为了保持反应系统的总体积不变，在实验编号 2～5 中，所减少的 KI 或 $(NH_4)_2S_2O_8$ 的用量可以分别用 0.20 mol·L^{-1} KNO_3 和 0.20 mol·L^{-1} $(NH_4)_2SO_4$ 来补充（请思考为什么?）。

注意：在进行实验 3 时，由于加入的 $(NH_4)_2S_2O_8$ 溶液体积较少，为了避免因有一部分残留在量筒内而影响实验结果，可将 15.0 mL $(NH_4)_2SO_4$ 先加到 5.0 mL $(NH_4)_2S_2O_8$ 中，然后一齐加进上述装有混合液的烧杯中。

(4) 根据表 4-2 中各种试剂的用量，计算各实验中参加反应的试剂的起始浓度及反应速率常数，逐一填入表 4-2 中，并记下反应温度。

2. 温度对反应速率的影响

按表 4-2 中实验编号 4 的要求，量取试剂于 100 mL 烧杯中，$(NH_4)_2S_2O_8$ 溶液放入另一烧杯。将两只烧杯放在冰水浴中冷却，待两种溶液均冷到比室温低10 ℃时，将$(NH_4)_2S_2O_8$溶液迅速倒入另一烧杯内，立刻开始计时并搅拌溶液。观察到溶液刚出现蓝色时，立即停止计时，将反应时间和温度记录在表4-3中。

表4-3 温度对反应速率的影响

实验编号	反应温度 T/℃	反应时间 t/s	反应的平衡速率 v	反应速率常数 k
6				
7				
8				

同样地，按表4-2中实验编号4的要求，在高于室温10 ℃条件下重复上述实验。将盛有溶液的两只烧杯放入温水浴中升温，待溶液温度高于室温10 ℃时，将$(NH_4)_2S_2O_8$溶液倒入混合液中，计时并搅拌，将反应时间和温度记录在表4-3中。

在室温条件下，重复上述实验。

3. 催化剂对反应速率的影响

(1) 在100 mL烧杯中加入10.0 mL 0.020 mol·L^{-1} KI溶液、4.0 mL 0.2%淀粉溶液、8.0 mL 0.010 mol·L^{-1} $Na_2S_2O_3$和10.0 mL 0.20 mol·L^{-1} KNO_3溶液，再滴入2滴0.020 mol·L^{-1} $Cu(NO_3)_2$溶液，搅拌均匀。

(2) 将20.0 mL 0.20 mol·$L^{-1}$$(NH_4)_2S_2O_8$溶液迅速加到上述烧杯中，同时计时和搅拌，至溶液出现蓝色时为止。将反应时间和温度记录在表4-4中。同时将室温条件下的实验结果记在表4-4中，并进行比较。

表4-4 催化剂对反应速率的影响

实验编号	反应温度 T/℃	反应时间 t/s	反应的平均速率 v	催化剂滴数
7				
9				

六、数据处理

1. 反应级数的计算方法

把表4-2中实验编号为1和3的结果代入下式。

$$v=\frac{\Delta c(S_2O_8^{2-})}{\Delta t}=k\cdot c^m(S_2O_8^{2-})\cdot c^n(I^-)$$

可得

$$\frac{v_1}{v_3}=\frac{k\cdot c_1^m(S_2O_8^{2-})\cdot c_1^n(I^-)}{k\cdot c_3^m(S_2O_8^{2-})\cdot c_3^n(I^-)}$$

由于$c_1^n(I^-)=c_3^n(I^-)$，k为常数。所以

$$\frac{v_1}{v_3}=\frac{c_1^m(S_2O_8^{2-})}{c_3^m(S_2O_8^{2-})}$$

因为v_1、v_3、$c_1(S_2O_8^{2-})$、$c_3(S_2O_8^{2-})$都是已知数，所以可以求出m。用同样的方法将表4-2中实验编号为1和5的结果代入，可得

$$\frac{v_1}{v_5}=\frac{k\cdot c_1^m(S_2O_8^{2-})\cdot c_1^n(I^-)}{k\cdot c_5^m(S_2O_8^{2-})\cdot c_5^n(I^-)}$$

由于

$$c_1^m(S_2O_8^{2-})=c_5^m(S_2O_8^{2-})$$

所以

$$\frac{v_1}{v_5}=\frac{c_1^n(I^-)}{c_5^n(I^-)}$$

由上式可求出n。再由$m+n$求得反应级数。

2. 速率常数k的计算方法

将求出的m与n代入$v=k\cdot c^m(S_2O_8^{2-})\cdot c^n(I^-)$，即可求得速率常数$k$。

思考题

1. 在过二硫酸铵和碘化钾的氧化还原实验中，有哪些因素可能影响实验的准确度？你将如何避免？

2. 在本实验中，如果不用$S_2O_8^{2-}$而用I^-或I_3^-浓度变化来表示反应速率，则反应速率常数k是否一样？

3. 在本实验中，为什么可以由反应溶液出现蓝色的时间长短来计算反应速率？反应溶液出现蓝色后，反应是否就终止了？

4. 实验中若先加$(NH_4)_2S_2O_8$溶液，最后加KI溶液，对实验结果有何影响？

5. $Na_2S_2O_3$用量过多或过少，对实验结果有何影响？

6. 在上述编号为2、3的实验中添加不同量的$(NH_4)SO_4$溶液；编号为4、5的实验中添加不同量的KNO_3溶液的用意何在？如何选择添加试剂？

实验十五　硫酸钙溶度积的测定（离子交换法）

一、实验目的

(1) 了解用离子交换法测定难溶电解质溶度积的原理和方法。

(2) 学习离子交换树脂的一般使用方法。

(3) 进一步熟练使用移液管和酸碱滴定的基本操作。

二、实验提要

离子交换树脂是一种人工合成的具有网状结构的高分子聚合物，通常为白、黄、黄褐或黑色的半透明球形颗粒物，性质稳定，不溶于酸、碱和一般有机溶剂。

离子交换树脂由两部分组成，一部分为网状结构的高分子聚合物，另一部分为结合在高分子基团上的活性基团。含有酸性基团而又能与其他物质交换阳离子的树脂称为阳离子交换树脂；含有碱性基团而又能与其他物质交换阴离子的树脂称为阴离子交换树脂。

最常用的聚苯乙烯磺酸型树脂是一种强酸型阳离子交换树脂，其结构可表示如下

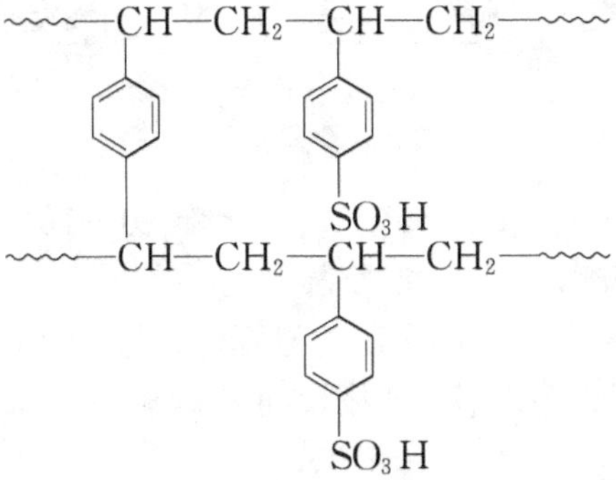

本实验用强酸型阳离子交换树脂(732 型号)交换 $CaSO_4$ 饱和溶液中的 Ca^{2+}，其交换反应为

$$2R{-}SO_3H + Ca^{2+} \rightleftharpoons (R{-}SO_3)_2Ca + 2H^+$$

式中，R 表示树脂母体。

由于 $CaSO_4$ 是微溶盐，在有固体存在的饱和溶液中存在着如下平衡。

$$CaSO_4(\text{固}) \rightleftharpoons CaSO_4(\text{溶液}) \rightleftharpoons Ca^{2+} + SO_4^{2-}(\text{溶液})$$

当一定量的硫酸钙饱和溶液经阳离子交换树脂时，由于 Ca^{2+} 被交换，平衡向右移动，$CaSO_4$ 离解，结果全部 Ca^{2+} 被树脂吸附，而原树脂上的 H^+ 被交换下来，根据流出液中的 H^+ 浓度，可计算得出 $CaSO_4$ 的溶度积 $K_{sp}(CaSO_4)$。流出液中的 H^+ 浓度，可用标准 NaOH 溶液滴定。整个计算如下

因为

$$2c(Ca^{2+}) \cdot V(Ca^{2+}) = c(H^+) \cdot V(H^+)$$
$$c(H^+) \cdot V(H^+) = c(OH^-) \cdot V(OH^-)$$

所以

$$2c(Ca^{2+}) \cdot V(Ca^{2+}) = c(OH^-) \cdot V(OH^-)$$

即

$$c(Ca^{2+}) = \frac{c(OH^-) \cdot V(OH^-)}{2V(Ca^{2+})}$$

如以 $c(Ca^{2+})$和 $c(SO_4^{2-})$分别表示饱和溶液中 Ca^{2+} 和 SO_4^{2-} 的平衡浓度，则

$$c(Ca^{2+}) = c(SO_4^{2-}) = c(CaSO_4)$$

$c(CaSO_4)$为该温度下 $CaSO_4$ 的溶解度(S)。所以

$$K_{sp}(CaSO_4) = c(Ca^{2+}) \cdot c(SO_4^{2-}) = c^2(CaSO_4)$$

三、实验流程图

树脂转型、洗涤 → 移液、交换和洗涤 → 滴定 → 数据处理

四、实验用品

仪器、用品：离子交换柱、碱式滴定管、移液管(10 mL)、量筒、锥形瓶(250 mL)、温度计、pH 试纸、定量滤纸、洗耳球、烧杯。

试剂、材料：NaOH(0.05 mol·L^{-1}，已标定)、HCl(2 mol·L^{-1})、溴百里酚蓝(0.1%)、$CaSO_4$(固体，A. R.)、732 型阳离子交换树脂、玻璃纤维。

五、实验内容

1. 树脂装柱

把交换柱固定在铁架上，如图 4-4 所示。柱底部先填上少量玻璃纤维，挡住孔口。然后将泡好的树脂和水搅拌调成糊状，从管上端注入交换柱内，并保持液面略高于树脂，防止树脂间产生气泡而降低交换效果。在操作过程中，可以用玻璃棒插进交换柱搅动赶走树脂间的气泡(注：装柱由实验准备室预先完成)。

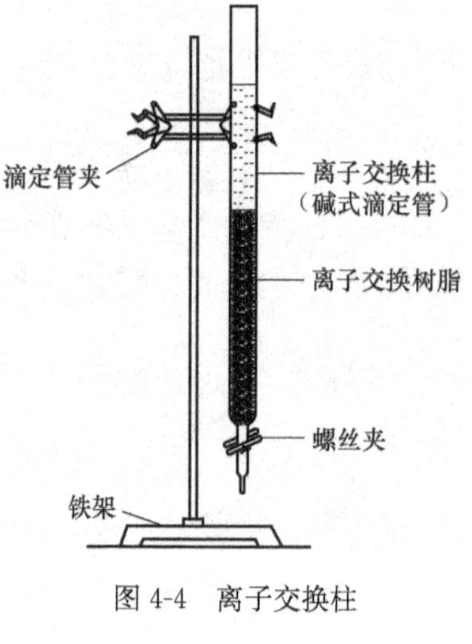

图 4-4 离子交换柱

2. 树脂转型

市售的 732 型阳离子交换树脂为钠型树脂(R—SO_3Na)，使用前必须将其完全转变为氢型(R—SO_3H)。方法为：用 120 mL 2 mol·L^{-1} HCl 加入柱中，调节交换柱底部的螺丝夹，使溶液以 30 滴/min 的流速流经离子交换树脂，待柱中酸液液面降至接近树

脂层上表面时，加入去离子水洗涤树脂，直至流出液呈中性(用 pH 试纸试验)。

3. $CaSO_4$ 饱和溶液的配制

按室温时 $CaSO_4$ 的溶解度，称取过量的 $CaSO_4$ 晶体，尽量使其溶于经煮沸已去除 CO_2 的去离子水中(充分搅拌)，放置冷却至室温后，用定量滤纸过滤(漏斗、滤纸和承接烧杯均应干燥)，滤液即为 $CaSO_4$ 饱和溶液(注：若课时有限，可由实验准备室配制 $CaSO_4$ 饱和溶液)。

4. 交换和洗涤

用移液管量取 25 mL $CaSO_4$ 饱和溶液，放入离子交换柱中。调节螺旋夹控制溶液流速为 20～25 滴/min，用 250 mL 锥形瓶承接流出液。待 $CaSO_4$ 饱和溶液液面接近树脂层表面时，用约 50 mL 去离子水分 2～3 次洗涤交换树脂。第一次洗涤保持流速 20～25 滴/min，后流速可适当加快，控制在 50 滴/min，直到流出液的 pH 接近 7。此时则可旋紧螺旋夹，移走锥形瓶。

5. 滴定

往锥形瓶中加入 2～3 滴溴百里酚蓝指示剂，用标准 NaOH 溶液滴定至终点(液体由黄变蓝，pH6.2～7.6)。

记录 $V(\mathrm{NaOH})$、$c(\mathrm{NaOH})$ 及室温温度，计算 $CaSO_4$ 的 $K_{sp}(CaSO_4)$。

六、数据处理

$CaSO_4$ 饱和溶液的温度/℃ ______________

$CaSO_4$ 饱和溶液的用量 $V(CaSO_4)$/mL ______________

NaOH 标准溶液的浓度 $c(\mathrm{NaOH})/(\mathrm{mol \cdot L^{-1}})$ ______________

滴定前 NaOH 液面位置 $V_{前}$/mL ______________

滴定前 NaOH 液面位置 $V_{后}$/mL ______________

NaOH 标准液的用量$(V_{前}-V_{后})$/mL ______________

计算该温度下 $CaSO_4$ 的溶解度 S 和溶度积 $K_{sp}(CaSO_4)$。

思考题

1. 本实验操作过程中，为什么要控制液体的流速不宜太快？交换树脂层内，为什么不允许有气泡存在？应如何避免？

2. $CaSO_4$ 饱和溶液通过交换柱后，为什么要用去离子水洗涤至中性，且不允许流出液有损失？

3. 制备 $CaSO_4$ 饱和溶液时，为什么要使用已除去 CO_2 的蒸馏水？

4. 在交换和洗涤过程中，作为承接流出液的锥形瓶是否要干燥？

5. 本实验中如何精确测定 $CaSO_4$ 溶度积(已知 25 ℃时,$CaSO_4$ 的离解常数为 $K_d=5.2\times10^{-3}$)?

实验十六　电导率法测定 $BaSO_4$ 的溶度积常数

一、实验目的

(1) 学习电导率仪的使用方法。

(2) 掌握用电导率法测定难溶盐溶解度的原理和方法。

(3) 巩固多相离子平衡的概念和规律。

二、实验提要

在难溶电解质 $BaSO_4$ 的饱和溶液中,存在下列平衡。

$$BaSO_4(s) \rightleftharpoons Ba^{2+}(aq) + SO_4^{2-}(aq)$$

其溶度积为

$$K_{sp}(BaSO_4) = c(Ba^{2+}) \cdot c(SO_4^{2-}) = c^2(BaSO_4)$$

由于难溶电解质的溶解度很小,很难直接测定。本实验利用浓度与电导率的关系,通过测定溶液的电导率,计算 $BaSO_4$ 的溶解度 $c(BaSO_4)$,从而计算其溶度积。

电导率(χ)与溶液中摩尔电导(λ)、浓度 c 之间存在如下关系。

$$\lambda = \chi/c$$

对难溶电解质来说,它的饱和溶液可近似地看成是无限稀释溶液,离子间作用力的影响可以忽略不计。这时溶液的摩尔电导为极限摩尔电导,$\lambda_0(BaSO_4)$可由物理化学手册查到(25 ℃时,无限稀释的 $BaSO_4$ 饱和溶液的 $\lambda_0(BaSO_4)=286.88\times10^{-4}\,S\cdot m^2\cdot mol^{-1}$,本实验的有关计算中可近似取用此值)。因此,只要测得 $BaSO_4$ 饱和溶液的电导率(χ),根据上式即可计算出 $BaSO_4$ 的摩尔溶解度 $c(BaSO_4)$,进而求出 $K_{sp}(BaSO_4)$。

需要注意的是,实验测得的 $BaSO_4$ 饱和溶液的电导率(χ')包括了 H_2O 电离的 H^+ 和 OH^- 的电导率$\chi(H_2O)$。在这种稀的溶液中,它们是不可忽略的。所以

$$\chi(BaSO_4) = \chi'(BaSO_4) - \chi(H_2O)$$

$$c(BaSO_4) = \chi(BaSO_4)/\lambda_0(BaSO_4)(mol\cdot m^{-3})$$

$$= [\chi'(BaSO_4) - \chi(H_2O)]/1000\lambda_0(BaSO_4)(mol\cdot L^{-1})$$

则

$$K_{sp}(BaSO_4) = \{[\chi'(BaSO_4) - \chi(H_2O)]/1000\lambda_0(BaSO_4)\}^2$$

三、实验流程图

制备 $BaSO_4$ 饱和溶液 → 调试电导率仪 → 测定水、$BaSO_4$ 饱和溶液的电导率 → 数据处理

四、实验用品

仪器、用品：电导率仪、温度计、量筒(50 mL，2 支)、烧杯(100 mL，2 只)、擦镜纸或滤纸片。

试剂、材料：$BaCl_2$ (0.05 $mol \cdot L^{-1}$)、H_2SO_4 (0.05 $mol \cdot L^{-1}$)、$AgNO_3$ (0.1 $mol \cdot L^{-1}$)。

五、实验内容

(1) $BaSO_4$ 饱和溶液的制备：量取 20 mL 0.05 $mol \cdot L^{-1}$ H_2SO_4 溶液和 20 mL 0.05 $mol \cdot L^{-1}$ $BaCl_2$ 溶液分别置于 100 mL 烧杯中，加热至近沸(刚有气泡出现)，在搅拌下趁热将 $BaCl_2$ 溶液慢慢滴加到 H_2SO_4 溶液中(2～3 滴/s)，然后将盛有沉淀的烧杯放置于沸水浴中加热，并搅拌 10 min。静置冷却 20 min，用倾析法去掉清液，再用近沸的去离子水洗涤 $BaSO_4$ 沉淀，重复洗涤 3～4 次，直到检验清液中无 Cl^- 为止(为了提高洗涤效果，每次应尽量不留母液)。最后在洗净的 $BaSO_4$ 沉淀中加入 40 mL 去离子水，煮沸 3～5 min，并不断搅拌，冷却至室温。

(2) 调准电导率仪。

(3) 测定去离子水的电导率 $\chi(H_2O)$。

(4) 测定上面制得的 $BaSO_4$ 饱和溶液的电导率 $\chi'(BaSO_4)$。为了保证 $BaSO_4$ 饱和溶液的饱和度，在测定 $\chi'(BaSO_4)$ 时一定要使盛有 $BaSO_4$ 饱和溶液的小烧杯底层有 $BaSO_4$ 晶体，上层是澄清液。

六、数据处理

室温 T/℃________________

$\chi(H_2O)/(S \cdot m^{-1})$________________

$\chi'(BaSO_4)/(S \cdot m^{-1})$________________

$\lambda_0(BaSO_4)/(S \cdot m^2 \cdot mol^{-1})$________________

$c(BaSO_4)/(mol \cdot L^{-1})$________________

$K_{sp}(BaSO_4)$________________

思考题

1. 为什么在制得的 $BaSO_4$ 沉淀中要反复洗涤至无 Cl^- 存在？若不这样洗对实验结果有什么影响？

2. 在测定 $BaSO_4$ 的电导时，水的电导为什么不能忽略？在测定 HAc 溶液的电导时又如何？

第五章

无机物的制备和提纯

【基本要求】

无机化合物的制备是人类利用自然、开发自然、弥补自然资源不足的重要手段。无机化合物的制备是无机化学的一个重要组成部分，是发展新型无机材料及高新技术产品的重要基础。

作为基础化学实验，本章主要介绍无机化合物常规的制备、提纯方法和原理。通过相应的实验操作，要求学生学习并掌握无机化合物提纯和制备过程中如何选择试剂、调节溶液 pH、控制反应温度、分离去除杂质等各种方法，加深对元素及其化合物的了解，熟悉并掌握相关的基本操作。

理 论 概 述

无机化合物的种类极多，不同类型的无机物其制备方法有所不同，差别也很大。即使是同一种化合物也有多种制备方法。本章主要介绍常见无机物常用的制备和提纯方法。

一、选择合成路线的基本原则

(1) 无机合成的基础是无机化学反应，在恒温恒压条件下，判断一个制备反应能否进行的依据是吉布斯自由能变化值 $\Delta_r G_m$。当体系的$(\Delta_r G_m)_{T,p}<0$ 时，该制备反应在热力学上是可行的。但如果反应的速率很慢，该反应实际上还是不能进行，所以必须同时考虑其动力学因素。

(2) 无机合成的目的是制备具有一定性质和标准的产品，但化学反应往往伴有副产物及其他杂质的生成，因此要综合考虑产物的分离和提纯过程。

(3) 化学合成中，经常会用到各种有毒的试剂，也常会产生“三废”，即废渣、废液、废气而污染环境，因此选择合成路线时要首选环境友好的工艺路线，同时还需要考虑合成路线的先进性、经济上的合理性和生产上的安全性。其中合成路线的先进性要求工艺简单、原料价廉易得、成本低、产率高、产品质量高、生产安全性好等。

二、无机化合物的常规制备过程和方法

无机化合物的品种繁多，原料来源很广，主要有矿物及其他工业生产中产生的废液、废渣等。用这些原料来制备无机产品，通常需要经过如下过程。

1. 原料的溶解和造液

在水溶液中进行的化学反应：通常用水、酸、碱等溶剂使原料溶解，当原料不能溶解或溶解不完全时，则采用加热方法使其熔融后，再用水浸取为水溶液。

在非水溶液中进行的化学反应：非水溶剂分为无机溶剂和有机溶剂。无机溶剂有氨、硫酸、氟化氢等；有机溶剂有冰醋酸、四氯化碳、乙醚、汽油、丙酮、石油醚等。

2. 粗制液除杂分离

在原料的分解过程中，溶剂用量总是过量的，同时原料和加入物总会有杂质离子，必须去除。通常是在溶液中加入某些试剂，使杂质离子生成难溶化合物而沉淀。例如，调节溶液 pH、利用水解沉淀、利用氧化还原水解去杂、金属置换去杂及利用硫化物沉淀、溶剂萃取、配合掩蔽等多种方法均可去除杂质离子。

3. 纯化分离

初步得到的产品，其纯度一般不能满足要求，为了得到符合质量标准的产品，纯化是必不可少的步骤。通常使用蒸发浓缩、结晶、过滤等方法提纯，若纯度还达不到要求，可利用重结晶法再进行提纯。

结晶以后要进行分离，使所得的无机盐结晶与母液分开。由于湿的结晶夹带母液中含有的杂质而影响产品的纯度，所以通常要洗涤数次，再进行干燥，若产品含有结晶水，则干燥时，要控制干燥条件，以免失去结晶水。

三、一般无机物常用的制备、分离方法

1. 利用化合物物理性质的不同加以分离

最常见的是利用不同物质在同一溶剂中溶解度的差异，对含有杂质的化合物进行纯化。例如，粗食盐中含有钙、铁、钾的卤化物和硫酸盐等可溶性杂质，选择适当的试剂可使 Ca^{2+}、Mg^{2+}、SO_4^{2-} 等离子生成难溶化合物的沉淀而被除去。粗盐中的 K^+ 和这些沉淀剂不起作用，仍留在溶液中。由于 KCl 的溶解度大于 NaCl 的溶解度，而且在粗盐中的含量较少，所以在蒸发和浓缩食盐溶液时，NaCl 先结晶出来，而 KCl 则留在溶液中，从而达到提纯氯化钠的目的。

2. 利用氧化还原反应制备无机物

(1) 活泼金属和酸直接反应，经蒸发、浓缩、结晶、分离即可得到产品。例如，

由铁和硫酸制备硫酸亚铁。

(2) 不活泼金属不能直接和非氧化性酸反应，必须加入氧化剂，反应后要有分离、除杂质的步骤，如硫酸铜的制备，不能由铜和稀硫酸直接反应制备，必须加入氧化剂(如浓硝酸)，反应后有杂质硝酸铜，所以要用重结晶法来提纯制得的硫酸铜。

3. 利用复分解反应制备无机物

利用复分解反应制备无机物，若产物是难溶物或气体，则只需通过分离或收集气体即可得到产物。若产物是可溶的，就要经蒸发、浓缩、结晶、分离等步骤后才能得到产物。例如，由硝酸钠和氯化钾制备硝酸钾，这两种盐溶解、混合后，在溶液中有 4 种离子——K^+、Na^+、NO_3^- 和 Cl^-，由它们可组成 4 种盐。当温度改变时，它们的溶解度变化不同。利用这种差别，可在高温时除去氯化钠，滤液冷却后则得到硝酸钾。再用重结晶法提纯，可得到纯度较高的硝酸钾。

四、无机配合物的常用制备方法

一般说来，要制取配合物首先是寻找效果好的反应，其次是从反应混合物中分离出产物。

配合物分为经典配合物(维尔纳型)和包括金属羰合物在内的金属有机配合物两大类。第一类一般具有盐的性质，易溶于水；第二类则通常是共价化合物，一般易溶于非极性溶剂，熔点、沸点低。

对于经典配合物，常用结晶方法进行分离，其技术有：①蒸发除去溶剂，再用冰盐浴冷却反应混合物；②缓慢加入与溶剂能互溶的另一种溶剂，以降低产物的溶解度；③若要得到的配合物是配阳离子，则加入与它生成难溶盐的合适阴离子使它分离出来；反之，若要分离出配阴离子，则加入适当的阳离子。常用的配合物制备反应有取代反应、氧化还原反应等。

1. 取代反应

1) 水溶液中取代

这是迄今为止最常用的方法之一。例如，$[Cu(NH_3)_4]SO_4$ 可以用 $CuSO_4$ 水溶液与过量的氨水反应。

$$\underset{\text{浅蓝色}}{[Cu(H_2O)_4]^{2+}} + 4NH_3 = \underset{\text{深蓝色}}{[Cu(NH_3)_4]^{2+}} + 4H_2O$$

然后在反应混合液中加入乙醇或丙酮等有机溶剂，深蓝色的$[Cu(NH_3)_4]SO_4 \cdot H_2O$ 即可结晶析出。此法也适用于制备 Ni^{2+}、Co^{2+}、Zn^{2+} 等氨合物，但不适合制备 Fe^{3+}、Al^{3+}、Cr^{3+}、Ti^{4+} 等氨合物。因为氨水中除存在与金属离子配合物的 NH_3 分子外，同时存在与金属离子结合的 OH^- ($NH_3 + H_2O \rightleftharpoons NH_4^+ + OH^-$)，$OH^-$ 与这些金属离子会形成难溶的氢氧化物。

2) 非水溶剂中取代

在非水溶剂中合成配合物，是近些年才使用的方法。氯化亚铁与液氨(沸点为240 K)反应后，使未配位的过量氨挥发，可得到在室温下稳定的$[Fe(NH_3)_6]Cl_2$。若将Fe^{2+}与氨水反应，则主要生成氢氧化物沉淀。在水溶液中制备不到的$[Cu(NH_3)_6]Br_2$，同样可用溴化铜溶液与液氨来制备。另外还有

$$CrCl_3(\text{无水}) + 6NH_3(l) \xlongequal{\quad} [Cr(NH_3)_6]Cl_3$$

$$CrCl_3(\text{无水}) + 3en \xlongequal{\text{乙醚}} [Cr(en)_3]Cl_3$$

3)利用固相热反应

许多配合物在加热时可逐步失去配体。还有一些配合物，在失去配体的同时，外界的离子可以进入内界。例如，$CuSO_4 \cdot 5H_2O$加热失水的化学方程式为

$$\underset{\text{蓝色}}{[Cu(H_2O)_4]SO_4 \cdot H_2O} \xlongequal{523K} \underset{\text{白色}}{CuSO_4} + 5H_2O\uparrow$$

通过控制加热温度，可用来制备其他方法难以制备的配合物。例如，将$[Cr(en)_3]Cl_3$加热至483 K，可制得顺式$[Cr(en)_2Cl_2]Cl$。

2. 氧化还原反应

三价钴的配合物比二价钴配合物稳定，但在一般化合物中则相反。因此，制备三价钴配合物时，常用二价钴化合物为原料，通过氧化反应来制备三价钴的配合物，如橙色的$[Co(NH_3)_6]Cl_3$可如下反应获得。

$$2[Co(H_2O)_6]Cl_2 + 2NH_4Cl + 10NH_3 + H_2O_2 \xlongequal{\text{木炭}} 2[Co(NH_3)_6]Cl_3 + 14H_2O$$

此反应中木炭用作催化剂。

同样以过氧化氢为氧化剂，在草酸亚铁、草酸钾和草酸的水溶液中，可得到绿色的$K_3[Fe(C_2O_4)_3]$。

五、特殊条件下的制备技术——无水无氧操作

对空气敏感物质的合成及操作方法是现代无机化学的重要实验技术，自然界存在的和人工合成的化合物中有许多对氧气和水是敏感的，如二茂铁、二茂镍等金属茂化合物、SiX_4等卤化物和乙酸铬(Ⅱ)等配合物等。为了合成、分离、纯化和分析鉴定这些化合物，必须使用专门的无水无氧实验操作技术和操作系统。

1. 无水无氧操作系统

无水无氧操作系统由惰性气体纯化装置、真空泵及操作面板三部分组成。

1) 惰性气体纯化装置

无水无氧实验操作对惰性气体的要求很高(要求其无水，氧含量<5 ppm①)，

---

① ppm为非法定量级，1 ppm$=10^{-6}$。

一般工业高纯氮气和氩气(含水，氧含量为 10～50 ppm)还不能使用，必须经过脱氧处理。

合成二茂镍实验装置采用分子筛作为脱水用的干燥剂。新买来的分子筛必须经烘烤脱水活化后才能使用。烘烤温度不能超过 600 ℃，以防止分子筛晶体结构破坏而失去吸附水的能力。一般在常压时于(550±10)℃烘 2 h，或者在真空 10^{-5}～10^{-6} kPa时于(350±10)℃烘烤。处理过的分子筛应冷却至 200 ℃时从炉中取出并放置在干燥器中备用。

脱氧的方法有两种：干法脱氧和湿法脱氧。常采用的是干法脱氧。干法脱氧剂有活性铜、镍催化剂、401 脱氧剂等多种。上海分子筛厂生产的银 X 型分子筛(商品名为 201 净化剂)是一种以银交换的 X 型分子筛，其氧化型为($0.7Ag_2O+0.3Na_2O$)、$A1_2O_3$、2.5～3.0SiO_2。气体经脱氧后，氧含量低于 1 ppm。该脱氧剂在室温就能脱氧，活化和再生也很方便。

无机化学实验室里使用的惰性气体纯化装置见图 5-1。氮气依次经过起泡器 1、4A 分子筛脱水柱 3、银分子筛脱氧柱 4，再经脱水柱 6 和脱水柱 7 及一个 2L 安全瓶后接到操作面板中双排管的一路上。纯化装置中还有一个精密压力表，用来指示装置中氮气的压力。

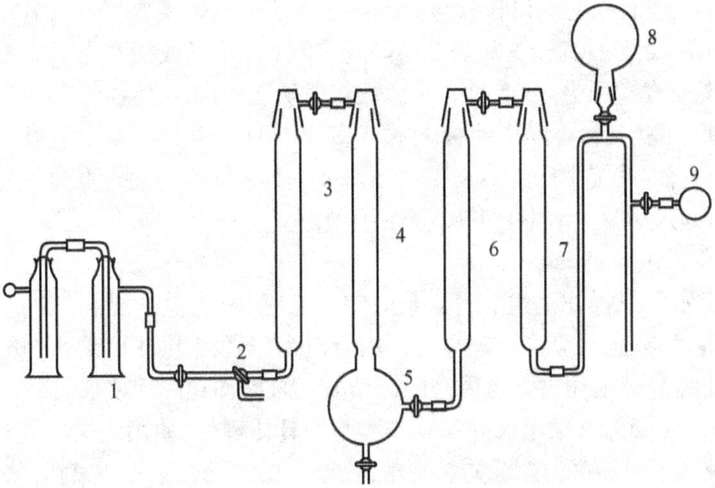

图 5-1　惰性气体纯化装置示意图

1. 起泡器；2. 三支两通活塞；3. 4A 分子筛脱水柱；4. 银分子筛脱氧柱；5. 废水储器(银分子筛活化时用)；6. 变色硅胶脱水柱；7. 4A 分子筛脱水柱；8. 安全瓶；9. 压力表

2）操作面板

操作面板(图 5-2)由双排管和 3 支两通活塞组成。双排管分别与气体纯化装置及真空泵相连接。通过与双排管跨接的三支两通活塞，可随意使惰性气体气氛与真空相切换。

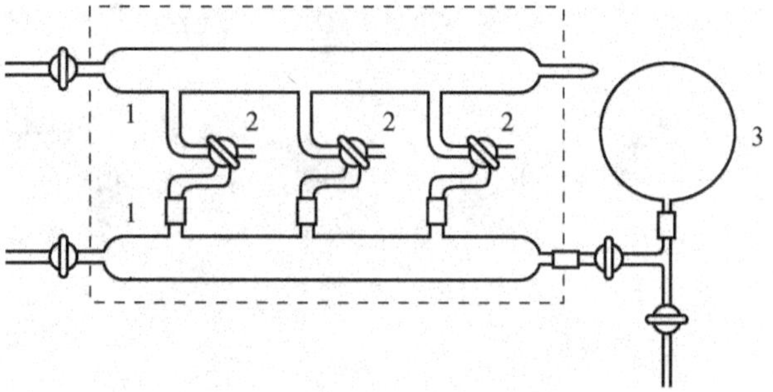

图 5-2 双排管操作面板示意图

1. 双排管；2. 两通活塞；3. 真空表

3) 使用步骤

(1) 开真空泵，关闭放空活塞，依次打开与双排管相接管中的各个活塞。

(2) 开氮气钢瓶（逆时针拧松钢瓶顶部阀门），开氮气吸入器出口阀，并调节至适当的开启度。依次打开与双排管相接管路中的各个活塞。注意观察压力计刻度，系统中压力切勿超过 20 kPa(0.2 atm①)。尤其在气流量调节得较大时更要随时观察。

(3) 将操作面板上出口皮管与反应器相连接。根据需要把与皮管编号相对应的活塞旋至所需要的氮气或真空方向，则反应管被充氮或抽真空。观察装在操作系统上的真空表和压力表，此时表头读数将反映瓶中的压力。

(4) 使用完毕后，将操作面板上的活塞置于两不通的位置。关氮气吸入器出口阀，关紧钢瓶，系统中压力不大于 20 kPa 时，不必放空。关闭真空管路中与安全瓶相通的活塞，开放空活塞，切断真空泵电源。

2. 无水无氧操作的要求

由于无水无氧操作的主要对象是对空气敏感物质，这步操作正确与否是实验成败的关键，稍有疏忽就会前功尽弃。因此对操作者提出如下特别严格的要求。

(1) 实验前必须作出全盘周密的计划。无氧操作比一般实验常规操作机动灵活性小，因此实验前必须考虑好每一步实验的具体操作、使用的仪器、加料次序、后处理的方法等。所有的仪器应事先洗净烘干，所需的试剂、溶剂应经无水无氧处理。

(2) 操作中必须严格认真、一丝不苟、动作迅速、操作正确，做到先动脑、后动手。

(3) 由于许多反应的中间体不稳定，不少化合物在溶液中比固态时更不稳定，因此无水无氧操作往往需要连续进行，直到拿到较稳定的产物或把不稳定产物储

---

① 1 atm=1.01325×10^5 Pa。

存好为止。操作时间较长，工作比较艰苦，有的操作需两人合作方能进行，因此操作者之间还应互相协作、互相支持，共同完成实验。

实验十七　五水硫酸铜的制备及纯度检验

一、实验目的

(1) 学习由粗氧化铜为原料制备五水硫酸铜的原理和方法。

(2) 巩固加热、溶解、过滤、蒸发、结晶等无机化合物制备的基本操作。

(3) 学习用化学法提纯硫酸铜的原理及方法。

(4) 学习目视比色法的测定原理、方法。

二、实验提要

$CuSO_4 \cdot 5H_2O$ 俗名胆矾或蓝矾，蓝色晶体，易溶于水，难溶于乙醇。在干燥空气中 $CuSO_4 \cdot 5H_2O$ 可缓慢风化，在不同温度下会逐步脱水，将其加热至 260 ℃以上，可失去全部结晶水而成为白色的无水 $CuSO_4$ 粉末。

本实验通过粗 CuO 粉末和稀 H_2SO_4 按如下的反应制备硫酸铜。

$$CuO + H_2SO_4 = CuSO_4 + H_2O$$

所得粗品中含有杂质，主要包括少量不溶性杂质和可溶性杂质 $FeSO_4$、$Fe_2(SO_4)_3$等。不溶性杂质可在溶解、过滤的过程中除去。相对于 Fe^{3+}，由于 Fe^{2+} 完全沉淀所需的 pH 较高(表 5-1)，为防止在较高 pH 条件下 Cu^{2+} 沉淀而影响硫酸铜的产量，实验过程中用氧化剂，如 H_2O_2 或 Br_2 等，将 Fe^{2+} 氧化成 Fe^{3+}，然后通过调节溶液 pH，使 Fe^{3+} 水解生成 $Fe(OH)_3$ 沉淀，再过滤除去，反应如下

$$2Fe^{2+} + H_2O_2 + 2H^+ = 2Fe^{3+} + 2H_2O$$

$$Fe^{3+} + 3H_2O = Fe(OH)_3 \downarrow + 3H^+$$

表 5-1　Fe^{3+}、Fe^{2+} 和 Cu^{2+} 沉淀的 pH

离子	开始沉淀时的 pH	沉淀完全时的 pH
Fe^{3+}	1.9	4.1
Fe^{2+}	7.0	9.7
Cu^{2+}	4.7	6.7

由于温度变化对 $CuSO_4$ 的溶解度影响较大，所以可以通过将除去铁离子后的滤液蒸发、浓缩至出现晶膜，冷却、过滤除去其他微量可溶性杂质，即可获得较纯净的 $CuSO_4 \cdot 5H_2O$ 晶体。

通过检测精制 $CuSO_4 \cdot 5H_2O$ 中铁离子的含量来确定 $CuSO_4$ 的纯度。利用

目视比色法确定 $CuSO_4 \cdot 5H_2O$ 的等级。

$$Fe^{3+} + 3NH_3 \cdot H_2O = Fe(OH)_3 \downarrow + 3NH_4^+$$

$$2Cu^{2+} + SO_4^{2-} + 2NH_3 \cdot H_2O = Cu_2(OH)_2SO_4 \downarrow + 2NH_4^+$$

$$Cu_2(OH)_2SO_4 + 2NH_4^+ + 6NH_3 \cdot H_2O = 2[Cu(NH_3)_4]^{2+} + 8H_2O + SO_4^{2-}$$

$$Fe^{3+} + nSCN^- = [Fe(SCN)_n]^{3-n} (n = 1 \sim 6)$$

（血红色）

三、实验流程图

粗 CuO → 粗 $CuSO_4 \cdot 5H_2O$ 的制备 → $CuSO_4 \cdot 5H_2O$ 的精制 → $CuSO_4 \cdot 5H_2O$ 的纯度检验

四、实验用品

仪器、用品：台秤(0.1 g)、煤气灯、烧杯、布氏漏斗、吸滤瓶、蒸发皿、量筒、表面皿、漏斗、比色管(25 mL)。

试剂、材料：CuO（固体，工业级）、H_2SO_4（1 mol·L^{-1}，3 mol·L^{-1}）、$NH_3 \cdot H_2O$(2 mol·L^{-1}，6 mol·L^{-1})、H_2O_2（3%）、HCl（2 mol·L^{-1}）、KSCN(1 mol·L^{-1})、Fe^{3+}的标准溶液、pH 试纸、滤纸。

五、实验内容

1. 五水硫酸铜的制备

称取 4 g 粗 CuO，放于 150 mL 的小烧杯中，向其中滴加 17～18 mL 3 mol·L^{-1} H_2SO_4，用小火加热，边加热边搅拌，5 min 后，加入 20 mL 蒸馏水，继续加热 20 min，其间可适当加少量蒸馏水使溶液体积保持在 50 mL 左右。趁热减压抽滤，将滤液转入蒸发皿中，加热、蒸发浓缩至溶液表面出现晶膜，冷却结晶、抽滤，称重。

2. 五水硫酸铜的提纯

称取 6 g 粗硫酸铜置于小烧杯中，加入 40 mL 蒸馏水，加热溶解。将溶液冷却至约 40 ℃，搅拌滴加 3 mL 3% H_2O_2，继续搅拌加热 3～5 min 后，逐滴加入 2 mol·L^{-1} $NH_3 \cdot H_2O$至溶液的 pH 3.5～4.0。继续加热 10 min，趁热抽滤，将滤液转入干净的蒸发皿中，用 1 mol·L^{-1} H_2SO_4 调节溶液的 pH 至 1～2，然后加热、蒸发浓缩至溶液表面出现晶膜，冷却结晶、抽滤、称重。观察晶体的形状、颜色并计算产率。

3. 五水硫酸铜纯度检验

称取 1 g 精制的硫酸铜晶体置于小烧杯中，加入 10 mL 蒸馏水加热溶解，待溶液冷却至约 40 ℃时，加入 1 mL 1 mol·L^{-1} H_2SO_4，然后向其中滴加 2 mL 3% H_2O_2，充分搅拌后，煮沸除去过量的 H_2O_2，待溶液冷却后，在搅拌下逐滴加入 6 mol·L^{-1} $NH_3 \cdot H_2O$，直至最初生成的浅蓝色沉淀完全转变为深蓝色溶液为止。常压过滤，并用 6 mol·L^{-1} $NH_3 \cdot H_2O$（或蒸馏水）洗涤滤纸，直至蓝色完全洗去，接着用 2 mol·L^{-1} HCl 洗涤滤纸，直至滤纸上的黄色沉淀完全洗去（约 3 mL HCl），将洗涤液收集到 25 mL 比色管中，向比色管中滴加 1 mol·L^{-1} KSCN 2 滴，然后用蒸馏水稀释至比色管刻度线，摇匀，得到溶液 **A**。

Fe^{3+} 标准溶液的配制：分别量取 0.01 mg·mL^{-1} 的 Fe^{3+} 溶液 0.50 mL、1.00 mL、2.00 mL 置于三个 25 mL 比色管中，并向其中各加入 1.0 mL 3 mol·L^{-1} H_2SO_4 和 2 滴 1 mol·L^{-1} KSCN，最后用蒸馏水稀释至刻度，配成如表 5-2 所示不同等级的 Fe^{3+} 标准溶液。

表 5-2　Fe^{3+} 标准溶液

规格	Ⅰ级	Ⅱ级	Ⅲ级
Fe^{3+} 含量/(mg·mL^{-1})	0.05	0.2	0.5

用目视比色法将溶液 **A** 与 Fe^{3+} 标准溶液进行比较，确定产品的级别。

思考题

1. 五水硫酸铜提纯实验中为什么要将 Fe^{2+} 氧化为 Fe^{3+}，而且要将溶液的 pH 调节为 4 左右？
2. 与其他氧化剂相比，采用 H_2O_2 作氧化剂有什么优点？
3. 为何要将除去 Fe^{3+} 后的滤液的 pH 调节至 1～2，再进行蒸发浓缩？

实验十八　8-羟基喹啉锌荧光材料的制备

一、实验目的

(1) 制备 8-羟基喹啉锌，了解制备实验的方法。
(2) 熟练掌握水浴加热、溶解、过滤、洗涤和结晶等基本操作。
(3) 掌握初步检验荧光材料的方法。

二、实验提要

8-羟基喹啉锌是一种发光效率很高、性质非常稳定的荧光材料，其传输电子的能力较好，可以用作电致发光器件中的电子传输材料和发光材料。目前广泛用于有机电致发光显示器件的制备，用它制作的有机电致发光器件的寿命长、亮度高，是一种非常重要的发光材料。在紫外、可见光的激发下发出强烈的蓝绿色荧光，其激发和发射光谱如图 5-3 所示。

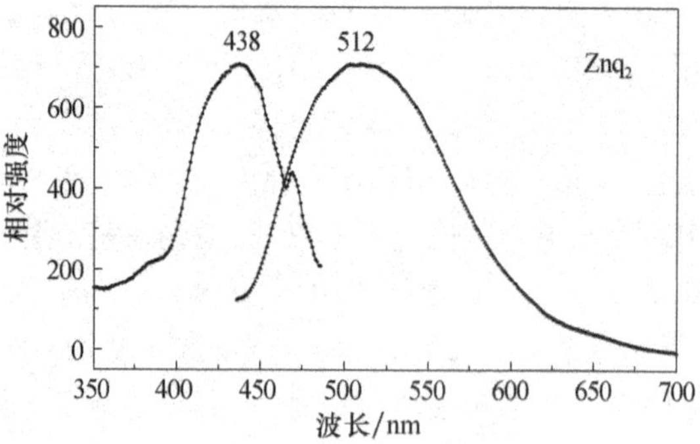

图 5-3　8-羟基喹啉锌的激发和发射光谱

其中，左边的曲线是其粉末样品的激发光谱，右边的曲线是其粉末样品的发射光谱。

其制备原理为用锌盐与 8-羟基喹啉反应，在 pH6～7 的条件下生成 8-羟基喹啉锌，反应如下

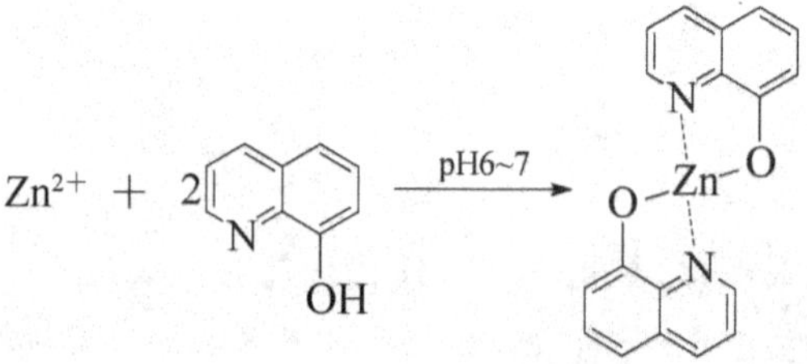

$Zn(NO_3)_2 \cdot 6H_2O$ 易溶于水；8-羟基喹啉易溶于 95%的乙醇溶液；生成的 8-羟基喹啉锌不溶于水，微溶于乙醇而从溶液中沉淀出来。因此可以合成目标产物。

三、实验流程图

制备 8-羟基喹啉乙醇溶液 → 制备 8-羟基喹啉锌 → 检验产品

四、实验用品

仪器、用品：紫外灯、电子天平、控温电磁搅拌器、水浴锅、烧杯（100 mL，1 只；50 mL，1 只）、量筒（25 mL）、布氏漏斗、抽滤瓶、表面皿（比烧杯口大一点）、玻璃棒。

试剂、材料：$ZnSO_4 \cdot 7H_2O$（相对分子质量为 287.56）、8-羟基喹啉（相对分子质量为 145.16）、NaOH（2 mol・L^{-1}）、95%的乙醇、pH 试纸（1～14）、定性滤纸。

五、实验内容

1. 8-羟基喹啉乙醇溶液的制备

称取 0.87 g 8-羟基喹啉放入 50 mL 烧杯中，加入约 12 mL 95%的乙醇，60 ℃水浴加热，电磁搅拌至完全溶解，备用。

2. 8-羟基喹啉锌的制备

称取 0.86 g $ZnSO_4 \cdot 7H_2O$ 放入 100 mL 烧杯中，加入 2～3 mL 去离子水，60 ℃水浴加热，电磁搅拌至完全溶解。慢慢加入制备好的 8-羟基喹啉乙醇溶液，然后用 NaOH 溶液逐滴调节溶液的 pH 为 6～7，60 ℃继续搅拌 30 min。自然冷却至室温，抽滤，用 3～5 mL 去离子水和 2～3 mL 95%乙醇洗涤数次，抽干，称量，计算产率。

3. 用紫外灯检验产品

用紫外灯照射合成的样品，看是否发出强的蓝绿色荧光，可以用数码像机拍照保存。

思考题

1. 在用 NaOH 调 pH 之前，溶液呈酸性还是碱性，为什么？
2. 如果用 NaOH 调溶液的 pH 大于 7，合成的材料的荧光强度较强还是较弱，为什么？
3. 实验过程中为什么不能加太多的乙醇洗涤？
4. 实验过程中为什么要逐滴调节溶液的 pH，而不能快速调节？

实验十九　离子交换法从海带中提取碘(微型实验)

一、实验目的

(1) 掌握用离子交换法从海带中提取碘(I_2)的原理和方法。

(2) 熟悉微型交换柱的安装与操作。

(3) 巩固氧化还原反应基本理论，提高综合分析问题和解决问题的能力。

二、实验提要

海带中所含的碘一般以 I^- 离子状态存在，用水浸泡海带，I^- 及可溶性有机质如褐藻糖胶等都进入浸泡液中。褐藻糖胶妨碍碘的提取，一般采用加碱的方法使其生成褐藻酸钠沉淀而除去。由于强碱性离子交换树脂对多碘离子 I_3^- 及 I_5^- 的离子交换吸附量(700～800 g/L 树脂)远大于对 I^- 的吸附量(150～170 g/L 树脂)，因此常将海带浸泡液中的 I^- 离子部分氧化，使其生成 I_3^- 及 I_5^- 离子后，再用树脂交换吸附。通常采用在酸性条件下加入适量氧化剂（如 Cl_2、NaClO、H_2O_2、$NaNO_2$ 等）的方法使 I^- 离子氧化成多碘离子，反应方程式如下

$$2I^- + 2NO_2^- + 4H^+ = I_2 + 2NO + 2H_2O$$

$$I_2 + I^- = I_3^-$$

$$R{-}OH + I_3^- = R{-}I_3 + OH^-$$

吸附碘达饱和的树脂颜色呈黑红色，用适当的溶液处理树脂可以将碘洗脱下来。

本次实验所用的强碱性离子交换树脂（717 型）对不同阴离子交换选择性大小的顺序为

$$I_3^- > I^- > HSO_4^- > NO_3^- > Br^- > NO_2^- > Cl^- > HCO_3^- > OH^-$$

所以采取先用 Na_2SO_3 将 I_2 还原为 I^-，再用高浓度的 $NaNO_3$ 溶液处理的方法，将被树脂吸附的碘洗脱下来。

$$I_2 + SO_3^{2-} + H_2O = 2I^- + SO_4^{2-} + 2H^+$$

$$R{-}I_3 + NO_3^- = R{-}NO_3 + I_3^-$$

I^- 经氧化得到 I_2。粗碘可用升华法或浓硫酸熔融法精制。

由于强碱性离子交换树脂对 I_3^- 吸附能力远大于 NO_3^-，树脂不用再生即可反复使用。

三、实验流程图

制备微型交换柱 → 制备海带浸泡液 → 交换、析碘、分离 → 测定碘制取量

四、实验用品

仪器、用品：微型离子交换柱（用 ϕ7 mm 的玻璃管自制）、乳胶管（4～5 cm）、螺旋夹、铁支架、铁夹、试管夹、烧杯（200 mL，1 只；100 mL，1 只；50 mL，1 只）、量筒（5 mL，1 只；20 mL，1 只）、玻璃滴管 1 支、多用滴管若干支、离心试管、玻璃棒、pH 试纸、脱脂棉（或纱布）、强碱性离子交换树脂（717 型）。

试剂、材料：NaOH（40%）、H_2SO_4（6 $mol \cdot L^{-1}$）、HAc（1 $mol \cdot L^{-1}$）、$NaNO_3$（4 $mol \cdot L^{-1}$）、$NaNO_2$（10%）、Na_2SO_3（0.1 $mol \cdot L^{-1}$）、KI（0.1 $mol \cdot L^{-1}$）、$Na_2S_2O_3$（0.1 $mol \cdot L^{-1}$，已标定）、淀粉（0.2%）。

五、实验内容

1. 微型交换柱的制作

取 12～15 cm 长的玻璃滴管 1 支，将粗端扩展成喇叭口，在底部垫上一些脱脂棉或纱布，装上 4～5 cm 长的乳胶管用螺旋夹夹紧，以铁支架和试管夹垂直固定交

换柱。用玻璃滴管吸取已处理过的树脂悬浊液至交换柱中，同时放松螺旋夹使交换柱中的水溶液缓缓流出，树脂即沉降至底部，尽可能使树脂装填紧密，不留气泡。在装柱和实验过程中，交换柱中液面应始终高于树脂柱面，树脂层高 5～7 cm。

2. 海带浸泡液的制备

(1) 浸泡：取海带适量，加入 13～15 倍的水量浸泡 24～48 h。(注：此过程实验在准备室预先完成)

(2) 除褐藻胶：在海带浸泡液中加入 40%的 NaOH 溶液，充分搅拌，控制 pH12 左右，用倾析法分离，清液备用。(注：此步在实验准备室完成)

(3) 部分氧化：取澄清的海带浸泡液 100 mL，用 6 mol・L^{-1}的 H_2SO_4 调节溶液的 pH 至 1.5～2，用多用滴管逐滴加入 10%的 $NaNO_2$ 溶液，充分搅拌，溶液颜色由浅黄色逐渐变为棕红色即表明 I^- 已转变为多碘离子(过量氧化剂的加入有什么影响)。

3. 交换吸附

用多用滴管将处理好的海带浸泡液注入交换柱中，调节螺旋夹，控制流速在 15～20 滴/min，用 100 mL 烧杯承接流出液。流出液颜色应为淡黄色或接近无色。若流出液颜色较深，说明吸附不完全(如何检验?)，应调节流速或再循环吸附。交换吸附后的溶液可回收用于提取甘露醇。

4. 洗脱

(1) 逐滴加入 0.1 mol・L^{-1} 的 Na_2SO_3 溶液于交换柱中，控制流速 15 滴/min，至树脂颜色由棕红色变为无色止。

(2) 取 4 mol・L^{-1}的 $NaNO_3$ 溶液 20 mL，用多用滴管注入交换柱中，控制流速为 10 滴/min，此 $NaNO_3$ 洗脱液可收集于 50 mL 烧杯中。

5. 碘析

往洗脱液中加入 6 mol・L^{-1}的 H_2SO_4 使之酸化，再加入 10% $NaNO_2$ 溶液使碘析出。(注：此步操作在通风橱中进行)

6. 离心分离

将含碘沉淀的溶液转入离心试管中离心分离，液体回收，用少量水洗涤沉淀 1～2 遍，得到粗碘。若碘含量不多时，可将洗脱液置于分液漏斗中，加10 mL CCl_4 萃取后在紫外可见分光光度计上，$\lambda=510$ nm 处，用 1 cm 比色皿测定透光率来确定碘含量。

7. 用滴定法测定碘的制取量

(1) 用体积法标定多用滴管 1 支：用一支洁净干燥的 5 mL 量筒，小心地把盛水的已拉细的多用滴管伸入量筒中，滴入水至 1.0 mL 刻度处作起点(注意不要溅湿量筒的上部筒壁)。再用该滴管吸水至吸泡 2/3 处，擦干径管外壁，驱出径管中的空气，在径管与桌面垂直的情况下，伸入量筒中，逐滴加入 20 滴、40 滴、60 滴水，并记下相应的体积，求出液滴的平均体积。

(2) 用 0.1 $mol \cdot L^{-1}$ 的 KI 溶液将粗碘溶解，加入 1 $mol \cdot L^{-1}$ 的 HAc 溶液酸化，以 0.2%淀粉为指示剂，用标定好的滴管吸取已知准确浓度的 $Na_2S_2O_3$ 溶液，逐滴加入碘溶液中，至蓝色刚好消失为终点，记下 $Na_2S_2O_3$ 的滴数。

$$I_2 + 2S_2O_3^{2-} = S_4O_6^{2-} + 2I^-$$

(3) 根据 $Na_2S_2O_3$ 的用量，计算碘的产量并粗估海带浸泡液中碘离子的浓度。

思考题

1. 洗脱过程为什么要分两步进行？

2. 在酸性介质中将 I^- 氧化成 I_2，为什么选 $NaNO_2$ 作氧化剂，而没有用 $KClO_3$、H_2O_2 等？能否找出更好的氧化剂？

3. 还有其他方法和洗脱剂将碘从树脂上洗脱下来吗？请设计一种方法。

4. 制得的粗碘在用 KI 溶液溶解前为什么一定要用水洗？不洗将造成什么后果？

实验二十　草酸合铜酸钾制备

一、实验目的

(1) 了解并掌握配合物的制备方法。

(2) 了解反应条件的改变对反应产物的影响。

(3) 了解动力学产物和热力学产物的概念。

(4) 了解配合物晶体生长的多形性。

二、实验提要

草酸根阴离子($C_2O_4^{2-}$)是配位化学中一种常见的配体，它与金属离子配位时可以表现出不同的配位模式(图 5-4)，从而形成具有多样结构的配合物。由于能够作为桥连配体传递磁耦合，所以草酸根阴离子在分子磁学的研究中备受重视。

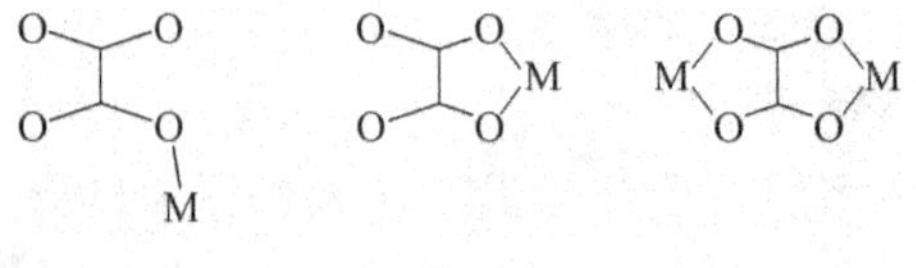

图 5-4　草酸根阴离子的三种配位模式

$K_2[Cu(C_2O_4)_2] \cdot 2H_2O$(**1**)和 $K_2[Cu(C_2O_4)_2] \cdot 4H_2O$(**2**)是两种较常见的

草酸配合物，可以作为具有新颖结构和功能的配合物的起始原料。**1** 可以通过 $CuSO_4 \cdot 5H_2O$ 与 $K_2C_2O_4$ 在 90 ℃反应得到，而 **2** 是在偶然情况下得到的。两种配合物虽然具有较接近的组成，结构却不相同(图 5-5)。**1** 结晶于 $P\,\bar{1}$ 空间群，为三维骨架结构，晶胞参数为 a=8.7092 Å，b=10.3904 Å，c=6.9486 Å，α=121.110°，β=82.956°，γ=110.848°，V=501.6 $Å^3$；**2** 结晶于 $P\,2_1/n$ 空间群，为二维层状结构，晶胞参数为 a=3.7770 Å，b=14.819 Å，c=10.756 Å，α=90°，β=93.180°，γ=90°，V=601.1 $Å^3$。实验中，通过控制 $K_2[Cu(C_2O_4)_2]$溶液的浓度，可以分离出 **1** 和 **2** 两种草酸配合物，浓溶液中可以结晶析出蓝色片状晶体 **1**，稀溶液中可以结晶析出蓝色针状晶体 **2**，两种晶体的外观见图 5-6。

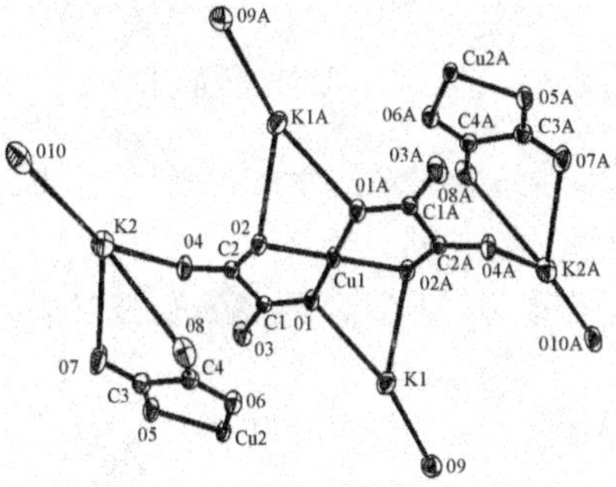

1

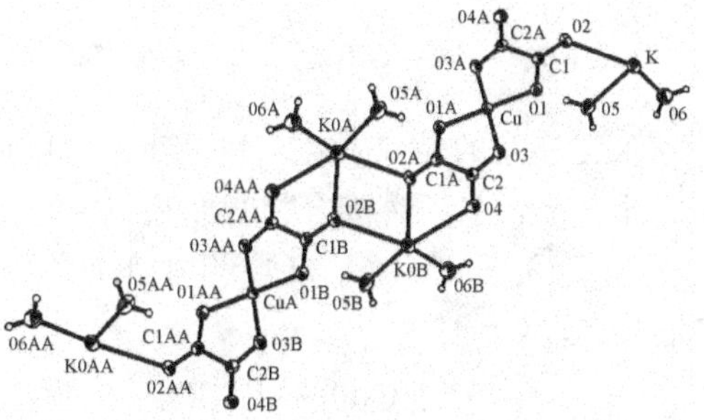

2

图 5-5　$K_2[Cu(C_2O_4)_2] \cdot 2H_2O$(**1**)和 $K_2[Cu(C_2O_4)_2] \cdot 4H_2O$(**2**)的结构

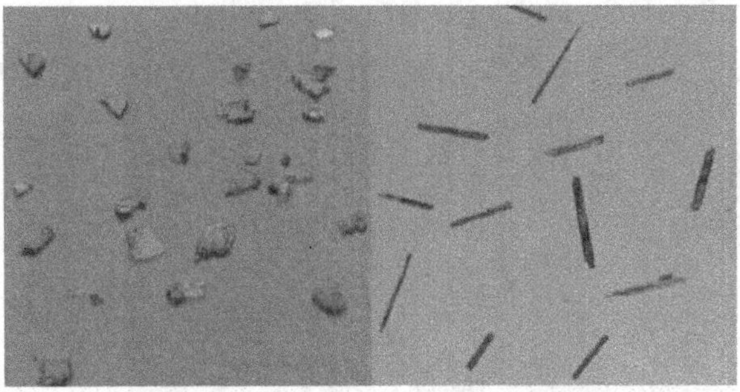

(a)**1**的外观形状　　(b)**2**的外观形状

图 5-6　$K_2[Cu(C_2O_4)_2] \cdot 2H_2O$(**1**)和 $K_2[Cu(C_2O_4)_2] \cdot 4H_2O$(**2**)的外观形状

除通过外观区分两种配合物外，还可以通过热重分析(TGA)加以区分(图 5-7)。TGA 表明两种配合物的失水行为不同：**1** 在 100 ℃左右失去两分子结晶水，250 ℃左右分解；**2** 在 50 ℃和 100 ℃左右分两个阶段失去结晶水，也在 250 ℃左右分解。

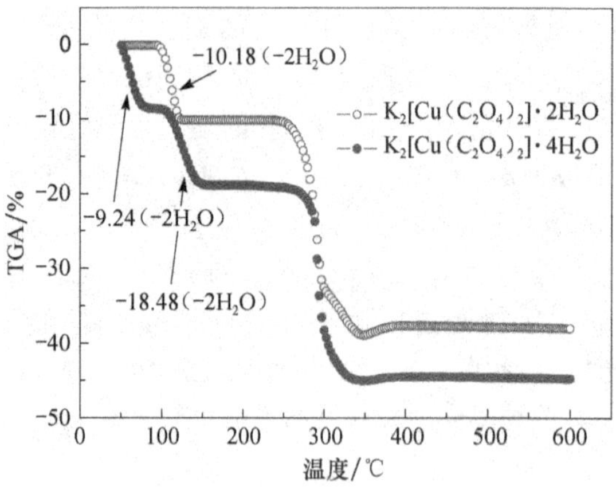

图 5-7　$K_2[Cu(C_2O_4)_2]\cdot 2H_2O$(**1**)和 $K_2[Cu(C_2O_4)_2]\cdot 4H_2O$(**2**)的热重分析图

值得注意的是:**2** 在空气中或者溶液中可以通过失去结晶水的方式转化成 **1**。

本实验制备两种配合物所涉及的原理及反应式如下:

$H_2C_2O_4$ 与 K_2CO_3 反应生成 KHC_2O_4,接着再与 CuO 在 80 ℃反应生成 $K_2[Cu(C_2O_4)_2]$。

$$2H_2C_2O_4 + K_2CO_3 \longrightarrow 2KHC_2O_4 + H_2O + CO_2\uparrow$$

$$CuO + 2KHC_2O_4 \longrightarrow K_2[Cu(C_2O_4)_2] + H_2O$$

$K_2[Cu(C_2O_4)_2]$的稀溶液从 80 ℃冷却至室温可得到蓝色针状晶体 $K_2[Cu(C_2O_4)_2]\cdot 4H_2O$(**2**),$K_2[Cu(C_2O_4)_2]$的溶液在 80 ℃浓缩,然后冷却至室温可得到蓝色片状晶体 $K_2[Cu(C_2O_4)_2]\cdot 2H_2O$(**1**)。

$$K_2[Cu(C_2O_4)_2](\text{浓溶液}) \xrightarrow{\text{冷却}} K_2[Cu(C_2O_4)_2]\cdot 2H_2O(\mathbf{1})(\text{蓝色片状晶体})$$

$$K_2[Cu(C_2O_4)_2](\text{稀溶液}) \xrightarrow{\text{冷却}} K_2[Cu(C_2O_4)_2]\cdot 4H_2O(\mathbf{2})(\text{蓝色针状晶体})$$

三、实验流程图

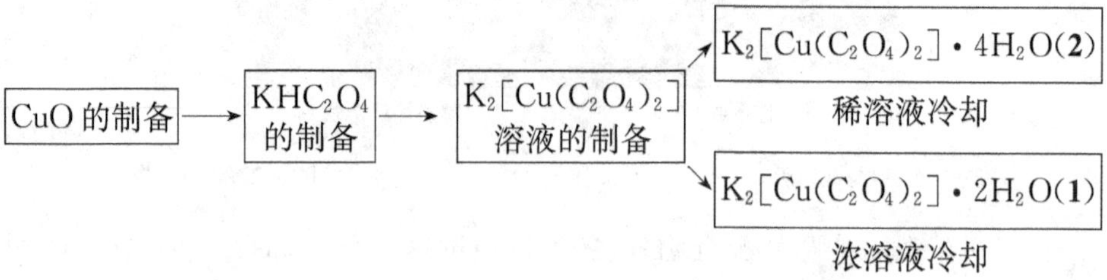

四、实验用品

仪器、用品:电子天平、磁力搅拌器、磁子、水浴锅、烧杯、量筒、布氏漏斗、抽滤瓶、玻璃棒。

试剂、材料：$H_2C_2O_4 \cdot 2H_2O$、K_2CO_3、$CuSO_4 \cdot 5H_2O$、NaOH、滤纸。

五、实验内容

1. CuO的制备

向盛有40 mL水的150 mL烧杯中加入2.0 g $CuSO_4 \cdot 5H_2O$，待固体完全溶解后，边搅拌边向溶液中加入10 mL NaOH水溶液(含0.8 g NaOH)。然后缓慢并温和加热至蓝色沉淀变为黑色，继续加热15 min，然后立即趁热过滤，黑色的CuO固体用去离子水洗涤2次，待用。

2. KHC_2O_4溶液的制备

在一个250 mL的烧杯中，将3.0 g $H_2C_2O_4 \cdot 2H_2O$溶于40 mL水中，并将溶液加热至85 ℃，然后将2.2 g K_2CO_3分成几小份，分批加入溶液中，反应得到的澄清溶液留至下一步反应使用。

3. $K_2[Cu(C_2O_4)_2]$溶液的制备

将第2步所得的溶液加热至80 ℃，然后在此温度剧烈搅拌的情况下加入第1步所得的CuO，待反应完全后趁热过滤(滤去不溶性杂质，布氏漏斗及抽滤瓶应预热)。所得滤液(约50 mL)转移至100 mL烧杯中，准备下面结晶过程使用。

4. $K_2[Cu(C_2O_4)_2] \cdot 4H_2O$(**2**)的制备

将第3步所得的滤液在水浴上小心浓缩至40 mL，然后冷却至室温，可以析出深蓝色针状晶体，由于此晶体容易变质，所以晶体析出后需要马上过滤。

5. $K_2[Cu(C_2O_4)_2] \cdot 2H_2O$(**1**)的制备

重复第1步～第3步实验，并将第3步所得的滤液在水浴上小心浓缩至10 mL，然后冷却至室温，可以析出深蓝色片状晶体，晶体析出后马上过滤。

6. 产物外形的观察

将得到的**1**和**2**的产物放在显微镜下面观察，仔细分辨它们在外观上的不同。

思考题

1. 如何解释不同条件下相同的$K_2[Cu(C_2O_4)_2]$溶液能够生成不同的产物？
2. 根据实验中的观察判断两种配合物的稳定性。

实验二十一　微波水解法合成氧化锡纳米材料

一、实验目的

(1) 了解恒温水解法及微波水解法制备纳米材料的原理与方法。

(2) 加深对水解反应影响因素的认识。

(3) 熟悉离心机、酸度计的使用。

(4) 学习纳米材料分离的基本操作。

二、实验提要

纳米材料是指晶粒和晶界等显微结构能达到纳米级尺度水平(≤100 nm)的材料，是材料科学的重要发展方向之一。纳米材料由于粒径很小，比表面很大，表面原子数会超过体原子数。因此纳米材料常表现出与本体材料不同的性质，在催化、光学、磁性、力学和电学等方面具有许多特异性能，使其在材料、信息、环境、能源、医药和化工等领域具有重要的应用价值。氧化物纳米材料的制备方法很多，有化学沉淀法、热分解法、固相反应法、溶胶-凝胶法、气相沉积法、水解法等。

水解法是合成纳米材料的传统方法，它通过控制一定的温度和 pH 条件，使一定浓度的金属盐水解，生成氢氧化物或氧化物沉淀。若条件适当可得到颗粒均匀的多晶态溶胶，其颗粒尺寸在纳米级。但恒温水解耗时较长，水解得到的溶胶浓度小而导致产量低，难以满足生产需要。近年来开发的微波水解法，用微波诱导强迫金属离子水解，是对水解技术的新改进。因为微波加热机理与常规加热不同，可在短时间内提供足够的能量，促进金属离子的水解。另外，微波除致热作用外，还有非致热作用，使极化分子或离子发生极化，从而对提高体系的反应速度起到了相当重要的作用。微波水解制备纳米材料的特点是：能获得高浓度的溶胶、水解所需时间短，即可以大幅度提高纳米材料的生产效率。

水解反应是中和反应的逆反应，是一个吸热反应。升温使水解反应的速率加快，反应程度增大；浓度增大对反应程度无影响，但可使反应速度加快。对金属离子的强酸盐来说，pH 增大，水解程度与速率都增大。在科研中经常利用水解反应来进行物质的分离、鉴定和提纯，许多高纯度的金属氧化物，如 Bi_2O_3、Al_2O_3、Fe_2O_3 等都是通过水解沉淀来提纯的。

氧化锡是一种重要的气敏材料，用氧化锡及其掺杂氧化锡制备的气体传感器广泛应用于可燃气体及有毒有害气体的泄露检测、报警和监控领域。氧化锡的合成常使用化学沉淀法、硝酸氧化法、微乳液法、恒温水解法、水热法、低温固相反应法、化学气相沉积法等制备。但上述方法的反应时间或分离纯化的时间较长，需要浪费大量的人力和试剂。基于微波条件下的水解法制备氧化物纳米材料则是快速、有效的方法。在普通家用微波炉中，450 W 条件下，水解 50 mL 氯化锡溶液仅需 2～3 min。大大减小了能耗，缩短了反应时间。水解的基本反应如下

$$SnCl_4 + H_2O \xrightarrow{\text{微波热}} H_2SnO_3 \xrightarrow{\text{煅烧}} SnO_2$$

$SnCl_4$ 水解过程中，由于 Sn^{4+} 转化为 H_2SnO_3 或 SnO_2 胶体颗粒，溶液的颜色

和浊度发生变化，随着时间增加，Sn^{4+} 量逐渐减小，SnO_2 粒径也逐渐增大，溶液颜色也趋于一个稳定值，可用肉眼或分光光度计进行动态监测。

本实验以 $SnCl_4$ 为例，试验 $SnCl_4$ 的浓度、溶液的温度、反应时间与 pH 等对水解反应的影响，比较恒温水解法与微波水解法的不同。

三、实验流程图

仪器清洗 → 各种因素对水解速率的影响 → 恒温水解与微波制备对比 → 计算表征

四、实验用品

仪器、用品：微波炉、酸度计、离心机、烘箱、台秤、台式烘箱（或多孔水浴锅）、多用滴管、250 mL 具塞锥形瓶（或 50 mL 烧杯）、离心试管。

试剂、材料：$SnCl_4$（1.0 mol·L^{-1}）、HCl（1.0 mol·L^{-1}）、$NH_3 \cdot H_2O$（1.0 mol·L^{-1}）、$(NH_4)_2SO_4$（1.0 mol·L^{-1}）。

五、实验内容

1. 玻璃仪器的清洗

实验中所用的一切玻璃器皿均需严格清洗，建议采用铬酸洗液洗涤，然后洗净，烘干备用（该步骤可由实验室老师完成）。若玻璃仪器未清洗干净，或者是水解液浓度过大，或者是水解时间太长，则成核过程会不同步，此时生成的沉淀，颗粒尺寸不均匀，粒径也比较大。

2. 微波功率对水解速度的影响

配制 pH1.0，浓度为 0.05 mol·L^{-1}的 $SnCl_4$ 溶液三份，在不同微波功率下加热，每隔 30 s 观察溶液中的变化，并记录在表 5-3 中。以大量稳定的乳白色氧化锡溶胶颗粒形成作为反应的终点。

3. 盐的浓度对水解速度的影响

控制 $SnCl_4$ 溶液的 pH1.0，固定微波炉的功率。试验 $SnCl_4$ 溶液的浓度分别为 0.01 mol·L^{-1}、0.1 mol·L^{-1}时的水解情况，并与上述实验中0.05 mol·L^{-1}时的情况作对照。在表 5-3 中记录试验现象。以大量稳定的乳白色氧化锡溶胶颗粒形成作为反应的终点。

4. 水解液 pH 对水解速度和程度的影响

控制 $SnCl_4$ 溶液的微波水解功率为 450 W、浓度为 0.05 mol·L^{-1}，试验水解液的 pH 分别为 0.9、1.0、1.1 时水解速度和程度的变化，离心分离，记录试验现象于表 5-3 中。以大量稳定的乳白色氧化锡溶胶颗粒形成作为反应的终点，以离心分离后固体物含量的相对多少判断水解程度的高低。

5. 恒温水解与微波法制备的对比影响

配制 pH1.0,浓度为 0.05 mol·L^{-1}的 $SnCl_4$ 溶液三份,分别在 60 ℃、70 ℃、80 ℃保温,每隔 1～3 min 观察溶液中的变化,并记录在表 5-4 中。以大量稳定的乳白色氧化锡溶胶颗粒形成作为反应的终点。

观察不同温度所需的反应时间,并与微波法对比。

6. 沉淀的分离

取上述水解液一份,迅速用冷水冷却,分为两份,一份用高速离心机离心分离,一份加入$(NH_4)_2SO_4$ 使溶胶沉淀后用普通离心机离心分离。沉淀用去离子水洗至无 Cl^- 为止(怎样检验?),比较两种分离方法的效率。

7. 水解程度的计算

取洁净干燥的试管 1～2 个,在天平上称量准确。将上述水解产物之一加入试管中离心分离。若一次不够,离心后再加,如此反复直到离心分离完全为止。用去离子水洗涤 3 次后,将试管及沉淀物在烘箱或微波炉中烘干、称重,计算产率。用实际沉淀量除以理论应得到的沉淀量计算水解程度。

8. 水解产物的表征

取分离干燥后的产物若干,用 X 射线衍射仪确定其为偏锡酸还是氧化锡,用透射电子显微镜观察其颗粒的大小和形貌。

六、数据处理及反应现象记录

表 5-3　微波水解合成 SnO_2 前驱物的实验条件及现象

序号	浓度/(mol·L^{-1})	溶液 pH	加热功率/W	加热时间/min	实验现象
1					
2					
3					
4					
5					
6					
7					

注:加热方式为加热 30 s,保温 30 s。

表 5-4　恒温水解合成 SnO_2 前驱物的实验条件及现象

序号	温度/℃	浓度/(mol·L^{-1})	溶液 pH	实验现象	时间
1					
2					
3					

思考题

1. 影响水解的因素有哪些？如何影响？

2. 水解器皿在使用前为什么要清洗干净，若清洗不净会带来什么后果？

3. 如何精密控制水解液的 pH？为什么可用分光光度计监控水解程度？

4. 氧化锡溶胶的分离有哪些方法？哪种效果较好？本次实验中加入 $(NH_4)_2SO_4$ 的作用是什么？

5. 参考氧化锡的恒温水解设计氧化铁、氧化锌等纳米材料的合成。

实验二十二　无水氯化亚锡的制备

一、实验目的

(1) 了解制备无水金属卤化物的一般方法。

(2) 掌握无机制备的几种基本操作。

(3) 学习显微熔点测定仪的使用方法。

二、实验提要

1. 制备无水二氯化锡的方法

无水金属卤化物的制备方法一般有四种：直接合成、水合卤化物的脱水、用卤化物卤化(氧化物)、卤素的交换(由一种卤化物转化成另一种卤化物)。

制备 $SnCl_2$ 常用乙酸酐、$SOCl_2$ 为脱水剂，使水合二氧化锡脱水或直接将 Sn 与干燥 HCl 气体加热进行反应。

由于大气中的氧和水蒸气在高温下能分解大多数的卤化物(生成氧化物或卤氧化物，相应地放出卤素和卤化氢)，同时高温下卤化物要进行分解(在有水和氧的存在下将降低卤化物的分解温度)，所以加热脱水方法仅适用于制备碱金属和碱土金属的卤化物。

2. 水合二氯化锡的制备

水合二氯化锡的制备通常有两种方法。

1) 锡与热的浓 HCl 作用

Sn 和 HCl 加热保温至溶液密度为 $1.9\sim2.0\ g/cm^3$ 为止。

2) 锡与稀盐酸和氧化剂作用

Sn、HCl(水∶酸＝10∶1)和 Cl_2 加热保温至溶液密度为 $1.9\sim2.0\ g/cm^3$ 为止(保持 Sn 过量)。

为了提高反应速率，应选用锡箔或锡花(将 Sn 熔化，趁热逐步倒入蒸馏水中)或提高反应温度。

为了防止 Sn(Ⅱ)氧化,反应时保持金属锡过量,蒸发时可在 CO_2 气流下进行。

3. 氯化亚锡的结构

在 $SnCl_2 \cdot 2H_2O$ 中 Sn(Ⅱ)的配位数为 3,即 Sn(Ⅱ)中的孤对电子没有用于成键,而处在四面体的第 4 个角上,所以 $SnCl_2 \cdot 2H_2O$ 是具有 $SnCl_2OH_2$ 结构的角锥分子[图 5-8(a)]。第 2 个水分子没有进行配位,在 80 ℃以上容易失去,在 37 ℃以下蒸发结晶可得 $SnCl_2 \cdot 2H_2O$。

$SnCl_2$(结晶)是一种由共三角锥($SnCl_3$)顶点的链[图 5-8(b)]构成的层状结构。

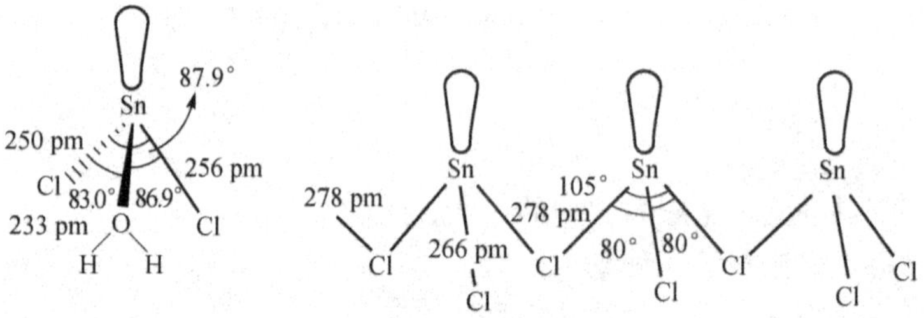

(a) $[SnCl_2OH_2]H_2O$　　(b) $SnCl_2$(结晶)

图 5-8　氯化亚锡的结构示意图

三、实验流程图

制备 $SnCl_2 \cdot H_2O$ → 制备无水 $SnCl_2$ → 性质试验 → 制备 $PbCl_2$ 性质实验

四、实验用品

仪器、用品:X4 显微熔点测定仪、天平、烧杯、表面皿、抽滤瓶、布氏漏斗、试管。

试剂、材料:锡箔(或锡花)、浓 HCl、浓 HNO_3、乙酸酐、乙醚(无水)、NaOH(2 $mol \cdot L^{-1}$)、HCl(2 $mol \cdot L^{-1}$)、$FeCl_3$(0.5 $mol \cdot L^{-1}$)、$HgCl_2$(0.1 $mol \cdot L^{-1}$)、$BiCl_3$(0.1 $mol \cdot L^{-1}$)、Pb、$Pb(NO_3)_2$(0.1 $mol \cdot L^{-1}$)、$MnSO_4$(0.1 $mol \cdot L^{-1}$)、PbO_2。

五、实验内容

1. $SnCl_2$ 的制备

1) $SnCl_2 \cdot H_2O$ 的制备

称 12 g 锡箔(或锡花)放入烧杯中,加 50 mL 浓 HCl,用表面皿掩盖,加热煮沸,并逐滴加入 1 mL 浓 HNO_3。将所得溶液过滤,滤液转移到蒸发皿中。加热蒸发，待溶液温度达到120 ℃时，用表面皿盖住，放置冷却让其结晶。减压过滤，将晶体放在两片滤纸间压干，称重，计算产率。

2）无水$SnCl_2$的制备

将上述所得晶体$SnCl_2 \cdot H_2O$加入过量的100%乙酸酐，即得无水$SnCl_2$。减压过滤，用少量乙醚冲洗3次。称重，放在干燥器中保存。计算$SnCl_2$的产率。

2. $SnCl_2$的性质试验

(1) 测定$SnCl_2$的熔点。

(2) 取少量产品滴加蒸馏水，观察现象，解释并写出反应方程式。

(3) 用产品制$Sn(OH)_2$沉淀少许，并试验它的酸碱性，写出反应方程式。

(4) 用两种比较普通的方法试验Sn(Ⅱ)的还原性，写出反应方程式。

3. 仿照Sn的试验进行Pb的相应试验

(1) $PbCl_2$的制备。

(2) $PbCl_2$的性质。

思考题

1. 锡与盐酸反应过程中，为什么要加入硝酸？

2. 本实验中，为防止Sn^{2+}氧化，应采取哪些措施？

3. 配制$SnCl_2$溶液，若要装瓶存放一段时间，为什么既要加盐酸，又要加锡粒？

实验二十三 无水三氯化铬的制备

一、实验目的

(1) 掌握高温气固相反应合成化合物的实验方法，制备无水三氯化铬。

(2) 熟悉管式炉、温度控制器及气体钢瓶的使用。

(3) 了解无水过渡金属氯化物制备的一般方法。

二、实验提要

过渡金属氯化物从水溶液中结晶时都会带有结晶水或配位水分子，它们与水分子的亲和力很强。若直接加热脱水又会使氯化物水解，因此不能用这种方法制备它们的无水氯化物。制备无水氯化物常有以下两种方法。

1. 水合氯化物在干燥的HCl气氛下加热脱水（防止水解）以制得纯净的无水氯化物

利用对水分子具有更强亲和力的物质与水合氯化物反应，夺取其中的水，以制取相应的无水氯化物。例如，利用氯化亚砜与水合三氯化铁共热制取无水三氯化铁。

$$FeCl_3 \cdot 6H_2O + 6SOCl_2 \xrightarrow{\triangle} FeCl_3 + 12HCl\uparrow + 6SO_2\uparrow$$

2. 高价金属氯化物的还原或热分解

金属或金属氧化物与氯化剂(Cl_2、HCl、CCl_4)作用制备无水氯化物。

$$ZrO_2 + 2Cl_2 + 2C \xrightarrow{\triangle} ZrCl_4 + 2CO\uparrow$$

本实验就是利用三氧化二铬与氯化剂四氯化碳在高温、惰性气氛(氮气)的条件下反应,制得无水三氯化铬。

$$Cr_2O_3 + 3CCl_4 \xrightarrow{\triangle} 2CrCl_3 + 3COCl_2 \qquad (5\text{-}1)$$

但反应的同时也有二氯化铬生成。

$$Cr_2O_3 + \frac{3}{2}CCl_4 \xrightarrow{\triangle} 2CrCl_2 + \frac{3}{2}CO_2 + Cl_2\uparrow \qquad (5\text{-}2)$$

为了减少二氯化铬的生成,需要进行热力学、动力学分析。反应(5-1)与反应(5-2)的 $\Delta_r G_m$ 都为负值,均为自发反应。反应(5-1)与反应(5-2)的 $\Delta_r S_m$ 也都为正值,且 $\Delta S_2 > \Delta S_1$。根据吉布斯公式

$$\Delta_r G_m = \Delta_r H_m - T\Delta_r S_m \qquad (5\text{-}3)$$

升高温度虽然 ΔG_1、ΔG_2 的负值都将增大,但是 ΔG_2 负值的增大趋势要大于 ΔG_1 负值的增大趋势,所以升高温度有利于反应(5-2)的进行,生成二氯化铬的趋势增大,因此反应温度不能过高。如果温度太低,反应速度将变得很慢,也不利于三氯化铬的合成。综合热力学、动力学两方面考虑,反应温度控制在 750 ℃附近为宜。

本实验所采用的高温气-固相反应是应用非常广泛的一种合成方法。其操作一般是将固体原料放在耐高温的惰性容器(如瓷舟等)中,再将容器放入耐高温的陶瓷管或石英管中,反应管用管式电炉加热,并通入经过净化、干燥的反应气体,使之与管内的固体物料进行反应。反应管后常安装吸收气体装置,吸收没有参与反应或反应生成的有害气体,同时也可以防止产品吸收空气。

三、实验流程图

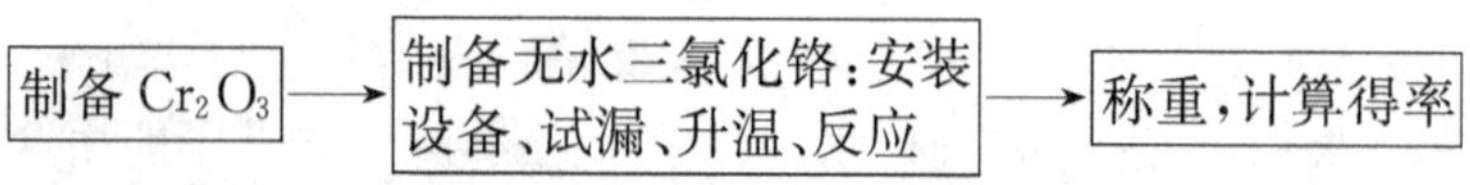

四、实验用品

仪器、用品:管式电炉、调压变压器、氮气钢瓶、减压阀、洗气瓶、三口烧瓶、电热套、石英管、电热烘箱、烧杯、白瓷板、布氏漏斗、吸滤瓶等。

试剂、材料:$(NH_4)_2Cr_2O_7$、CCl_4 等。

五、实验内容

1. Cr_2O_3 的制备

称取 $(NH_4)_2Cr_2O_7$ 2.5 g 堆放在白瓷板上，将玻璃棒的一端用煤气灯加热后去接触 $(NH_4)_2Cr_2O_7$，引发它进行分解反应。待全部反应后，冷却，转移到烧杯中，用去离子水多次浸泡、洗涤(倾泻法)以除去可溶性杂质，直至洗涤后的溶液变为无色。减压过滤，将所得 Cr_2O_3 转移到蒸发皿中，放入 110 ℃的烘箱中烘干备用。

2. 无水三氯化铬的制备

(1) 装入反应物，安装设备。称取备用的 Cr_2O_3 1.5 g，将其装入透明的石英反应管中部(可用形状如剖开一半的纸桶装入)，再把反应管插入管式炉中。量取 CCl_4 100 mL 倒入三口烧瓶中。按照图 5-9 安装好仪器设备(最好安装在通风柜中，没有条件的也要将废气排放管引出室外)。

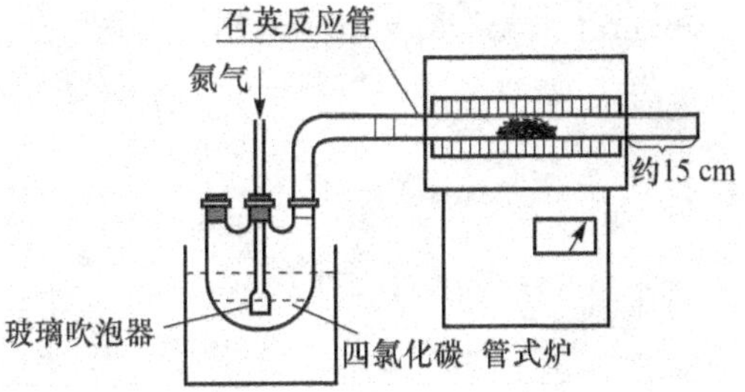

图 5-9　实验装置示意图

(2) 开启氮气钢瓶。逆时针方向慢慢打开钢瓶阀门，高压表指示出钢瓶内气体的压力；顺时针方向转动减压阀手柄，慢慢打开减压阀阀门，控制浓硫酸洗气瓶液面不断冒出小气泡(可连接气体流量计控制氮气流量维持在 0.2 $L \cdot min^{-1}$)，稳定后才可连接到反应系统中。

(3) 试漏。塞紧所有的塞子，插紧连接的橡皮管。可以在连接处涂抹肥皂水等，在通氮气时检查是否漏气。

(4) 升温、反应。用石棉绳将试管炉两端的炉口及热电偶孔封严，以提高加热效率。将管式炉控制器的加热设定温度调到 750 ℃，将调压变压器调到 220 V，开始给管式炉升温。当温度接近 400 ℃时，电热套开始加热(以 100 V 给 CCl_4 升温)，控制 CCl_4 温度在 60～70 ℃(以 30～40 V 给 CCl_4 保温)。当炉温升至 700 ℃时将调压变压器调到 120 V，慢慢给管式炉升温至 750 ℃。控制器自动保温，氯化反应持续 2 h。

(5) 终止反应。2 h 后，停止加热 CCl_4 并关上管式炉控制器的电源，继续通入氮气。待炉温降至接近室温时，关闭氮气钢瓶(先关上钢瓶的主阀门，待表压降为零后，再逆时针方向转动松开减压阀手柄，关闭减压阀）。拿出电热偶，拨开石英管两端的塞子抽出石英管，倒出紫色鳞片状的产品。

(6) 称量，计算产率。

Experiment 24 Preparation, Purification and Solubility of Potassium Nitrate

Ⅰ Purpose

(1) The principles and methods for preparation of soluble salt taking advantage of solubility difference at different temperatures.

(2) Purify chemicals with recrystallization.

(3) Measure the solubility of a soluble salt.

(4) Practices the operation of dissolution, filtration, and crystallization.

Ⅱ Principle

1. Preparation procedure

There are four ions, namely Na^+, K^+, Cl^- and NO_3^-, exist in a solution mixture of KCl and $NaNO_3$. These four ions can assemble into four salts, KNO_3, KCl, $NaNO_3$ and NaCl, by different combination, which form a quaternary complex cross-system in solution. This is a phase-equilibrium and will be discussed in detail in physical chemistry. Here we take advantage of solubility difference in different temperature to prepare NaCl and KNO_3 from KCl and $NaNO_3$ solution.

Table 5-3 listed the solubility of four pure salt in water (solubility will be somewhat different in the mixed solution because of the physical interaction).

Table 5-5 The solubility of pure KNO_3, KCl, $NaNO_3$ and NaCl in aqueous solution [g · (100 g H_2O)$^{-1}$]

Temp/℃	0	20	40	60	80	100
KNO_3	13.3	31.6	63.9	110.0	169.0	246.0
KCl	27.6	34	40.0	45.5	51.5	56.7
$NaNO_3$	73	87.6	102.0	122.0	148.0	180.0
NaCl	35.7	36	36.6	37.3	38.4	39.8

As shown in table 5-5, except $NaNO_3$, the solubility of three others is quite similar at 20 ℃. In such a case (20 ℃), $NaNO_3$ crystal is difficult or impossible to separate out due to its highest solubility amongst the four compounds. In contrast to the rapidly increasing of the solubility of KNO_3, the solubility of NaCl is essentially constant. NaCl will separate out firstlg from the solution by evaporating the mixture of $NaNO_3$ and KCl due to its lower solubility at a high temperature. The separated NaCl is filtered and the filtrate is cooled, KNO_3 begin to separate out by taking advantage of the characters of solubility falling sharply with temperature as indicated in table 5-5.

2. Solubility of soluble salt

There are two methods to measure the solubility: analytical method and composition-determination method. The principle of analytical method is to ascertain the content of soluble salt components in saturated solution at a given temperature by means of analytical chemistry, thus the solubility can be calculated based on analytical data under this temperature. This method is accurate. However, the operation procedure is tedious and time-consuming. The principle of composition-determination is to record the precipitate (crystallize) temperature of crystals from a known-content soluble salt solution, thereby the salt solubility at this temperature can be estimated. According to the second method, we can obtain a series of data by continuously supplying quantitative water from high to low temperature using the same device and a certain amount of solute.

The change of solubility with temperature varies from salt to salt. In this experiment, you will determine how the solubility of potassium nitrate changes with temperature, and use this property to purify a sample of potassium nitrate that is contaminated with a colored salt.

Ⅲ Materials

Instruments: beaker (25 mL, 250 mL), graduated cylinder (10 mL), pipette (2 mL), pumping follicular (10 mL), Büchner funnel (20 mm), watch glass, platform scale balance, analytical balance, filter paper, coordinate paper, ruler.

reagents: $NaNO_3$(s), KCl, $AgNO_3$ (0. 1 mol · L^{-1}), HNO_3 (2. 0 mol · L^{-1}), distilled water, KNO_3, mixture of KNO_3 and $Cu(NO_3)_2$.

Ⅳ Procedures

1. Preparation

Weight 5. 0 g solid $NaNO_3$ and 4. 4 g KCl on platform scale, respectively. Put these two salt into a 25 mL beaker then add 8. 0 mL distilled water. Heat the beaker to dissolve the mixture (Heat gently with continuous stirring to avoid splash). Evaporate the solution until 2/3 of the original volume left. At this time, crystal began to precipitate (What is this crystal) and then vacuum filtration of the crystal (Büchner funnel should be preheat on a steam or preheat in oven in advance). Take the filtrate into a 25mL beaker (Operation quickly to avoid crystallization of the filtrate! If the filtrate in the filter bottle has crystal precipitates, you need to dissolve the crystal in hot water bath). Cool down to room temperature in atmosphere gives another batch of crystal (What is this crystal). Do not disturb the solution in order to obtain larger crystals. Vacuum filtration to separate mother liquor from crystals. Place the KNO_3 crystals on a watch glass and dried with steam, then weigh and calculate the yield of KNO_3.

2. Solubility of soluble salt

5 mL of water was added into a large test tube. Weigh 2 g of pure potassium nitrate on the platform balance and add to the test tube contains 5 mL of water. Heat gently until all the solid disappears, but do not boil the water. Insert your thermometer in the tube, and allow it to cool. Stir gently. Record the temperature at which solid crystal appears. Repeat the entire experiment using 5 mL of water and 4 g of pure potassium nitrate and recording the crystallize temperature. Repeat successively with 6 g and 8 g of pure potassium nitrate in 5 mL of water and recording the temperature at which solid KNO_3 appears.

3. Purification

Request a 10g sample of potassium nitrate contaminated with a colored salt such as copper nitrate. Assuming that the sample is 75% KNO_3 by weight, figure out the minimum amount of water required to dissolve this much KNO_3 at 75 ℃. Put the sample into a 100 mL beaker, and add the calculated amount of water. Cover with a watch glass, and warm to dissolve. Cool by holding under the tap water. Filtrate off the crystals. Rinse the crystals by a few drops of very cold water. Repeat this washing with drops of cold water until the crystals show no color. Dry your product by pressing it between filter papers. Weigh it, and turn it into your instructor. He will tell you the original composition of the mixture so that you can calculate the percentage recovery.

Ⅴ Data

(1) Mass of crude salt: ________ g

(2) Temperature at which crystals appear

With 2 g KNO_3 per 5mL H_2O ________ ℃

With 4 g KNO_3 per 5mL H_2O ________℃
With 6 g KNO_3 per 5mL H_2O ________℃
With 8 g KNO_3 per 5mL H_2O ________℃
(3) Mass of product recovered: ________ g

Ⅵ Results

(1) Crude product yield of KNO_3: ________%

(2) Plot a solubility curve for potassium nitrate, showing molality of the saturated solution versus temperature (horizontal axis).

(3) The weight of KNO_3 in original mixture: ________ g
Recovery percentage: ________%

Post-lab Questions

1. Why can one crystallize KNO_3 from KCl and $NaNO_3$ solution? Calculate the mole concentration of the saturated solutions investigated in part of procedures at the temperature when crystallization occurs.

2. How much difference in solubility between KNO_3 and $Cu(NO_3)_2$ in absolute magnitude? How is the feasibility to separate KNO_3 from $Cu(NO_3)_2$ by crystallization?

3. Suppose that the solubility of KNO_3 decreased with temperature increases, how would you modify the procedures used in part 2 and 3 of procedures?

4. What modifications should you make to improve recovery percentage of KNO_3 in part 3 of procedures in this experiment?

5. Make a plot of the logarithm of the solubility of KNO_3 as a function of the reciprocal of the absolute temperature. The slope of this graph gives $-\Delta H/19.25$, where ΔH is the heat of solution in joules per mole. Could you calculate ΔH from your data?

第六章 常见元素及其化合物的性质实验

【基本要求】

本章实验主要是检验常见元素单质及其化合物的性质，通过性质实验获得感性认识，并通过思考、对比、归纳、总结，从感性认识上升到理性认识，从而达到学习、掌握元素单质及其化合物重要性质的要求。

性质实验看起来很容易做。例如，把几滴能发生反应的浓度的甲溶液加到乙溶液中，好像就可以看到预期的实验现象。其实并不尽然，把两种溶液任意混合往往得不出正确的结果。这是因为反应条件十分重要，温度、浓度、介质、催化剂，甚至反应物添加的量和次序都会影响实验结果。

因此实验中应注意以下问题。

(1)试液的用量要适当。试液太少，可能实验现象不明显，但试液取多了，浓度不易控制，实验现象也会不明显。同时还会造成试剂浪费。

(2)试管反应时，一定要将溶液混合均匀。

(3)沉淀要完全，除沉淀剂的量要取够外，还要根据沉淀对象，控制沉淀条件。一是严格控制沉淀时的 pH，把该沉淀的全部沉淀下来；二是进行沉淀时要避免胶体的形成。如发现上层溶液混浊，与沉淀分离不清，可在沸水浴上加热 5min 以上，使胶体凝聚而沉降，最后冷却使沉淀完全。

理论概述

一、p 区重要非金属元素及其化合物的性质

p 区非金属元素的价电子构型为 $ns^2np^{1\sim6}$。价电子在原子最外层的 ns、np 轨道上。同一周期元素随价电子数的增多，电离能增加，非金属性逐渐增强；同族元素，从上到下电离能降低，非金属性减弱。

卤素的价电子构型为 ns^2np^5，是典型的非金属元素。除负一价的卤素 X^- 外，

卤素的其他价态均有较强的氧化性。卤素单质在常温下都以双原子分子存在，它们都是强氧化剂，能发生置换、歧化等反应。卤素单质的氧化性顺序是 $F_2>Cl_2>Br_2>I_2$，卤素离子的还原能力为 $I^->Br^->Cl^->F^-$。

p 区重要非金属化合物的某些主要性质列于表 6-1 和表 6-2 中。

表 6-1　p 区重要非金属化合物的主要性质 Ⅰ

物质	主要性质	反应举例
过氧化氢	(1)弱酸性，与碱发生中和反应 (2)不稳定性，易分解成 H_2O 和 O_2 (3)既有氧化性，又有还原性，但以氧化性为主	$Ba(OH)_2+H_2O_2 = BaO_2+2H_2O$ $2H_2O_2 = 2H_2O+O_2$ $PbS+4H_2O_2 = PbSO_4+4H_2O$ $2MnO_4^-+5H_2O_2+6H^+ =$ $2Mn^{2+}+5O_2\uparrow+8H_2O$
硫化氢	有毒、强还原性	$H_2S+2Fe^{3+} = 2Fe^{2+}+S\downarrow+2H^+$ $H_2S+4Cl_2+4H_2O = H_2SO_4+8HCl$
硫化物	除碱金属(包括 NH_4^+)的硫化物外，大多数硫化物难溶于水，并具有特征颜色。根据在酸中的溶解情况，可将硫化物分为四类。 (1) 可溶于稀 HCl 的硫化物； (2) 难溶于稀 HCl，能溶于浓 HCl 的硫化物； (3) 难溶于浓 HCl，能溶于 HNO_3 的硫化物； (4) 难溶于 HNO_3，只溶于王水的硫化物	(1) ZnS(白色)、MnS(肉色)、FeS(黑色)等 (2) CdS(黄色)、PbS(黑色)等 (3) CuS(黑色)、Ag_2S(黑色)等 (4) HgS(黑色)

表 6-2　p 区重要非金属化合物的主要性质 Ⅱ

族	物质	氧化值	主要性质	反应举例
ⅦA	次氯酸盐	+1	强氧化性	$ClO^-+HCl(浓)+H^+ = Cl_2\uparrow+H_2O$
ⅦA	氯酸盐	+5	在酸性介质中有强氧化性	$ClO_3^-+6I^-+6H^+ = Cl^-+3I_2+3H_2O$
ⅥA	亚硫酸及其盐	+4	(1)亚硫酸热稳定性差，易分解 (2)既有氧化性又有还原性，但以还原性为主	(1) $H_2SO_3 = SO_2\uparrow+H_2O$ (2) $2MnO_4^-+5SO_3^{2-}+6H^+ =$ $2Mn^{2+}+5SO_4^{2-}+3H_2O$ $SO_3^{2-}+2H_2S+2H^+ = 3S\downarrow+3H_2O$
ⅥA	硫代硫酸及其盐	+2	(1)硫代硫酸极不稳定，易分解 (2)具有还原性，为中强还原剂，与强氧化剂(如 Cl_2、Br_2 等)作用被氧化成硫酸盐；与较弱氧化剂(如 I_2 等)作用被氧化成连四硫酸盐 (3)硫代硫酸根有很强的配位能力，与许多金属离子形成配位化合物	(1) $S_2O_3^{2-}+2H^+ = S\downarrow+SO_2\uparrow+H_2O$ (2) $S_2O_3^{2-}+4Cl_2+5H_2O =$ $2SO_4^{2-}+8Cl^-+10H^+$ $2S_2O_3^{2-}+I_2 = S_4O_6^{2-}+2I^-$ (3) $AgBr+2S_2O_3^{2-} =$ $[Ag(S_2O_3)_2]^{3-}+Br^-$
ⅥA	过二硫酸及其盐(结构中含有—O—O—键	+6	(1)过硫酸盐的热稳定性差，受热易分解 (2)具有强氧化性	$2Mn^{2+}+5S_2O_8^{2-}+8H_2O =$ $2MnO_4^-+10SO_4^{2-}+16H^+$

续表

族	物质	氧化值	主要性质	反应举例
ⅤA	亚硝酸及其盐	+3	(1) 亚硝酸极不稳定，易分解 (2) 既有氧化性，又有还原性，以氧化性为主。亚硝酸盐溶液在酸性介质中才显示氧化性	(1) $2HNO_2 \longrightarrow N_2O_3$(蓝色)$+H_2O \longrightarrow NO\uparrow + NO_2\uparrow$(棕色) (2) $2NO_2^- + 2I^- + 4H^+ = 2NO\uparrow + I_2 + 2H_2O$ $2MnO_4^- + 5NO_2^- + 6H^+ = 2Mn^{2+} + 5NO_3^- + 3H_2O$

二、p 区重要金属元素及其化合物的性质

p 区重要金属化合物的某些主要性质列于表 6-3～表 6-5 中。

表 6-3 Sb(Ⅲ)、Bi(Ⅲ)、Sn(Ⅱ)的还原性和 Bi(Ⅴ)、Pb(Ⅳ)的氧化性

族	氧化还原性递变规律	反应举例
ⅤA	$\xrightarrow{\text{低价还原性减弱}}$ Sb(Ⅲ) Bi(Ⅲ) Sb(Ⅴ) Bi(Ⅴ) $\xrightarrow{\text{高价氧化性增强}}$	(1) Sb(Ⅲ)的氧化还原性 $2Sb^{3+} + 3Sn = 2Sb\downarrow$(黑色)$+3Sn^{2+}$ $[Sb(OH)_4]^- + 2[Ag(NH_3)_2]^+ + 2OH^- = [Sb(OH)_6]^- + 2Ag\downarrow$(黑色)$+4NH_3$ 可用此反应鉴定 Sb^{3+} (2) Bi(Ⅲ)和 Bi(Ⅴ)的氧化性 $2Bi(OH)_3 + 3Sn(OH)_4^{2-} = 2Bi\downarrow$(黑色)$+3Sn(OH)_6^{2-}$ 可用此反应鉴定 Bi(Ⅲ)或 Sn(Ⅱ) $5NaBiO_3 + 2Mn^{2+} + 14H^+ = 5Na^+ + 5Bi^{3+} + 2MnO_4^-$(紫红色)$+7H_2O$ 可用此反应鉴定 Mn^{2+}
ⅣA	$\xrightarrow{\text{低价还原性减弱}}$ Sn(Ⅱ) Pb(Ⅱ) Sn(Ⅳ) Pb(Ⅳ) $\xrightarrow{\text{高价氧化性增强}}$	(1) Sn(Ⅱ)的还原性 $2HgCl_2 + Sn^{2+} + 4Cl^- = Hg_2Cl_2\downarrow$(白色)$+SnCl_6^{2-}$ $Hg_2Cl_2 + Sn^{2+}$(过量)$+4Cl^- = 2Hg\downarrow$(黑色)$+SnCl_6^{2-}$ 可用此反应鉴定 Sn^{2+} 和 Hg^{2+} (2) Pb(Ⅳ)的氧化性 $PbO_2 + 4HCl$(浓)$= PbCl_2 + Cl_2\uparrow + 2H_2O$ $5PbO_2 + 2Mn^{2+} + 4H^+ = 5Pb^{2+} + 2MnO_4^-$(紫红色)$+2H_2O$

表 6-4 锑、铋、锡、铅氢氧化物的酸碱性

锑、铋氢氧化物的酸碱性		锡、铅氢氧化物的酸碱性	
$Sb(OH)_3$(白色) 两性	H_3SbO_4(白色) 两性偏酸	$Sn(OH)_2$(白色) 两性	$Sn(OH)_4$(白色) 两性，以酸性为主
碱性增强 ↓		碱性增强 ↓	
$Bi(OH)_3$(白色) 弱碱性	Bi_2O_5(红色) 弱酸性	$Pb(OH)_2$(白色) 两性偏碱	$Pb(OH)_4$(棕色) 两性偏酸
Bi_2O_5 不稳定，易分解为 $Bi_2O_3+O_2$			
酸性增强 →		酸性增强 →	

表 6-5　部分铅盐的颜色和溶解性

难溶性铅盐	$PbCl_2$	PbI_2	$PbSO_4$	$PbCrO_4$	$PbCO_3$	PbS
颜色	白色	黄色	白色	黄色	白色	黑色
可溶于	热水、浓 HCl	过量 KI	NH_4Ac	稀 HNO_3 等	稀酸	稀 HNO_3

三、d 区重要化合物的性质

1. 铬的重要化合物性质简介

铬化合物主要具有以下性质。

1）同一氧化值不同离子间存在的酸碱转化

铬的氧化物和氢氧化物的酸碱性为

CrO	Cr_2O_3（绿色）	CrO_3（橙红色）
$Cr(OH)_2$	$Cr(OH)_3$（灰绿色）	H_2CrO_4（黄色）或 $H_2Cr_2O_7$（橙红色）
碱性	两性	酸性

$$\xrightarrow{\hspace{6cm}}$$

酸性增强

2）不同氧化值的离子间的氧化还原转化

从铬的电势图可知

$$E_A^{\ominus}(V)\ Cr_2O_7^{2-}\ \frac{1.33}{\quad}\ Cr^{3+}\ \frac{-0.74}{\quad}\ Cr$$

$$E_B^{\ominus}(V)\ CrO_4^{2-}\ \frac{-0.12}{\quad}\ Cr(OH)_4^-\ \frac{-1.2}{\quad}\ Cr$$

Cr(Ⅲ)只有在碱性介质中才体现出它的还原性。例如

$$2[Cr(OH)_4]^- + 3H_2O_2 + 2OH^- = 2CrO_4^{2-} + 8H_2O$$

Cr^{3+} 比较稳定，只能被强氧化剂氧化成 $Cr_2O_7^{2-}$。例如

$$10Cr^{3+} + 6MnO_4^- + 11H_2O = 5Cr_2O_7^{2-} + 6Mn^{2+} + 22H^+$$

而 Cr(Ⅵ)的氧化性主要体现在酸性介质中。例如

$$Cr_2O_7^{2-} + 3H_2O_2 + 8H^+ = 2Cr^{3+} + 3O_2\uparrow + 7H_2O$$

2. 锰的重要化合物性质简介

1）锰的氧化物和氢氧化物的酸碱性

MnO	Mn_2O_3	MnO_2	MnO_3	Mn_2O_7
$Mn(OH)_2$	$Mn(OH)_3$	$Mn(OH)_4$	H_2MnO_4	$HMnO_4$

$$\xrightarrow{\hspace{8cm}}$$

酸性增强

2）锰的化合物的氧化还原性

锰具有多种氧化值，在一定条件下可以相互转化，因此氧化还原性是锰的化合物最主要的特征。详细可见实验二十八中的实验原理。

3. 铁、钴、镍的重要化合物性质简介

从表 6-6 可见，还原性依 $Fe(OH)_2$、$Co(OH)_2$、$Ni(OH)_2$ 的顺序递减。

表 6-6 $M(OH)_2$ 的还原性

$M(OH)_2$	空气中	中强氧化剂（如 H_2O_2）	强氧化剂（如 Cl_2、Br_2）	反应实例
$Fe(OH)_2$（白色）	$Fe(OH)_3$（反应迅速）	$Fe(OH)_3$	$Fe(OH)_3$	$4Fe(OH)_2+O_2+2H_2O = 4Fe(OH)_3$
$Co(OH)_2$（粉红色）	$CoO(OH)$（反应缓慢）	$CoO(OH)$	$CoO(OH)$	$2Co(OH)_2+H_2O_2 = 2CoO(OH)+2H_2O$
$Ni(OH)_2$（绿色）	不作用	不作用	$NiO(OH)$	$2Ni(OH)_2+Cl_2+2OH^- = 2NiO(OH)+2Cl^-+2H_2O$

从表 6-7 可见，氧化性依 $Fe(OH)_3$、$CoO(OH)$、$NiO(OH)$顺序递增。

表 6-7 $M(OH)_3$ 的氧化性

$M(OH)_3$	浓盐酸中	反应实例
$Fe(OH)_3$（红棕色）	Fe^{3+}	$Fe(OH)_3+3H^+ = Fe^{3+}+3H_2O$
$CoO(OH)$（褐色）	$[CoCl_4]^{2-}+Cl_2$	$2CoO(OH)+6H^++10Cl^- = 2[CoCl_4]^{2-}+Cl_2\uparrow+4H_2O$
$NiO(OH)$（黑色）	$[NiCl_4]^{2-}+Cl_2$	$2NiO(OH)+6H^++10Cl^- = 2[NiCl_4]^{2-}+Cl_2\uparrow+4H_2O$

4. ds 区重要化合物的性质

ds 区重要化合物的某些主要性质列于表 6-8 中。

表 6-8 ds 区重要化合物的主要性质

试剂＼离子	Cu^{2+}	Ag^+	Zn^{2+}	Cd^{2+}	Hg^{2+}	Hg_2^{2+}
适量 NaOH	$Cu(OH)_2\downarrow$（浅蓝色）	$Ag_2O\downarrow$（暗棕色）	$Zn(OH)_2\downarrow$（白色）	$Cd(OH)_2$（白色）	$HgO\downarrow$（黄色）	$HgO+Hg\downarrow$（黑色）
过量 NaOH	$[Cu(OH)_4]^{2-}$（需浓碱）（亮蓝色）	不变	$[Zn(OH)_4]^{2-}$（无色）	不变	不变	不变
适量 $NH_3\cdot H_2O$	碱式盐↓（浅蓝色）	$Ag_2O\downarrow$	$Zn(OH)_2\downarrow$	$Cd(OH)_2\downarrow$	$HgNH_2Cl\downarrow$（白色）	$Hg(NH_2)Cl\downarrow+Hg\downarrow$
过量 $NH_3\cdot H_2O$	$[Cu(NH_3)_4]^{2+}$（深蓝色）	$[Ag(NH_3)_2]^+$（无色）	$[Zn(NH_3)_4]^{2+}$（无色）	$[Cd(NH_3)_4]^{2+}$（无色）	不变	不变
适量 KI	$CuI\downarrow+I_2$（白色）	$AgI\downarrow$（黄色）	—	—	$HgI_2\downarrow$（棕红色）	$Hg_2I_2\downarrow$（浅绿）
过量 KI	不变	不变	—	—	$[HgI_4]^{2-}$（无色）	$[HgI_4]^{2-}+Hg\downarrow$

实验二十五　p区重要非金属元素及其化合物

一、实验目的

(1) 学习氯气、次氯酸盐、氯酸盐的制备方法。

(2) 掌握卤素单质的氧化性和卤素离子的还原性。

(3) 掌握次氯酸盐、氯酸盐强氧化性的区别。

(4) 掌握 H_2O_2 的某些重要性质。

(5) 掌握不同价态硫的化合物的主要性质。

(6) 掌握亚硝酸盐的主要性质。

二、实验提要

卤素单质都是氧化剂，它们的氧化性按下列顺序排列。

$$F_2 > Cl_2 > Br_2 > I_2$$

实验室中可用 $KMnO_4$ 和浓盐酸制备氯气；氯氧化 Br^- 和 I^-，分别得到 Br_2 和 I_2。如果用 CCl_4 萃取，Br_2 在 CCl_4 中呈橙色，I_2 在 CCl_4 中呈紫红色。

卤离子的还原性则按相反顺序排列。

$$I^- > Br^- > Cl^- > F^-$$

氯与冷的 NaOH 溶液反应生成次氯酸钠，它是一种强氧化剂。氯与热的 KOH(80 ℃以上)溶液反应生成氯酸钾，它在中性介质中，不显氧化性，但在酸性介质中表现出明显的氧化性。

H_2O_2 中氧的氧化态居中，所以 H_2O_2 既有氧化性又有还原性。

硫的化合物中，H_2S 具有强还原性，而过二硫酸盐具有强氧化性。例如

$$H_2S + 2Fe^{3+} = 2Fe^{2+} + S\downarrow + 2H^+$$

$$2Mn^{2+} + 5S_2O_8^{2-} + 8H_2O = 2MnO_4^- + 10SO_4^{2-} + 16H^+$$

硫的氧化值为+6～−2，其中有些化合物既有氧化性又有还原性，但以还原性为主。例如

$$2S_2O_3^{2-} + I_2 = S_4O_6^{2-} + 2I^-$$

$$S_2O_3^{2-} + 4Cl_2 + 5H_2O = 2SO_4^{2-} + 8Cl^- + 10H^+$$

在水溶液中不存在 $H_2S_2O_3$ 和 H_2SO_3，而只存在 $S_2O_3^{2-}$ 和 SO_3^{2-} 的盐溶液。这些盐溶液遇酸立即分解。

$$S_2O_3^{2-} + 2H^+ = S\downarrow + SO_2\uparrow + H_2O$$

$$SO_3^{2-} + 2H^+ = SO_2\uparrow + H_2O$$

大多数金属硫化物溶解度小且有特征的颜色。

HNO_2 极不稳定，在常温下即发生歧化分解。

$$2HNO_2 \longrightarrow \underset{(浅蓝色)}{NO\uparrow} + \underset{(棕色)}{NO_2\uparrow} + H_2O$$

亚硝酸及其盐既有氧化性又有还原性。

三、实验用品

仪器、用品：氯气发生装置一套、试管及试管架、铁架台、石棉网、煤气灯、小烧杯。

试剂、材料：KOH(6.0 mol·L^{-1})、NaOH(2.0 mol·L^{-1})、H_2SO_4(浓，3.0 mol·L^{-1}，1.0 mol·L^{-1})、HCl(浓，9.0 mol·L^{-1}，6.0 mol·L^{-1}，2.0 mol·L^{-1})、KBr(0.1 mol·L^{-1})、KI(0.2 mol·L^{-1}，0.1 mol·L^{-1})、HNO_3(浓)、王水、$KMnO_4$(0.01 mol·L^{-1})、$K_2Cr_2O_7$(0.5 mol·L^{-1})、Na_2SO_3(1 mol·L^{-1})、$Na_2S_2O_3$(0.2 mol·L^{-1})、$NaNO_2$(1 mol·L^{-1})、$MnSO_4$(0.2 mol·L^{-1}，0.002 mol·L^{-1})、$FeCl_3$(0.1 mol·L^{-1})、品红溶液、氯水、$BaCl_2$(0.1 mol·L^{-1})、$ZnSO_4$(0.1 mol·L^{-1})、$CdSO_4$(0.1 mol·L^{-1})、$CuSO_4$(0.1 mol·L^{-1})、溴水、CCl_4、$Hg(NO_3)_2$(0.1 mol·L^{-1})、$AgNO_3$(0.1 mol·L^{-1})、碘水、饱和 H_2S 水溶液(或硫代乙酰胺)、H_2O_2(3%)、MnO_2 粉末、NaCl(固体)、KBr(固体)、KI(固体)、$K_2S_2O_8$(固体)、pH 试纸、淀粉-碘化钾试纸、醋酸铅试纸。

四、实验内容

1. 次氯酸钠和氯酸钾的制备(通风橱中进行)

按装置图 6-1 安装仪器，在锥形瓶中放约 3 g MnO_2 粉末，安全漏斗伸入试管底。在管 3 中放 4 mL 6 mol·L^{-1} KOH 溶液(于热水浴中)，管 4 中放 4 mL 2 mol·L^{-1}

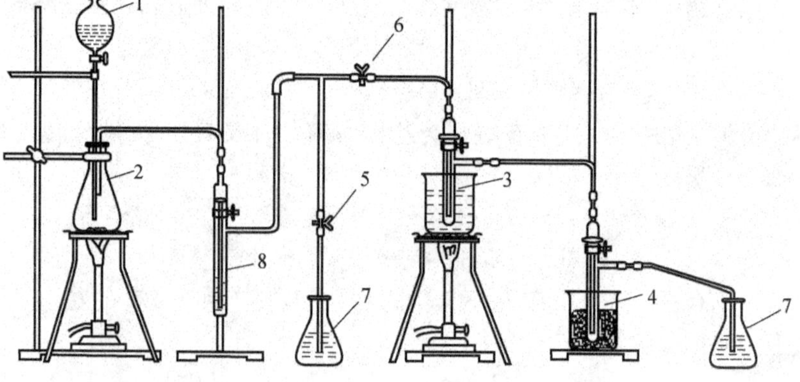

图 6-1 次氯酸钠、次氯酸钾的制备

1. 分液漏斗；2. 锥形瓶；3、4. 反应管(具支试管)；5. 废气控制夹(关)；6. 控制夹(关)；7. 废气、尾气吸收器；8. 洗气瓶(具支试管)

NaOH(于冰水中)。检查装置不漏气后,由漏斗加入 15 mL 9 mol·L^{-1} HCl 溶液,缓慢加热,控制氯气均匀发生。热水浴温度控制在 50～55 ℃,当管 3 中溶液由无色慢慢变为黄色,再由黄色突然变为无色时,继续通氯气至溶液呈极淡的黄色,停止加热。打开废气控制夹 5,关控制夹 6。

将管 3 拆下,用自来水或冰水冷至晶体不再增加时过滤,用极少量的去离子水洗涤晶体,水浴烘干。检验母液中有无 Cl^- 存在。

保留晶体和管 4 中溶液做下面实验用。

待氯气不再发生时拆除氯气发生器,将剩余物用水冲稀后倒入盛有消石灰的缸中,洗净仪器。

2. 卤素及其化合物的基本性质

1) 卤素的氧化性

在一支小试管中,滴入 3 滴 0.1 mol·L^{-1} KBr 溶液、5 滴 CCl_4,再加入氯水,边加边振荡,观察 CCl_4 层出现的橙黄色或橙红色(Br_2 溶于有机溶剂 CCl_4 中,浓度小时呈橙黄色,浓度大时呈橙红色)。

在一支小试管中,滴入 3 滴 0.1 mol·L^{-1}KI 溶液、5 滴 CCl_4,再加入氯水,边加边振荡,观察 CCl_4 层出现的紫红色(I_2 溶于有机溶剂 CCl_4 中呈紫红色,溶于水中呈红棕色或黄棕色)。

在一支小试管中,滴入 3 滴 0.1 mol·L^{-1}KI 溶液、5 滴 CCl_4,再加入溴水,边加边振荡,观察 CCl_4 层出现的颜色。

根据以上实验比较卤素氧化性的相对大小。

2) 卤素离子的还原性

在 3 支小试管中分别加入少量(黄豆粒大小)的 NaCl、KBr、KI 固体,然后加入数滴浓硫酸,观察试管中颜色的变化。分别用 pH 试纸、淀粉-碘化钾试纸、醋酸铅试纸检验所产生的气体(注:气体有毒。实验现象出现后马上用水冲稀,终止反应)。

根据现象分析产物,从而比较 HCl、HBr、HI 的还原性,写出反应方程式。

3) 次氯酸盐的氧化性

取 4 支试管分别加入 0.5 mL 前面制得的次氯酸钠溶液。向第一支试管中加入 4～5 滴 0.2 mol·L^{-1} KI 溶液,2 滴 1 mol·L^{-1}的 H_2SO_4 溶液;第二支试管中加入 4～5 滴 0.2 mol·L^{-1} $MnSO_4$ 溶液;第三支试管中加入 4～5 滴浓盐酸;第四支试管中加入 2 滴品红溶液。

观察以上实验现象,写出有关的反应方程式。

4) 氯酸钾的氧化性

取少量前面制得的氯酸钾晶体加水溶解配成 $KClO_3$ 溶液。向 0.5 mL 0.2 mol·L^{-1}KI 溶液中滴入几滴自制的 $KClO_3$ 溶液,观察有何现象。再用

3 mol·L^{-1}的 H_2SO_4 酸化，观察溶液颜色的变化，继续往该溶液中滴加 $KClO_3$ 溶液，又有何变化。

解释以上实验现象，写出相应的反应方程式。

3. H_2O_2 的性质(设计实验)

用3% H_2O_2、0.01 mol·L^{-1} $KMnO_4$、3 mol·L^{-1}的 H_2SO_4、0.1 mol·L^{-1} KI、H_2S 水溶液、MnO_2(固体)设计一组实验，观察实验现象，验证 H_2O_2 的分解和氧化还原性。

4. 硫的化合物的性质

1) 硫化氢的还原性

分别在2支试管里加几滴 0.01 mol·L^{-1} $KMnO_4$ 溶液(加数滴稀硫酸酸化)和 0.1 mol·L^{-1} $FeCl_3$ 溶液，然后各加入 1 mL 饱和 H_2S 水溶液，观察有什么现象？写出反应方程式。

2) 金属硫化物的生成和溶解

取4支离心试管，分别加入 0.1 mol·L^{-1} $ZnSO_4$、0.1 mol·L^{-1} $CdSO_4$、0.1 mol·L^{-1} $CuSO_4$、0.1 mol·L^{-1} $Hg(NO_3)_2$ 溶液 1 mL，然后各加入 1mL 饱和 H_2S 水溶液，离心沉淀，弃去上层清液，观察生成的沉淀颜色。并将后三种沉淀分成两份。

取上述所得各种沉淀，分别进行下列实验。

(1) 在 ZnS 沉淀中加入 2 mol·L^{-1} HCl 溶液；

(2) 在 CdS 沉淀中分别加入 6 mol·L^{-1} HCl 溶液和浓 HCl 溶液；

(3) 在 CuS 沉淀中分别加入浓 HCl 溶液和浓硝酸溶液；

(4) 在 HgS 沉淀中分别加入浓硝酸和王水。

总结几种硫化物的溶解情况，并写出溶解反应方程式。

3) 亚硫酸盐的性质

往试管中加入 2 mL 1 mol·L^{-1} Na_2SO_3 溶液，用 3 mol·L^{-1} H_2SO_4 酸化，观察有无气体产生。用湿润的 pH 试纸移近管口，有何现象？然后将溶液分两份，一份滴加饱和 H_2S 水溶液，另一份滴加 0.5 mol·L^{-1} $K_2Cr_2O_7$ 溶液，观察现象，说明亚硫酸盐的性质。写出有关的反应方程式。

4) 硫代硫酸盐的性质

用 0.2 mol·L^{-1} $Na_2S_2O_3$ 溶液，进行下列实验。

(1) 取少量 $Na_2S_2O_3$ 溶液，用稀 H_2SO_4 酸化；

(2) 取 0.5 mL 碘水，滴加 $Na_2S_2O_3$ 溶液；

(3) 取 0.5 mL $Na_2S_2O_3$ 溶液，加 2 滴 2 mol·L^{-1} NaOH 溶液，滴加氯水。检验产物中有无 SO_4^{2-} 存在；

(4) 在 4 滴 0.1 mol·L^{-1} $AgNO_3$ 溶液中，加 1～2 滴 $Na_2S_2O_3$ 溶液，观察沉淀

的产生及沉淀颜色的变化；另取 4 滴 $AgNO_3$ 溶液，连续滴加 $Na_2S_2O_3$，又有何现象？

根据以上实验，总结硫代硫酸及其盐的性质。

5）过二硫酸盐的氧化性

在试管中加入 3 mL 1 $mol \cdot L^{-1}$ H_2SO_4 溶液、3 mL 去离子水、3 滴 0.002 $mol \cdot L^{-1}$ $MnSO_4$ 溶液，混合均匀后分为两份。

在第一份溶液中加入少量过二硫酸钾固体，第二份溶液中加入 1 滴 0.1 $mol \cdot L^{-1}$ $AgNO_3$ 溶液和少量过二硫酸钾固体。将两支试管同时放入一只热水浴中加热，观察溶液的颜色有何变化。写出反应方程式。

比较以上实验结果并加以解释。

5. 亚硝酸及其盐的性质

1）亚硝酸盐的氧化还原性

分别试验 1 $mol \cdot L^{-1}$ $NaNO_2$ 溶液与酸化的 0.01 $mol \cdot L^{-1}$ $KMnO_4$、0.1 $mol \cdot L^{-1}$ KI 溶液的反应。

2）亚硝酸的分解

在 1 $mol \cdot L^{-1}$ $NaNO_2$ 溶液中滴加稀 H_2SO_4，边振荡边观察现象。

由实验总结出亚硝酸及其盐的性质。

思考题

1. 利用 H_2O_2 的氧化性能否把黑色的 PbS 转化为白色的 $PbSO_4$，通过实验进行回答。若能进行，写出反应方程式。

2. SO_2 水溶性除用 I_2 和 H_2S 分别验证外，可否用其他试剂，请举例说明。写出反应方程式。

3. 在卤素离子还原性实验中，使用 pH 试纸、淀粉-碘化钾试纸、醋酸铅试纸的目的分别是什么？

4. 用 pH 试纸检验气体时，必须将 pH 试纸用去离子水润湿，为什么？检验挥发性气体时，必须将检验的试纸悬放在试管口上方，为什么？

5. 为什么亚硫酸盐中常含有硫酸盐？怎样检验亚硫酸盐中的 SO_4^{2-}？

6. 在 $NaNO_2$ 与 $KMnO_4$、KI 反应中是否需要加酸酸化？为什么？若要加酸，应选用什么酸好？为什么？

实验二十六　p 区重要金属化合物

一、实验目的

(1) 掌握锑、铋、锡、铅氢氧化物的酸碱性，铅盐的难溶性。

(2) 掌握 Sn(Ⅱ)的还原性和 Pb(Ⅳ)、Bi(Ⅴ)的氧化性。

(3) 了解锑、铋、锡、铅硫化物及锑、锡硫代酸盐的性质。

二、实验提要

1. 锑、铋、锡、铅氢氧化物的酸碱性

一般对主族元素而言,同一周期,从左往右它们氢氧化物的碱性减弱;同一族元素从上往下,氢氧化物的碱性增强;而对同一元素,高氧化值氢氧化物酸性强于低氧化值氢氧化物,因此,锑、铋、锡、铅氢氧化物的酸碱性的关系见表 6-4。

2. Sn(Ⅱ)的还原性和 Pb(Ⅳ)、Bi(Ⅴ)的氧化性

在 p 区金属化合物中,Sn(Ⅱ)是常用的还原剂。从标准电极电势看,Sn(Ⅱ)无论在酸性、碱性介质中均显示出还原性。

$$Sn^{4+} + 2e^- \rightleftharpoons Sn^{2+} \qquad E^{\ominus} = +0.15V$$

$$[Sn(OH)_6]^{2-} + 2e^- \rightleftharpoons [Sn(OH)_4]^{2-} \qquad E^{\ominus} = -0.96V$$

但是,在碱性介质中 Sn(Ⅱ)的还原性比在酸性介质中强。例如,$[Sn(OH)_4]^{2-}$可将 $Bi(OH)_3$ 还原为黑色的 Bi,这是检验 Bi^{3+} 离子的特征反应,而 Sn^{2+} 则不能。

$$2Bi(OH)_3 + 3[Sn(OH)_4]^{2-} = 2Bi\downarrow(\text{黑色}) + 3[Sn(OH)_6]^{2-}$$

$SnCl_2$ 能与 $HgCl_2$ 反应,生成物的颜色先白后灰最后变为黑色,这是鉴定 Sn^{2+} 的特征反应。

$$SnCl_2 + 2HgCl_2 = SnCl_4 + Hg_2Cl_2\downarrow(\text{白色})$$

$$SnCl_2 + Hg_2Cl_2 = SnCl_4 + 2Hg\downarrow(\text{黑色})$$

Pb(Ⅳ)、Bi(Ⅴ)都具有强氧化性,如 PbO_2、$NaBiO_3$ 是实验室常用的氧化剂。在酸性介质中可将还原性较弱的 Mn^{2+} 离子氧化成紫红色的 MnO_4^- 离子。

$$5PbO_2 + 2Mn^{2+} + 4H^+ = 5Pb^{2+} + 2MnO_4^- + 2H_2O$$

$$5NaBiO_3 + 2Mn^{2+} + 14H^+ = 5Bi^{3+} + 5Na^+ + 2MnO_4^- + 7H_2O$$

3. 铅盐的溶解性

铅盐的溶解性见表 6-5。

4. 锑、铋、锡、铅硫化物及锑、锡硫代酸盐的性质

锑、铋、锡、铅硫化物均难溶于水,且有特征的颜色(表 6-9)。

表 6-9 锑、铋、锡、铅硫化物和锑、锡硫代酸盐的颜色及溶解性

硫化物	SnS	SnS_2	PbS	Sb_2S_3	Sb_2S_5	Bi_2S_3
颜色	棕色	黄色	黑色	橙红色	橙红色	黑色
酸碱性	碱性	两性偏酸	碱性	两性	两性偏酸	碱性
可溶于	$(NH_4)_2S_2$	$(NH_4)_2S$	稀 HNO_3	$(NH_4)_2S$	$(NH_4)_2S$	稀 HNO_3

上述硫化物的酸碱性与它们的氧化物相似,偏酸性的 SnS_2、Sb_2S_3、Sb_2S_5 可

溶于碱性的 Na_2S(或$(NH_4)_2S$)中，生成硫代酸盐。例如

$$SnS_2 + (NH_4)_2S = (NH_4)_2SnS_3$$

硫代酸盐不稳定，遇酸分解又产生硫化物沉淀。例如

$$SnS_3^{2-} + 2H^+ = SnS_2\downarrow + H_2S\downarrow$$

显碱性的 SnS 不溶于$(NH_4)_2S$ 中，但可溶于多硫化铵$(NH_4)_2S_x$，这是由于 S_x^{2-} 具有氧化性，将 SnS 氧化为 Sn(Ⅳ)而溶解。

$$SnS + S_2^{2-} = SnS_3^{2-}$$

PbS 能溶于浓 HCl 或 HNO_3 中。

$$PbS + 4HCl = H_2[PbCl_4] + H_2S\uparrow$$

$$3PbS + 8HNO_3 = 3Pb(NO_3)_2 + 2NO\uparrow + 3S\downarrow + 4H_2O$$

三、实验用品

仪器、用品：试管及试管架、铁架台、石棉网、煤气灯、小烧杯。

试剂、材料：H_2SO_4(2.0 mol · L^{-1})、HCl(浓，2.0 mol · L^{-1})、HNO_3(6.0 mol · L^{-1}，2.0 mol · L^{-1})、NaOH(6.0 mol · L^{-1}，2.0 mol · L^{-1})、K_2CrO_4(0.1 mol · L^{-1})、Na_2S(1.0 mol · L^{-1})、$(NH_4)_2S_2$(1.0 mol · L^{-1})、NaAc(饱和溶液)、$MnSO_4$(0.1 mol · L^{-1})、$SbCl_3$(0.1 mol · L^{-1})、$BiCl_3$(0.1 mol · L^{-1})、$Bi(NO_3)_2$(0.1 mol · L^{-1})、$SnCl_2$(0.1 mol · L^{-1})、$SnCl_4$(0.1 mol · L^{-1})、$Pb(NO_3)_2$(0.1 mol · L^{-1})、$HgCl_2$(0.1 mol · L^{-1})、KI(0.1 mol · L^{-1}，2.0 mol · L^{-1})、饱和 H_2S 水溶液、PbO_2(固体)、$NaBiO_3$(固体)、醋酸铅试纸。

四、实验内容

1. 锑、铋、锡、铅氢氧化物的生成和酸碱性

向 0.5 mL 0.1 mol · L^{-1} $SbCl_3$ 溶液中滴加 2 mol · L^{-1} NaOH 制备少量 $Sb(OH)_3$沉淀，观察沉淀的颜色。将沉淀分为两份，分别试验它在 2 mol · L^{-1} HCl 和 2 mol · L^{-1} NaOH 溶液中的溶解情况。写出离子反应方程式。

用同样的方法制备 $Bi(OH)_3$ 沉淀，并试验它在 2 mol · L^{-1} HCl、2 mol · L^{-1} NaOH 和 6 mol · L^{-1} NaOH 溶液中的溶解情况。写出离子反应方程式。

制备少量 $Sn(OH)_2$、$Pb(OH)_2$ 沉淀，并试验它们在酸、碱中的溶解情况(试验 $Pb(OH)_2$ 碱性时该用什么酸？为什么?)。写出离子方程式。

根据试验结果，比较 $Sb(OH)_3$ 和 $Bi(OH)_3$、$Sn(OH)_2$ 和 $Pb(OH)_2$ 酸碱性的强弱。

2. Sn(Ⅱ)的还原性和 Pb(Ⅳ)、Bi(Ⅴ)的氧化性

1) Sn(Ⅱ)的还原性

取 3～5 滴 0.1 mol · L^{-1} $HgCl_2$ 溶液，逐滴加入 0.1 mol · L^{-1} $SnCl_2$ 溶液，观

察沉淀颜色的变化。写出反应方程式。

取3～5滴0.1 mol·L^{-1} $SnCl_2$ 溶液，加入过量的2 mol·L^{-1} NaOH溶液（至沉淀溶解），然后滴加3～5滴0.1 mol·L^{-1} $BiCl_3$ 溶液，观察黑色沉淀的生成。写出反应方程式。

2）Pb(Ⅳ)的氧化性

取少量 PbO_2 固体，加入0.5 mL浓盐酸，检验生成的是什么气体（用什么方法检验）。写出反应方程式。

取2滴0.1 mol·L^{-1} $MnSO_4$ 溶液，加入2 mL 2 mol·L^{-1} HNO_3 溶液酸化，再加少量 PbO_2 固体，在水浴中加热，观察溶液颜色的变化。写出反应方程式。

3）Bi(Ⅴ)的氧化性

取2滴0.1 mol·L^{-1} $MnSO_4$ 溶液，加入1 mL 6 mol·L^{-1} HNO_3 溶液酸化，再加少量 $NaBiO_3$ 固体，观察溶液颜色的变化。写出反应方程式。

3. 难溶铅盐的生成和溶解性

取3～5滴0.1 mol·L^{-1} $Pb(NO_3)_2$ 溶液4份，分别加入3～5滴2 mol·L^{-1} HCl、2 mol·L^{-1} H_2SO_4、0.1 mol·L^{-1} KI和0.1mol·L^{-1} K_2CrO_4 溶液，观察沉淀的生成，并记录沉淀的颜色。写出反应方程式。

试验 $PbCl_2$ 沉淀在热水和浓盐酸中的溶解情况。写出有关的反应方程式。

试验 PbI_2 沉淀在过量2 mol·L^{-1} KI溶液中的溶解情况。写出有关的反应方程式。

试验 $PbSO_4$ 沉淀在6 mol·L^{-1} NaOH溶液和饱和NaAc溶液中的溶解情况。写出有关的反应方程式。

试验 $PbCrO_4$ 沉淀在6 mol·L^{-1} HNO_3 溶液中的溶解情况。写出反应方程式。

4. 锑、铋、锡、铅硫化物及锑、锡硫代酸盐的性质

在5支离心试管中分别取3～5滴0.1 mol·L^{-1} $SnCl_2$、$SnCl_4$、$SbCl_3$、$Pb(NO_3)_2$、$Bi(NO_3)_3$ 溶液，加入饱和 H_2S 水溶液（或5%硫代乙酰胺代替，但必须水浴加热），观察并记录沉淀的颜色。离心分离，洗涤沉淀，分别试验沉淀在1 mol·L^{-1} Na_2S、1 mol·L^{-1} $(NH_4)_2S_2$ 和6 mol·L^{-1} HNO_3 溶液作用下是否溶解。若沉淀溶解，再用2 mol·L^{-1} HCl酸化，又有什么现象产生？将实验结果记录在表6-10中。

表6-10 锑、铋、锡、铅硫化物及锑、锡硫代酸盐性质实验结果

硫化物	SnS	SnS_2	PbS	Sb_2S_3	Bi_2S_3
颜色					
加 Na_2S 溶解情况					
加 $(NH_4)_2S_2$ 溶解情况					
加 HNO_3 溶解情况					
溶解物再加 HCl 酸化					

根据实验现象，比较各种硫化物在性质上的差异，写出有关的反应方程式。

思考题

1. 检验 $NaBiO_3$ 氧化性实验中，为什么要选用 HNO_3 酸化？若选用 Mn^{2+} 离子作还原剂，Mn^{2+} 的用量对反应有何影响？

2. 实验室配制 $SnCl_2$ 溶液时，为什么既要加盐酸又要加锡粒？

3. 在试验 $Pb(OH)_2$ 的碱性时，应使用何种酸？为什么？

4. 试验 SnS 与 Na_2S 作用时，Na_2S 溶液为什么要新配制的？

5. 哪些硫化物能溶于 Na_2S 或 $(NH_4)_2S$ 溶液中？哪些硫化物能溶于 Na_2S_x 或 $(NH_4)_2S$ 溶液中？哪些硫化物不溶于 Na_2S 或 $(NH_4)_2S$ 溶液中？

6. 难溶铅盐溶解的条件是什么？本实验中哪些是降低了 Pb^{2+} 离子浓度？哪些是降低了酸根离子浓度？

实验二十七　d 区重要金属化合物(一)

一、实验目的

(1) 实验并了解铬和锰的各种氧化态化合物的生成和性质。

(2) 实验并掌握铬和锰各种氧化态化合物之间的转化条件。

二、实验提要

铬和锰分别是周期表ⅥB 和ⅦB 元素。铬的化合物中，其氧化值有 +2、+3、+6，其中以 +3、+6 为常见。而 Cr(Ⅵ)总是以 CrO_4^{2-}、$Cr_2O_7^{2-}$ 和 CrO_3 等形式存在。锰的化合物中锰的氧化值可以从 +2～+7，其中以 +2、+4、+7 为最常见。

Cr(Ⅲ)的氢氧化物具有两性。

在酸性溶液中，$Cr_2O_7^{2-}$ 为强氧化剂，易被还原为 Cr^{3+}，而在碱性溶液中，CrO_2^- 为较强还原剂，易被氧化成 CrO_4^{2-}。

Cr(Ⅵ)的酸根离子在溶液中存在以下平衡。

$$2CrO_4^{2-}(\text{黄色}) + 2H^+ \rightleftharpoons Cr_2O_7^{2-}(\text{橙色}) + H_2O$$

上述平衡在酸性介质中向右移动，碱性介质中向左移动。

在酸性介质中，$Cr_2O_7^{2-}$ 与 H_2O_2 反应生成蓝色过氧化铬 CrO_5，此反应可用来检验 Cr(Ⅵ)与 H_2O_2。

Mn(Ⅱ)在碱性溶液中易被空气氧化成棕色的 MnO_2 的水合物 $MnO(OH)_2$。但在酸性溶液中相当稳定，必须用强氧化剂，如 PbO_2、$NaBiO_3$ 等才能将其氧化

为 MnO_4^-。

在中性或弱酸性溶液中 MnO_4^- 和 Mn^{2+} 反应生成棕色的 MnO_2 沉淀；在碱性溶液中，MnO_4^- 和 MnO_2 反应生成绿色的 MnO_4^{2-}。MnO_4^{2-} 只能在强碱性条件下存在，在酸性、中性、弱碱性溶液中，都会歧化为 MnO_4^- 和 MnO_2。

$KMnO_4$ 是强氧化剂，在酸性、中性、碱性介质中和少量还原剂作用分别被还原成 Mn^{2+}、MnO_2、MnO_4^{2-}。

在酸性溶液中，Mn^{2+} 可被 $NaBiO_3$ 氧化成紫红色的 MnO_4^-，这个反应可用来鉴定 Mn^{2+}。

三、实验用品

仪器、用品：试管及试管架、铁架台、石棉网、煤气灯、小烧杯。

试剂、材料：H_2SO_4(3.0 mol·L^{-1}，1.0 mol·L^{-1})、HCl(浓，2.0 mol·L^{-1})、HNO_3(6.0 mol·L^{-1})、NaOH(6.0 mol·L^{-1}，1.0 mol·L^{-1}，0.1 mol·L^{-1})、HAc(2.0 mol·L^{-1})、K_2CrO_4(0.1 mol·L^{-1})、$K_2Cr_2O_7$(0.1 mol·L^{-1})、$KMnO_4$(0.1 mol·L^{-1}，0.01 mol·L^{-1})、Na_2SO_3(0.5 mol·L^{-1}，0.1 mol·L^{-1})、$BaCl_2$(0.1 mol·L^{-1})、$Cr_2(SO_4)_3$(0.1 mol·L^{-1})、$MnSO_4$(0.1 mol·L^{-1})、$AgNO_3$(0.1 mol·L^{-1})、$Pb(NO_3)_2$(0.1 mol·L^{-1})、H_2O_2(3%)、Na_2SO_3(固体)、MnO_2(粉末)、$NaBiO_3$(固体)、醋酸铅试纸。

四、实验内容

1. 铬的化合物的生成和性质

1) Cr(Ⅲ)氧化物的两性

以氯化铬或铬钾矾在试管中制备少量 $Cr(OH)_3$，并试验其两性(试验物质酸碱性的方法可见实验二十七)。

2) CrO_4^{2-} 和 $Cr_2O_7^{2-}$ 之间的转化

(1) 取少量 CrO_4^{2-} 溶液，加入你认为合适的试剂使其转化为 $Cr_2O_7^{2-}$。

(2) 在上述 $Cr_2O_7^{2-}$ 溶液中，加入你所选择的试剂使其转化为 CrO_4^{2-}。

3) Cr(Ⅲ)与 Cr(Ⅵ)之间的转化

(1) 取 2 滴 0.1 mol·L^{-1} $Cr_2(SO_4)_3$ 溶液，逐滴加入 1 mol·L^{-1} NaOH 溶液，观察生成物的颜色和状态。加入过量 6 mol·L^{-1} NaOH，观察变化。在溶液中加入足量 3% H_2O_2 溶液，微热，颜色如何变化？继续加热煮沸以赶走氧气。取出溶液 5 滴，用稀 HAc 酸化，加入 3% H_2O_2，检验溶液中的 CrO_4^{2-}。

以上反应可用来鉴定 Cr(Ⅲ)离子。

(2) 在酸化的 0.1 mol·L^{-1} $Cr_2O_7^{2-}$ 溶液中，加入少许 Na_2SO_3 固体，观察现

象，写出反应方程式。

4）重铬酸盐和铬酸盐的溶解性

分别在 CrO_4^{2-} 和 $Cr_2O_7^{2-}$ 溶液中各加入少量 0.1 mol·L^{-1} $Pb(NO_3)_2$、$BaCl_2$ 和 $AgNO_3$ 溶液，观察产物的颜色和状态，写出反应方程式。

2. 锰化合物的生成和性质

1）$Mn(OH)_2$的生成和性质

取 10 mL 0.1 mol·L^{-1} $MnSO_4$溶液，分成三份。

第一份：滴加 0.1 mol·L^{-1} NaOH 溶液，观察沉淀的颜色；振荡试管，观察沉淀的颜色有何变化。

第二份：滴加 0.1 mol·L^{-1} NaOH 溶液，产生沉淀后再加入过量 6 mol·L^{-1} NaOH 溶液，观察沉淀是否溶解。

第三份：滴加 0.1 mol·L^{-1} NaOH 溶液，迅速加入 2 mol·L^{-1}盐酸溶液，观察沉淀是否溶解。

写出上述有关的反应方程式，由此实验你能总结出 $Mn(OH)_2$ 具有什么性质吗？

2）Mn(Ⅱ)的还原性

在 2 滴 0.1 mol·L^{-1} $MnSO_4$溶液中，加入 6.0 mol·L^{-1}HNO_3 溶液，再加入少许固体 $NaBiO_3$，水浴加热，观察溶液颜色的变化，写出反应方程式。

3）MnO_2的生成和性质

(1) 向 0.1 mol·L^{-1} $KMnO_4$溶液中逐滴加入 0.2 mol·L^{-1} $MnSO_4$溶液，观察沉淀的颜色。往沉淀中加入 3.0 mol·L^{-1} H_2SO_4 溶液和 0.1 mol·L^{-1} Na_2SO_3溶液，沉淀是否溶解？写出有关的反应方程式。

(2) 取少量固体 MnO_2，加 1 mL 浓盐酸，静置片刻，观察溶液的颜色，加热，溶液的颜色有何变化，设法检验所产生的气体，写出反应方程式。

4）$KMnO_4$ 的氧化性

分别试验高锰酸钾溶液和亚硫酸钠溶液（新配制）在酸性（1.0 mol·L^{-1} H_2SO_4）、近中性（去离子水）、碱性（1.0 mol·L^{-1} NaOH）介质中的反应。根据实验结果说明在不同的介质中，$KMnO_4$ 的还原产物分别是什么。

5）MnO_4^{2-} 的生成和性质

(1) 取 0.5 mL 0.01 mol·L^{-1} $KMnO_4$ 溶液，加入数滴 6 mol·L^{-1} NaOH 溶液，再加入少量固体 MnO_2，观察溶液颜色的变化。离心分离，保留溶液做下面实验用。

(2) 取上述实验所得的 K_2MnO_4 溶液，分盛于 2 支试管中。在一支试管中加少量水，另一支试管中加少量 3 mol·L^{-1} H_2SO_4，观察现象，写出离子反应方程式。说明 MnO_4^{2-} 稳定存在的介质条件。

思考题

1. 根据实验，设计下列转化反应的条件(介质、氧化剂或还原剂)。

(1) Cr(Ⅵ) $\longrightarrow$ Cr(Ⅲ)

(2) Cr(Ⅲ) $\longrightarrow$ Cr(Ⅵ)

2. 在实验二十七的 Cr(Ⅲ)与 Cr(Ⅵ)的相互转化中，当 Cr(Ⅲ)转化为 Cr(Ⅵ)后，为什么要煮沸后才可以加酸？为什么要用乙酸酸化？

3. $KMnO_4$ 在不同的介质中还原产物不同，在实验中，你认为试剂加入的先后顺序对实验结果有无影响？为什么？

4. 用示意图表示锰的各种氧化态之间的转化条件(注明介质、氧化剂或还原剂)。

实验二十八　d 区重要金属化合物(二)

一、实验目的

(1) 掌握 Fe(Ⅱ)、Co(Ⅱ)、Ni(Ⅱ)化合物的还原性和 Fe(Ⅲ)、Co(Ⅲ)、Ni(Ⅲ)化合物的氧化性及其递变规律。

(2) 掌握 Fe、Co、Ni 的主要配位化合物的性质。

(3) 了解 Fe^{2+}、Fe^{3+}、Co^{2+}、Ni^{2+} 的分离与鉴定。

二、实验原理

铁、钴、镍是周期表中第ⅧB 族元素，常见的盐是 Fe(Ⅲ)、Fe(Ⅱ)、Co(Ⅱ)、Ni(Ⅱ)盐，其中硝酸盐、硫酸盐和卤化物易溶于水，这些金属的阳离子水合时颜色会发生变化。例如，Fe^{2+} 由白色变为浅绿色，Co^{2+} 由蓝色变为粉红色，而 Ni^{2+} 由黄色变为亮绿色。它们的盐从水中析出时，形成含结晶水的晶体，随着结晶水量的改变，其颜色也会发生变化。例如

$$\underset{(紫红色)}{CoCl_2 \cdot 6H_2O} \xrightarrow{50\ ℃} \underset{(蓝紫色)}{CoCl_2 \cdot 2H_2O} \xrightarrow{90\ ℃} \underset{(蓝色)}{CoCl_2 \cdot H_2O} \xrightarrow{120\ ℃} \underset{(粉红色)}{CoCl_2}$$

一般情况下，铁表现＋3(弱氧化性)和＋2(还原性)的氧化态，＋6 氧化态不稳定，具有强氧化性，Fe^{2+} 和 Fe^{3+} 比较容易相互转化。钴有＋3 和＋2 的氧化态，＋2 氧化态是简单钴化物的最稳定的氧化态，＋3 氧化态在配合物(如钴氨、钴氰等配合物)中表现稳定。镍的氧化态有＋2、＋3 及＋4 等几种，但镍的稳定氧化态是＋2。本实验只讨论这三种元素在最常见的＋2、＋3 氧化态下的情况。

这三种元素的 $M(OH)_3$ 和 $M(OH)_2$ 均为碱，一般情况下，它们的可溶性盐均发生水解，＋3 价盐比＋2 价盐更容易水解。

M(Ⅲ)在酸性介质中是氧化剂，随着原子序数增加，这三种元素三价离子的氧化性依次增强。

这三种元素的阳离子有空轨道，能形成很多种配合物。利用配合物的生成和颜色的改变，可以进行离子的鉴定和分离。

Fe^{2+} 和赤血盐 $K_3[Fe(CN)_6]$、Fe^{3+} 和黄血盐 $K_4[Fe(CN)_6]$ 作用，均可获得蓝色的 $KFe[Fe(CN)_6]$ 沉淀。Fe^{3+} 在弱酸性介质中还可与 KCNS 作用形成血红色配离子 $[Fe(CNS)_n]^{3-n}$，利用上述反应可鉴定 Fe^{2+} 和 Fe^{3+}。

Co^{2+} 与 KCNS 作用生成蓝色配离子 $[Co(CNS)_4]^{2-}$，该配离子在某些有机溶剂中较稳定，利用该反应可鉴定 Co^{2+}。

Ni^{2+} 在弱碱性（$NH_3 \cdot H_2O$）介质中与丁二酮肟生成鲜红色螯合物沉淀，这是鉴定 Ni^{2+} 的灵敏反应。

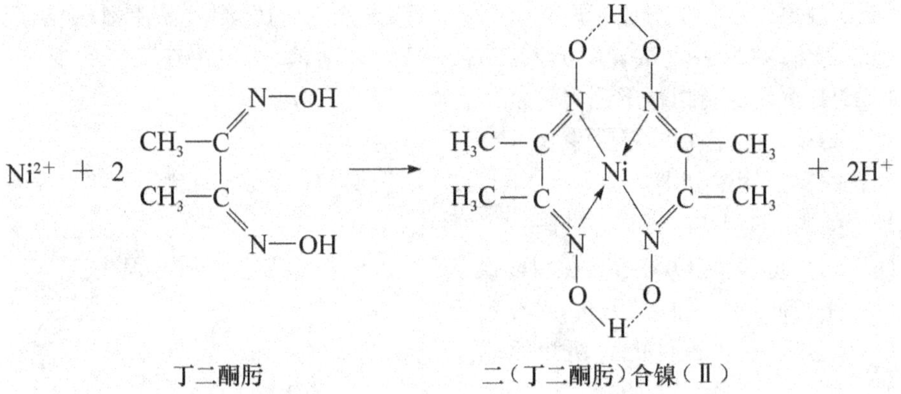

三、实验用品

仪器、用品：试管及试管架、铁架台、石棉网、煤气灯、小烧杯。

试剂、材料：H_2SO_4（1.0mol·L^{-1}）、HCl（浓，2.0 mol·L^{-1}）、NaOH（6.0 mol·L^{-1}，0.1 mol·L^{-1}）、$NH_3 \cdot H_2O$（6.0 mol·L^{-1}）、$KMnO_4$（0.01 mol·L^{-1}）、KI（0.1 mol·L^{-1}）、$K_3[Fe(CN)_6]$（0.01 mol·L^{-1}）、$K_4[Fe(CN)_6]$（0.01 mol·L^{-1}）、KSCN（饱和）、NH_4F（1.0 mol·L^{-1}）、$FeSO_4$（0.1 mol·L^{-1}）、$FeCl_3$（0.1 mol·L^{-1}）、$CoCl_2$（0.1 mol·L^{-1}）、$Ni(NO_3)_2$（0.1 mol·L^{-1}）、$NiSO_4$（0.1 mol·L^{-1}）、CCl_4、溴水、H_2O_2（3%）、丁二酮肟（1%）、丙酮、$(NH_4)_2Fe(SO_4)_2$（固体）、醋酸铅试纸。

四、实验内容

1. Fe（Ⅱ）、Co（Ⅱ）、Ni（Ⅱ）化合物的还原性

1) Fe（Ⅱ）化合物的还原性

(1) 设计并完成实验，证明 $FeSO_4$ 在酸性介质中能被 $KMnO_4$ 氧化，观察现象并写出离子反应方程式。

(2) 在一支试管中，加入 1 mL 去离子水和几滴稀 H_2SO_4，煮沸以赶去空气(为什么)，待冷却后，加入少量 $(NH_4)_2Fe(SO_4)_2 \cdot 6H_2O$ 固体，使其溶解，制得 $(NH_4)_2Fe(SO_4)_2$ 溶液。

在另一支试管中加入 6 mol・L^{-1}NaOH 溶液 3 mL，煮沸以赶去空气。待冷却后用滴管吸取 NaOH 溶液，插入 $(NH_4)_2Fe(SO_4)_2$ 溶液中(至试管底部)慢慢放出 NaOH 溶液(注意整个操作都要避免将空气带入溶液)。观察白色 $Fe(OH)_2$ 沉淀的生成。摇动放置一段时间，观察沉淀颜色的变化，写出离子反应方程式。

2) Co(Ⅱ)化合物的还原性

在试管中加入 0.1 mol・L^{-1} $CoCl_2$ 溶液 0.5 mL，滴加 6 mol・L^{-1} NaOH 溶液，观察现象。将沉淀分盛于两支试管中，一支试管中的沉淀放置片刻，观察沉淀颜色的变化；在另一支试管中加入数滴 3% H_2O_2 溶液，观察沉淀颜色的变化，将 CoO(OH)沉淀保留以做下列实验。写出离子反应方程式。

3) Ni(Ⅱ)化合物的还原性

在两支试管中分别制备少量 $Ni(OH)_2$ 的沉淀，观察沉淀的颜色。然后在一支试管中加入 3% H_2O_2 溶液，在另一支试管中加入几滴溴水，观察沉淀颜色的变化有何不同。将 NiO(OH)沉淀保留以做下列实验。写出离子反应方程式。

2. Fe(Ⅲ)、Co(Ⅲ)、Ni(Ⅲ)化合物的氧化性

(1) 自制少量 $Fe(OH)_3$ 沉淀(选用什么试剂)，然后加入浓 HCl，观察现象(有无 Cl_2 产生，应该怎样检验)。再加入 0.5 mL CCl_4 和 1 滴 0.1 mol・L^{-1}KI 溶液，观察 CCl_4 层颜色的变化。写出有关反应的离子方程式。

(2) 向上述实验制得的 CoO(OH)沉淀中，加入少量浓 HCl，观察现象，并检验所产生的气体。写出离子反应方程式。

(3) 向上述实验制得的 NiO(OH)沉淀中，加入少量浓 HCl，观察现象，并检验所产生的气体。写出离子反应方程式。

根据实验比较 $Fe(OH)_2$、$Co(OH)_2$、$Ni(OH)_2$ 还原性的强弱和 $Fe(OH)_3$、CoO(OH)、NiO(OH)氧化性的强弱。

3. 铁、钴、镍的配合物

1) 铁、钴配合物的生成实验

设计一组利用生成配合物反应的实验来鉴定下列离子，观察现象并写出各自的离子反应方程式。

① Fe^{2+}；② Fe^{3+}；③ Fe^{3+} 和 Co^{2+} 混合液中的 Co^{2+}。

提示：由于 $[Co(NCS)_4]^{2-}$ 在水溶液中不稳定，鉴定时要加饱和 KSCN 溶液或固体 KSCN，并用丙酮萃取；Fe^{3+} 对 Co^{2+} 鉴定反应有干扰，应选用试剂将 Fe^{3+} 掩蔽起来。

2) 镍配合物的生成实验

在试管中加 5 滴 0.1 mol・L^{-1} $NiSO_4$ 溶液，5 滴 6 mol・L^{-1} $NH_3 \cdot H_2O$，再

加入1滴1%丁二酮肟，观察鲜红色沉淀的生成。

3）氨合物的生成实验

(1) 取0.5 mL 0.1 mol·L^{-1} $FeCl_3$溶液，滴加6 mol·L^{-1} $NH_3·H_2O$直至过量，观察沉淀是否溶解。

(2) 在两支试管中分别加入0.5 mL浓度均为0.1 mol·L^{-1} $CoCl_2$溶液和$NiSO_4$溶液。然后再分别加入过量的6 mol·L^{-1} $NH_3·H_2O$，观察现象。静置片刻，观察溶液颜色有无变化。写出有关的离子反应方程式。

根据实验比较$[Co(NH_3)_6]^{2+}$、$[Co(NH_3)_6]^{3+}$稳定性的相对大小。

思考题

1. 如何选择合适的实验方法使$FeCl_2$变为$FeCl_3$，使$FeCl_3$变为$FeCl_2$，而不引进杂质？

2. 实验室中硅胶变色的原理是什么？

3. 配制$(NH_4)_2Fe(SO_4)_2$溶液，为何去离子水必须煮沸过？

4. 为什么Co(Ⅱ)离子在水溶液中可呈不同的颜色（粉红色、浅紫色或蓝紫色）？

5. 用氧化剂Br_2氧化制备CoO(OH)、NiO(OH)的过程中，应把制得沉淀后的溶液加热至沸，为什么？分离后所得沉淀需用水洗涤，洗去什么？如不这样做对其性质试验将会带来哪些影响？

Experiment 29　Important Metal Compounds of ds Block Elements

Ⅰ Purpose

(1) To grasp the reactions of Cu^{2+}, Ag^{+}, Zn^{2+}, Cd^{2+}, Hg^{2+} and Hg_2^{2+} with NaOH or $NH_3·H_2O$, respectively.

(2) To familiar the important coordination compounds of Cu^{2+}, Ag^{+}, Zn^{2+}, Cd^{2+}, Hg^{2+} and Hg_2^{2+}, and their properties.

(3) To master the interconvert conditions of Cu(Ⅰ) and Cu(Ⅱ) or Hg(Ⅰ) and Hg(Ⅱ).

(4) To find out the identification reactions of Cu^{2+}, Ag^{+}, Zn^{2+} and Hg^{2+}.

Ⅱ Principal

Cu, Ag and Zn, Cd, Hg are ⅠB group and ⅡB group elements in the periodic table, respectively.

1. Hydroxide(or Oxide) of Cu, Ag and Zn, Cd, Hg

Hydroxide(or oxide) of Cu, Ag and Zn, Cd, Hg are insoluble in water. Hydroxide of Ag and Hg are very unstable and easy to lost water molecule and then become Ag_2O, HgO and $Hg_2O(Hg+HgO)$. $Cu(OH)_2$ is also not stable and easy to lost one water to become CuO, especially when heated or storage for a long time. $Cu(OH)_2$ and $Zn(OH)_2$ are amphoteric compounds, while $Cd(OH)_2$ is basic and only slowly dissolves in hot stronger alkaline solutions. Ag_2O, HgO and $Hg_2O(Hg+HgO)$ are all insoluble in alkaline solutions.

2. Interconversion of Cu(Ⅰ) and Cu(Ⅱ)

$$E_A^{\ominus}/V \qquad Cu^{2+} \xrightarrow{0.153} Cu^+ \xrightarrow{0.521} Cu$$

(1) Disproportionation reaction can occur for Cu(Ⅰ) ion in solution, so Cu^+ is unstable in solution. It can only exist in some insoluble compounds such as Cu_2O, Cu_2S, CuCl etc, or in some very stable coordination compounds such as $[Cu(CN)_2]^-$ etc.

(2) If Cu(Ⅱ) converts into Cu(Ⅰ), adding reducing agent is a must, and it is also necessary to make Cu(Ⅰ) compounds insoluble or form very stable coordination compounds. For example, Cu powder can reduce $CuCl_2$ in hot, concentrated HCl or NaCl-HCl solution to form $[CuCl_2]^-$ complex. Dilution of the above solution with water will form insoluble CuCl. The following reactions can take place

$$Cu^{2+}(\text{blue}) + Cu + 4Cl^- \longrightarrow 2[CuCl_2]^- \ (\text{colorless})$$

$$[CuCl_2]^- \longrightarrow CuCl\downarrow(\text{white}) + Cl^-$$

$$Cu^{2+} + Cu + 2Cl^- \longrightarrow 2CuCl$$

The reason that the above reaction take place is that complexation ($[CuCl_2]^-$) or precipitation(CuCl) greatly decrease the concentration of Cu(Ⅰ) and thus change the electric potential of the redox pair.

$$E_A^{\ominus}/V \qquad Cu^{2+} \xrightarrow{0.51} CuCl \xrightarrow{0.17} Cu$$

3. Interconversion of Hg(Ⅰ) and Hg(Ⅱ)

$$E_A^{\ominus}/V \qquad Hg^{2+} \xrightarrow{0.920} Hg_2^{2+} \xrightarrow{0.797} Hg$$

(1) Disproportionation reaction can not occur spontaneously for Hg_2^{2+} and thus it is stable in solution. One can get Hg(Ⅰ) compound by the redox reaction between metal Hg and Hg(Ⅱ) complexes directly.

(2) Hg(Ⅰ) ion can convert to Hg(Ⅱ) ion by the disproportionation reaction of Hg_2^{2+} besides oxidative reactions. When Hg^{2+} form insoluble complexs or

coordination compounds, the Hg^{2+} concentration will be decrease which results in decrease of $E^{\ominus}_{Hg^{2+}/Hg_2^{2+}}$. The disproportionation reaction of Hg_2^{2+} can occur when the value of $E^{\ominus}_{Hg^{2+}/Hg_2^{2+}}$ is low than 0.797 V. For instance

$$Hg_2Cl_2 + 2NH_3 \cdot H_2O = Hg(NH_2)Cl\downarrow + Hg\downarrow + NH_4Cl + 2H_2O$$

$$2Hg_2(NO_3)_2 + 4NH_3 \cdot H_2O = HgO \cdot (NH_2)HgNO_3\downarrow + 2Hg\downarrow + 3NH_4NO_3 + 3H_2O$$

$$Hg_2^{2+} + S^{2-} = HgS\downarrow + Hg\downarrow$$

$$Hg_2^{2+} + 2OH^- = HgO\downarrow + Hg\downarrow + H_2O$$

$$Hg_2I_2 + 2I^- = [HgI_4]^{2-} + Hg\downarrow$$

Red-brown precipitate can be formed when $[HgI_4]^{2-}$ reacts with NH_4^+ in basic solution, which can identify NH_4^+.

$NH_4^+ + 2[HgI_4]^{2-} + 4OH^- =$ 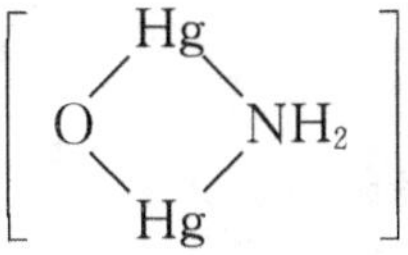 $I\downarrow + 7I^- + 3H_2O$

4. Silver halide

Silver halide is insoluble in water, but it is soluble when it forms coordination compounds. For example

$$AgCl + 2NH_3 = [Ag(NH_3)_2]^+ + Cl^-$$

$$AgBr + 2S_2O_3^{2-} = [Ag(S_2O_3)_2]^{3-} + Br^-$$

$$AgI + 2CN^- = [Ag(CN)_2]^- + I^-$$

Ⅲ Materials

Instruments: test tube, test tube rack, retort stand, asbestosed wire gauze, gas lamp, beaker.

Reagent: HCl(concentrated, 2.0 mol · L^{-1}), HNO_3(2.0 mol · L^{-1}), NaOH (40%, 6.0 mol · L^{-1}, 0.1 mol · L^{-1}), $NH_3 \cdot H_2O$(6.0 mol · L^{-1}, 2.0 mol · L^{-1}), KBr(0.1 mol · L^{-1}), KI(0.1 mol · L^{-1}), NaCl(saturation), NH_4Cl (0.1 mol · L^{-1}), $CuSO_4$(0.1 mol · L^{-1}), $CuCl_2$(1.0 mol · L^{-1}), $ZnSO_4$(0.1 mol · L^{-1}), $AgNO_3$(0.1 mol · L^{-1}), $CdSO_4$(0.1 mol · L^{-1}), $Hg(NO_3)_2$(0.1 mol · L^{-1}), Na_2S(1.0 mol · L^{-1}), $Hg_2(NO_3)_2$(0.1 mol · L^{-1}), $Na_2S_2O_3$(0.1 mol · L^{-1}), starch solution, copper powder.

Ⅳ Procedures

1. Formation and preparation of oxides

(1) Prepare a small amount of $Cu(OH)_2$ precipitate and observe the color.

Then put Cu (OH)$_2$precipitate in three different test tubes, respectively. 2 mol • L^{-1} HCl was dropped into one test tube; 6 mol • L^{-1} NaOH into another; and the third test tube was heated. Observe the experimental phenomena and write out ionic reaction equations.

(2) Prepare a small amount of $Zn(OH)_2$ precipitate and prove its amphoteric properties by experiments. Observe the experimental phenomena and write out ionic reaction equations.

(3) Put a small amount of $AgNO_3$, $CdSO_4$, $Hg(NO_3)_2$, $Hg_2(NO_3)_2$ solution into four different test tubes, respectively. Gradually add 2 mol • L^{-1} NaOH into each of them dropwisely. Observe the color of all precipitate, and then continue to drop excessive solution of 6 mol • L^{-1} NaOH into the four different test tubes. Observe carefully whether the precipitate dissolved or not. Write out ionic reaction equations.

According to the experimental results, compare the thermal stability of Cu(Ⅱ), Ag(Ⅰ), Hg(Ⅱ), Hg(Ⅰ) hydroxides and give out the conclusion.

2. Formation and properties of coordination compounds

1) Formation and properties of ammine complexes

(1) Put a small amount of $CuSO_4$, $ZnSO_4$, $CdSO_4$ solution into three different test tubes, respectively. Gradually add 2 mol • L^{-1} NH_3 • H_2O into each of them (not excess) dropwisely. Observe the color of all precipitate. Continue to add excessive solution of 6 mol • L^{-1} NH_3 • H_2O into the three different test tubes and observe the experimental phenomena. Reserve $[Cu(NH_3)_4]^{2+}$ solution for the following experiments. Finally, write out ionic reaction equations.

(2) Small amount of $Hg(NO_3)_2$ and $Hg_2(NO_3)_2$ solution were put into two different test tubes, respectively. Gradually added NH_3 • H_2O into each of them dropwisely until excess NH_3 • H_2O was added. Observe the experimental phenomena and write out ionic reaction equations.

(3) Divide $[Cu(NH_3)_4]^{2+}$ solution of prepared above into three different test tubes, respectively. Add two drops of 2 mol • L^{-1} NaOH into one test tube; 0.1 mol • L^{-1} Na_2S into another test tube and 2 mol • L^{-1} HCl into the third test tube dropwsely. Observe the experimental phenomena and write out ionic reaction equations.

2) Coordination compounds of silver

(1) Prepare small amount of AgCl precipitate, and then put in two different test tubes, respectively. 2 mol • L^{-1} NH_3 • H_2O was added dropwisely into one

test tube, 0. 1 mol・L^{-1} $Na_2S_2O_3$ into another test tube. Observe the solubility of AgCl precipitate and write out ionic reaction equations.

(2) Prepare small amount of AgBr and AgI precipitate, respectively. Test their solubilities in the solutions of $NH_3 \cdot H_2O$ and $Na_2S_2O_3$, respectively. Write out ionic reaction equations.

According to the experimental results, compare the solubilities of AgX and give out the conclusion.

3) Coordination compounds of mercury

(1) Put two drops of 0. 1 mol・L^{-1} $Hg(NO_3)_2$ solution into a test tube, then add several drops of 0. 1 mol・L^{-1} KI solution. Observe the color of precipitate, and then continue to add excessive KI solution. Observe the experimental phenomena and write out ionic reaction equations.

Nessler reagent can be made by adding several drops of 40% NaOH solution into the solution of experiment (1). Then put one drop NH_4Cl solution on spot plate, and then add one or two drops Nessler reagent prepared above. Observe the experimental phenomena and write out ionic reaction equations.

(2) The reaction method of (2) was similar to that of (1) except 0. 1 mol・L^{-1} $Hg(NO_3)$ was replaced by 0. 1 mol・L^{-1} $Hg_2(NO_3)_2$. Observe the experimental phenomena, write out ionic reaction equations. Summarize the differences of experimental phenomena of $Hg(NO_3)_2$ or $Hg_2(NO_3)_2$ reaction with KI by comparing the experiment (1) and (2).

4) Formation of cuprous halide

(1) Formation and properties of cuprous chloride

Prepare small amount of copper powder and put it in a test tube. The test tube were added ten drops of 1 mol・L^{-1} $CuCl_2$, eight drops of saturated NaCl and two drops concentrated HCl solution, respectively. Heat the test tube until the solution becomes colorless and then stops. Pour all solution into 50 mL water in a small beaker (Do not pour the excessive copper powder into the small beaker). Observe the formation of white precipitate.

Put a small amount of 2 mol・L^{-1} $NH_3 \cdot H_2O$ and concentrated HCl solutions into two different test tubes, respectively. To each of the solution was added small amount CuCl precipitate by pipette with exhausted air. Observe the experimental phenomena and write out ionic reaction equations.

(2) Formation of cuprous iodide

Put 0. 1 mol・L^{-1} $CuSO_4$ solution (0. 5 mL) into a test tube, then add 0. 1

mol · L^{-1}KI solution dropwisely. Centrifuge separation the precipitate. One drop of the supernatant fluid from the centrifuge tube was added into another test tube, then dilutes it with water, and then adds starch solution into it to test whether there is I_2 generated in solution. Filter and wash precipitate, and then observe the color of precipitate. Write out ionic reaction equations.

Post-lab Questions

1. How to stabilize Cu(Ⅰ) or Cu(Ⅱ)? How can they interconvert?

2. The products generated from CuCl reaction with $NH_3 \cdot H_2O$ or concentrated HCl are usually blue or yellow, why?

3. Why can it generate CuI precipitate when the solution of KI was added into the solution of $CuSO_4$, while it can not generate CuCl precipitate just KCl replacing KI?

4. How to prepare and stock $Hg_2(NO_3)_2$ solution?

实验三十 常见阴离子的分离和鉴定

一、实验目的

(1) 学习掌握常见阴离子的分离和鉴定方法，培养学生分析、判断的能力。

(2) 熟悉常见阴离子的有关分析特性。

二、实验提要

阴离子主要是非金属元素组成的简单离子和复杂离子，常见的重要的阴离子有 Cl^-、Br^-、I^-、S^{2-}、SO_3^{2-}、$S_2O_3^{2-}$、SO_4^{2-}、NO_2^-、NO_3^-、PO_4^{3-}、CO_3^{2-}、$Cr_2O_7^{2-}$、MnO_4^-、ClO_3^- 等，其中有些阴离子具有还原性，有些阴离子具有氧化性，它们互不相溶，所以很少有多种阴离子共存。正因为阴离子彼此干扰较少，且很多阴离子有特效反应，所以通常用分别分析的方法。为了简化分析步骤，往往利用各种阴离子的沉淀性质、氧化还原性质、与酸反应性质等，预先做初步试验，分析判断溶液中不可能存在的阴离子，然后对可能存在的阴离子进行个别检验。只有在鉴定某些阴离子发生相互干扰时，如 Cl^-、Br^-、I^- 共存，S^{2-}、SO_3^{2-}、$S_2O_3^{2-}$ 共存时，才做适当的系统分离。

在进行混合阴离子的分析时，一般是利用阴离子的分析特性进行初步试验，确定离子存在的可能范围，然后进行个别离子的鉴定。阴离子的分析特性主要有以下几点。

(1) 低沸点酸和易分解酸的阴离子与酸反应放出气体或产生沉淀，利用产生气体的物理化学性质(表 6-11)，可初步推断阴离子 CO_3^{2-}、S^{2-}、SO_3^{2-}、$S_2O_3^{2-}$、NO_2^- 是否存在。

表 6-11　常见阴离子与酸反应的现象与推断

观察到的现象(有气泡产生)			可能的结果		说明
气体颜色	气体气味	析出气体的性质	气体组成	存在的阴离子	
无色	无臭	析出气体时产生嗞嗞声，并使石灰水变浑浊	CO_2	CO_3^{2-}	SO_2 也能使石灰水变浑浊
无色	窒息性燃硫味	使碘-淀粉溶液或稀 $KMnO_4$ 溶液褪色	SO_2	SO_3^{2-}、$S_2O_3^{2-}$(同时析出 S)	H_2S 也能使碘-淀粉溶液或稀 $KMnO_4$ 溶液褪色
无色	腐蛋气味	使 $PbAc_2$ 试纸变黑	H_2S	S^{2-}	
棕色	刺激性臭味		NO、NO_2	NO_2^-	

(2) 除碱金属盐和 NO_3^-、ClO_3^-、ClO_4^-、Ac^- 等阴离子形成的盐易溶解外，其余的盐类大多数是难溶的。目前一般多采用钡盐和银盐的溶解度差别，将常见的阴离子分成 3 组，见表 6-12。由此可确定整组离子是否存在。

表 6-12　常见阴离子的分组

组别	试剂	组内阴离子	特性
第一组	$BaCl_2$(中性或弱碱性)	CO_3^{2-}、SO_4^{2-}、SO_3^{2-}、$S_2O_3^{2-}$、PO_4^{3-}	钡盐难溶于水(除 $BaSO_4$ 外其他钡盐溶于酸)；银盐溶于 HNO_3
第二组	$AgNO_3$(稀、冷 HNO_3)	S^{2-}、Cl^-、Br^-、I^-	银盐难溶于水和稀 HNO_3(Ag_2S 溶于热 HNO_3)
第三组	无	NO_2^-、NO_3^-、Ac^-	钡盐和银盐都溶于水

(3) 除 Ac^-、CO_3^{2-}、SO_4^{2-} 和 PO_4^{3-} 外，绝大多数阴离子具有不同程度的氧化还原性，在溶液中可能相互作用，改变离子原来的存在形式。

在酸性溶液中，强还原性的阴离子 S^{2-}、SO_3^{2-}、$S_2O_3^{2-}$ 可被 I_2 氧化。利用加入碘-淀粉溶液后是否褪色，可判断这些阴离子是否存在。用强氧化剂 $KMnO_4$ 与之作用，若红色消失，还可能有 Br^-、I^- 弱还原阴离子存在；若红色不消失，则上述还原性阴离子都不存在。Cl^- 的还原性更弱，只有在 Cl^- 和 H^+ 浓度较大时，才能将 $KMnO_4$ 还原。在酸性溶液中氧化性阴离子 NO_2^- 可氧化 I^- 成为 I_2，使淀粉溶液变蓝，用 CCl_4 萃取后，CCl_4 层显紫红色；而 NO_3^- 只有浓度大时才有类似反应。

三、实验用品

仪器、用品：离心机、离心管、试管、点滴板。

试剂、材料：HCl(2mol·L^{-1}，6 mol·L^{-1}，浓)、H_2SO_4(3 mol·L^{-1}，6 mol·L^{-1}，浓)、HNO_3(2 mol·L^{-1}，6 mol·L^{-1}，浓)、HAc(2 mol·L^{-1})、NaOH(2 mol·L^{-1}，6 mol·L^{-1})、$NH_3·H_2O$(2 mol·L^{-1}，6 mol·L^{-1}，浓)、$BaCl_2$(1.0 mol·L^{-1}，浓，0.1 mol·L^{-1})、$AgNO_3$(0.1 mol·L^{-1})、NaCl(0.1 mol·L^{-1})、KBr(0.1 mol·L^{-1})、KI(0.1 mol·L^{-1})、$NaNO_3$(0.1 mol·L^{-1})、Na_3PO_4(0.1 mol·L^{-1})、$Na_2S_2O_3$(0.1 mol·L^{-1})、KI(0.01 mol·L^{-1})、$KMnO_4$(0.01 mol·L^{-1})、Na_2S(0.1mol·L^{-1})、$NaNO_2$(0.1 mol·L^{-1})、$K_4[Fe(CN)_6]$(0.1 mol·L^{-1})、NH_4Cl(饱和溶液)、$ZnSO_4$(饱和)、Na_2CO_3(1.0 mol·L^{-1})、二苯胺的 H_2SO_4 浓溶液、$Na_2[Fe(CN)_5NO]$溶液、$Ca(OH)_2$溶液、H_2O_2(3%)、新配制的 NaClO 溶液、$(NH_4)_2MoO_4$(0.1 mol·L^{-1})、$PbCO_3$(固体)、$FeSO_4·7H_2O$(固体)、Ag_2SO_4(固体)、Na_2SO_3(固体)、$NaNO_2$(固体)、CCl_4、氯水、碘-淀粉溶液、钼酸铵试剂、醋酸铅试纸、重铬酸钾试纸、淀粉碘化钾试纸、锌粉、尿素。

四、实验内容

1. 初步试验

1) 稀 H_2SO_4 试验

取试液 5 滴加 3 mol·L^{-1} H_2SO_4 并在水浴中加热，若有气泡产生，表示可能还含有 CO_3^{2-}、S^{2-}、SO_3^{2-}、$S_2O_3^{2-}$、NO_2^- 等阴离子，则应注意气体的颜色和气味，并用相应的试纸鉴别，从而判断存在哪一种或哪几种阴离子；若没有气泡产生，则表示 S^{2-}、SO_3^{2-}、$S_2O_3^{2-}$、NO_2^- 等离子不存在。

2) $BaCl_2$ 试验

取试液 5 滴加入 2 滴 1.0 mol·L^{-1} $BaCl_2$ 溶液，若生成沉淀，则表示可能有 SO_4^{2-}、SO_3^{2-}、$S_2O_3^{2-}$、PO_4^{3-}、CO_3^{2-} 等离子存在。然后离心分离，在沉淀中加入 6 mol·L^{-1} HCl 数滴，若沉淀不溶解，则表示有 SO_4^{2-} 存在；若没有沉淀生成，则上述阴离子不存在。

3) $AgNO_3$ 试验

取试液 5 滴加入 2 滴 0.1 mol·L^{-1} $AgNO_3$ 溶液，若立即生成黑色沉淀表示有 S^{2-} 存在，若生成白色沉淀，且很快变黄、变棕，后变黑，表示有 $S_2O_3^{2-}$ 存在。离心分离，在沉淀中加入数滴 6 mol·L^{-1} HNO_3，必要时加热，若沉淀不溶或部分溶解，表示可能有 Cl^-、Br^-、I^- 存在。

4) 还原性阴离子试验

(1) 取试液 5 滴，用 3 mol·L^{-1} H_2SO_4 酸化，并滴加 0.01 mol·L^{-1} $KMnO_4$

溶液，观察紫色是否褪去。若紫色褪去，哪些阴离子可能存在？写出反应方程式。

(2) 取试液 5 滴，用 2 $mol \cdot L^{-1}$ NaOH 溶液调至碱性，并滴加 0.01 $mol \cdot L^{-1}$ $KMnO_4$溶液，观察紫色是否褪去。若紫色褪去，哪些阴离子可能存在？写出反应方程式。

(3) 取未知试液 5 滴，用 3 $mol \cdot L^{-1}$ H_2SO_4酸化，并滴加碘-淀粉溶液。若蓝色褪去，哪些阴离子可能存在？写出反应方程式。

5) 氧化性阴离子试验

取试液 5 滴，用 3 $mol \cdot L^{-1}$ H_2SO_4酸化，加入 4 滴 CCl_4，再加 0.1 $mol \cdot L^{-1}$ KI 溶液 2 滴，观察 CCl_4 层变化。若 CCl_4 层显紫色，是否说明 NO_2^- 可能存在？写出反应方程式。

综上所述，阴离子的初步试验分以上五个方面，试将结果填入表 6-13 中。

表 6-13 阴离子初步试验结果

阴离子	稀 H_2SO_4 试验	$BaCl_2$ 试验	$AgNO_3$ 试验	还原性离子试验			氧化性阴离子试验	综合判断
				$KMnO_4$ 酸性	$KMnO_4$ 碱性	碘-淀粉		
SO_3^{2-}								
SO_4^{2-}								
$S_2O_3^{2-}$								
S^{2-}								
Cl^-								
Br^-								
I^-								
NO_3^-								
NO_2^-								
PO_4^{3-}								

2. 常见阴离子的鉴定

1) Cl^- 离子的鉴定

取含 Cl^- 的试液(0.1 $mol \cdot L^{-1}$ NaCl) 5 滴，加入稀 HNO_3酸化后，滴入 0.1 $mol \cdot L^{-1}$ $AgNO_3$溶液生成白色沉淀，该白色沉淀溶于 $NH_3 \cdot H_2O$ 中。当再用 HNO_3酸化时，又析出白色沉淀，表示有 Cl^- 存在。SCN^- 也能与 Ag^+ 生成白色沉淀 AgSCN，因此，当 SCN^- 存在时会干扰 Cl^- 的鉴定。但在 $NH_3 \cdot H_2O$ (2 $mol \cdot L^{-1}$)溶液中，AgSCN 难溶，AgCl 易溶，并生成$[Ag(NH_3)_2]^+$，则可将 SCN^- 分离除去。在清液中加入 HNO_3，提高酸度，使 AgCl 沉淀再次析出。

2) Br^-、I^- 的鉴定

在两支试管中分别取含 Br^-(0.1 $mol \cdot L^{-1}$ KBr)、含 I^-(0.1 $mol \cdot L^{-1}$ KI)的

试液 5 滴，各加入 CCl_4 10 滴，再逐滴加入饱和氯水，振荡。若 CCl_4 层呈橙色，表示有 Br^-；若 CCl_4 层呈紫红色，表示有 I^-（注：在进行 Br^- 的个别鉴定时，若试液中有 S^{2-}、SO_3^{2-}、I^- 等还原性阴离子存在时，氯水先氧化这些还原性阴离子，所以氯水应适当过量）。

3) NO_2^- 的鉴定

取含 NO_2^- 的试液 5 滴，用 3 $mol \cdot L^{-1}$ H_2SO_4 酸化，再加入 3 滴 0.1 $mol \cdot L^{-1}$ KI 和 CCl_4 10 滴，振荡。若 CCl_4 层呈紫红色，表示有 NO_2^- 存在。

4) NO_3^- 的鉴定

(1) 向盛有 0.1 $mol \cdot L^{-1}$ $NaNO_3$ 溶液的试管中加入 3 $mol \cdot L^{-1}$ H_2SO_4 酸化，沿试管壁慢慢加入 0.5 mL 二苯胺的浓 H_2SO_4 溶液。若在两种溶液的界面处出现蓝色环，则表示有 NO_3^- 存在。

(2) 在点滴板上滴加一滴试液，加入一颗硫酸亚铁晶体，沿晶体边缘滴加浓 H_2SO_4 溶液。若硫酸亚铁晶体四周形成棕色圆环，则表示有 NO_3^- 存在（注：NO_2^- 对鉴定有干扰，可加 0.1 g 尿素和数滴稀 H_2SO_4，煮沸试液使 NO_2^- 分解）。

5) $S_2O_3^{2-}$ 的鉴定

(1) 取含 $S_2O_3^{2-}$ 试液（0.1 $mol \cdot L^{-1}$ $Na_2S_2O_3$）5 滴，加几滴 0.1 $mol \cdot L^{-1}$ $AgNO_3$，生成白色沉淀。颜色逐渐由白→黄→棕→黑，则表示有 $S_2O_3^{2-}$ 存在。

(2) 取含 $S_2O_3^{2-}$ 试液（0.1 $mol \cdot L^{-1}$ $Na_2S_2O_3$）5 滴，加 2 $mol \cdot L^{-1}$ HCl 数滴加热。若溶液变浑浊，则表示有 $S_2O_3^{2-}$ 存在。

6) SO_3^{2-} 的鉴定

取含 SO_3^{2-} 试液（0.1 $mol \cdot L^{-1}$ Na_2SO_3）5 滴，加入 3 滴碘-淀粉溶液，用 2 $mol \cdot L^{-1}$ HCl 酸化。若蓝紫色褪去，表示有 SO_3^{2-} 存在（但试液中要保证无 S^{2-} 和 $S_2O_3^{2-}$）。

7) S^{2-} 的鉴定

(1)取含 S^{2-}（0.1 $mol \cdot L^{-1}$ Na_2S）的试液 5 滴，加数滴 2 $mol \cdot L^{-1}$ HCl。若产生的气体使 $PbAc_2$ 试纸变黑，表示有 S^{2-} 存在。

(2) 取含 S^{2-}（0.1 $mol \cdot L^{-1}$ Na_2S）的试液 1 滴于点滴板上，加 1 滴 $Na_2[Fe(CN)_5NO]$ 溶液，显示特殊的紫红色，表示有 S^{2-}。

8) SO_4^{2-} 的鉴定

取含 SO_4^{2-} 的试液 5 滴，加入 0.1 $mol \cdot L^{-1}$ $BaCl_2$ 溶液几滴。若有白色沉淀产生，加入稀 HCl，沉淀不溶，表示有 SO_4^{2-} 存在。为避免 $S_2O_3^{2-}$ 对鉴定的影响，应先加 HCl 酸化，除去沉淀后，再进行 SO_4^{2-} 的检出。

9) PO_4^{3-} 的鉴定

取含 PO_4^{3-}（0.1 $mol \cdot L^{-1}$ Na_3PO_4）的试液 3 滴，加入 6 滴浓 HNO_3 和 10 滴

0.1 mol·$L^{-1}$$(NH_4)_2MoO_4$ 溶液，微热。若生成黄色沉淀，表示有 PO_4^{3-} 存在。如果试液中存在 SO_3^{2-}、$S_2O_3^{2-}$ 等还原性离子，则六价钼会被还原成低价钼蓝，所以应在加入浓 HNO_3 后，立即加热煮沸，然后等温度降至 40～50℃，加钼酸铵试剂，以鉴定 PO_4^{3-}。

10) CO_3^{2-} 的鉴定

将试液酸化后产生的 CO_2 气体导入 $Ca(OH)_2$ 溶液，使之变浑浊。S^{2-} 和 SO_3^{2-} 等离子对鉴定有干扰，可在酸化前加入 H_2O_2 溶液，使 S^{2-} 和 SO_3^{2-} 氧化为 SO_4^{2-}，消除干扰。试管中取 5 滴试液，加入 5 滴 H_2O_2(3%)溶液，置于水浴上加热 3 min。如果检验溶液中无 S^{2-} 和 SO_3^{2-} 存在时，可向溶液中一次加入 20 滴 HCl 溶液(6 mol·L^{-1})，并立即插入吸有 $Ca(OH)_2$ 溶液的带塞滴管，使滴管口悬挂 1 滴溶液，观察溶液是否变浑浊。

以上鉴定方法只适于不存在其他干扰离子的情况(表 6-14)，若是混合离子的试液，一般应先进行分离，再用以上方法鉴定。

表 6-14　常见阴离子的鉴定

离子	试剂	现象	条件
SO_4^{2-}	$HCl+BaCl_2$	白色沉淀($BaSO_4$)	酸性介质
CO_3^{2-}	$Ba(OH)_2$	$Ba(OH)_2$ 溶液浑浊($BaCO_3$↓)	酸化试液
PO_4^{3-}	$(NH_4)_2MoO_4$	磷钼酸铵黄色沉淀	HNO_3 介质，过量试剂
S^{2-}	HCl	$Pb(Ac)_2$ 试纸变黑(PbS↓)	酸性介质
	$Na_2[Fe(CN)_6NO]$	紫色 $Na_4[Fe(CN)_6NOS]$	碱性介质
$S_2O_3^{2-}$	HCl	溶液变浑	酸性介质，加热
SO_3^{2-}	$BaCl_2+H_2O_2$	白色沉淀	酸性介质
Cl^-	银氨溶液$+HNO_3$	白色沉淀	
Br^-	氯水$+CCl_4$	CCl_4 层黄色或橙黄色(Br_2)	
I^-	氯水$+CCl_4$	CCl_4 层紫色(I_2)	
NO_2^-	$KI+CCl_4$	CCl_4 层紫色(I_2)	HAc 介质
	对氨基苯磺酸+α-萘胺	红色染料	HAc 介质
NO_3^-	二苯胺	蓝色环	酸性介质
	$FeSO_4$(固体)$+H_2SO_4$	棕色环	

3. 几种干扰性阴离子共同存在时的分离和鉴定

1) S^{2-}、SO_3^{2-}、$S_2O_3^{2-}$ 混合液的分离鉴定

(1) S^{2-}的检出。取 1 滴试液于点滴板上，加 1 滴 $Na_2[Fe(CN)_5NO]$溶液，显示特殊的红紫色，表示有 S^{2-}。

(2) 除去 S^{2-}。由于 S^{2-}对其他阴离子有干扰必须除去。取 10 滴试液于离心试管中，加少量 $PbCO_3$ 固体，充分搅拌后，离心分离，弃去沉淀。取清液 1 滴用

$Na_2[Fe(CN)_5NO]$检验S^{2-}是否除尽。

(3) $S_2O_3^{2-}$ 的检出。取1滴除去S^{2-}的试液于点滴板上,加几滴0.1 mol·L^{-1} $AgNO_3$,生成白色沉淀,颜色逐渐由白→黄→棕→黑,表示有$S_2O_3^{2-}$。

(4) SO_3^{2-} 的检出。在点滴板上滴入2滴饱和$ZnSO_4$溶液,然后加1滴$K_4[Fe(CN)_6]$和1滴1% $Na_2[Fe(CN)_5NO]$,并用$NH_3 \cdot H_2O$将溶液调至中性,再滴加1滴除去S^{2-}后剩余的试液,若出现红色沉淀,表示有SO_3^{2-}。

2) Cl^-、Br^-、I^-混合液的分离鉴定

(1) AgCl、AgBr、AgI沉淀。取1 mL含Cl^-、Br^-、I^-的混合液于离心试管中,加2滴6 mol·L^{-1} HNO_3酸化,再加0.1 mol·L^{-1} $AgNO_3$至沉淀完全,在水浴中加热2 min,使卤化银聚沉。离心分离,弃去溶液,再用去离子水将沉淀洗涤2次,弃去洗涤液。

(2) Cl^-的分离和检出。在沉淀上加1 mL $NH_3 \cdot H_2O$(2 mol·L^{-1}),搅拌1 min,离心分离。清液用6 mol·L^{-1} HNO_3酸化,若有白色浑浊,表示有Cl^-。沉淀用水洗涤2次,弃去洗涤液。

(3) Br^-、I^-的溶出与检出。在上一步的沉淀中加6滴去离子水和少量锌粉,搅拌2~3 min,离心分离,弃去沉淀。溶液做检出Br^-、I^-用。将得到的清液分成两份,一份中加入CCl_4 4~5滴、$NaNO_2$固体少量、1 mol·L^{-1} H_2SO_4 1滴,摇匀后,CCl_4层出现紫红色,表示有I^-离子存在。另一份清液中加入CCl_4 4滴、6 mol·L^{-1} H_2SO_4 4~5滴,加入新配制的NaClO溶液,充分摇匀,CCl_4层出现紫红色,表示有I^-离子存在。再滴加新鲜的NaClO溶液,充分摇匀,CCl_4层紫色褪去,出现橘黄色又转变成黄色,表示有Br^-离子存在。

3) NO_2^-、NO_3^-混合液的分离鉴定

取试液4滴,用HAc酸化,加0.1 mol·L^{-1} KI和CCl_4振荡,有机层显紫红色,表示有NO_2^-。另取试液6滴,加入尿素并加热,去除NO_2^-。经检验确定无NO_2^-时,在溶液中加入少量$FeSO_4$固体,摇荡溶解后,将试管倾斜,从管壁慢慢滴入1 mL浓H_2SO_4。若硫酸层与水溶液层的界面处有"棕色环"出现,表示有NO_3^-。

为了提高分析的正确性,应进行空白试验和对照试验。空白试验是以去离子水代替试液,在相同条件下进行试验,以便确定试液中是否真正含有被鉴定的离子。对照试验是用已知含有鉴定离子的试液,在相同条件下进行试验,以便与未知试液的试验结果进行比较。

思考题

1. 阴离子的初步试验有哪些内容?为什么通过初步试验可以判断阴离子是

否存在？

2. 在鉴定 SO_3^{2-} 和 $S_2O_3^{2-}$ 时，怎样除去 S^{2-} 的干扰？

3. 在鉴定 NO_3^- 时，怎样除去 NO_2^- 的干扰？

4. 为什么用 $AgNO_3$ 鉴定卤素离子，要同时加些 HNO_3，有什么作用？

实验三十一　常见阳离子的分离和鉴定

一、实验目的

(1) 熟悉常见阳离子与常用试剂的反应。

(2) 掌握常见阳离子鉴定与分离的原理与方法。

二、实验提要

常见的重要阳离子有 NH_4^+、Na^+、K^+、Mg^{2+}、Ca^{2+}、Ba^{2+}、Al^{3+}、Pb^{2+}、Sn^{2+}、Sb^{3+}、Cu^{2+}、Cd^{2+}、Zn^{2+}、Co^{2+}、Ni^{2+}、Fe^{3+}、Mn^{2+}、Hg^{2+}、Cr^{3+} 等 20 多种，由于阳离子在个别定性检出时相互之间容易发生干扰，所以阳离子的分析一般都是利用阳离子的某些共同特性，先分成若干组，然后再根据阳离子的个别特性加以鉴定。

凡是能使一组阳离子在适当的反应条件下生成沉淀，从而与其他组阳离子分离的试剂称为组试剂。利用不同的组试剂把阳离子逐组分离，再进行鉴定的方法称为阳离子的系统分析。

阳离子的系统分析方法有多种。本实验结合学生学到的无机化学理论知识以及元素和化合物性质等知识，将 20 多种阳离子先分为六组。

第一组(易溶组)：NH_4^+、Na^+、K^+、Mg^{2+}；

第二组(氯化物组)：Ag^+、Pb^{2+}、Hg_2^{2+}；

第三组(硫酸盐组)：Ba^{2+}、Ca^{2+}、Pb^{2+}；

第四组(氨合物组)：Cu^{2+}、Cd^{2+}、Zn^{2+}、Co^{2+}、Ni^{2+}；

第五组(两性组)：Al^{3+}、Cr^{3+}、Sb(Ⅲ、Ⅴ)、Sn(Ⅱ、Ⅳ)；

第六组(氢氧化物组)：Fe^{2+}、Fe^{3+}、Bi^{3+}、Mn^{2+}、Hg^{2+}。

分离方法见阳离子系统分析图(图 6-2)。

在阳离子系统分析基础上，再根据各组离子的特性，加以分离和鉴定。

1. 第一组(易溶组)阳离子的分析

本组阳离子主要有 NH_4^+、K^+、Na^+、Mg^{2+} 等。它们的盐多数易溶于水，没有一种共同的试剂可作为组试剂，所以采用个别鉴定方法将它们检出。

(1) NH_4^+ 的鉴定。取两块表面皿，一块表面皿内滴入 2 滴试液与 2～3 滴 40%NaOH 溶液，另一块表面皿贴上红色石蕊试纸，然后将两块表面皿扣在一起做成气室。若红色石蕊试纸变蓝，则表示有 NH_4^+ 存在。

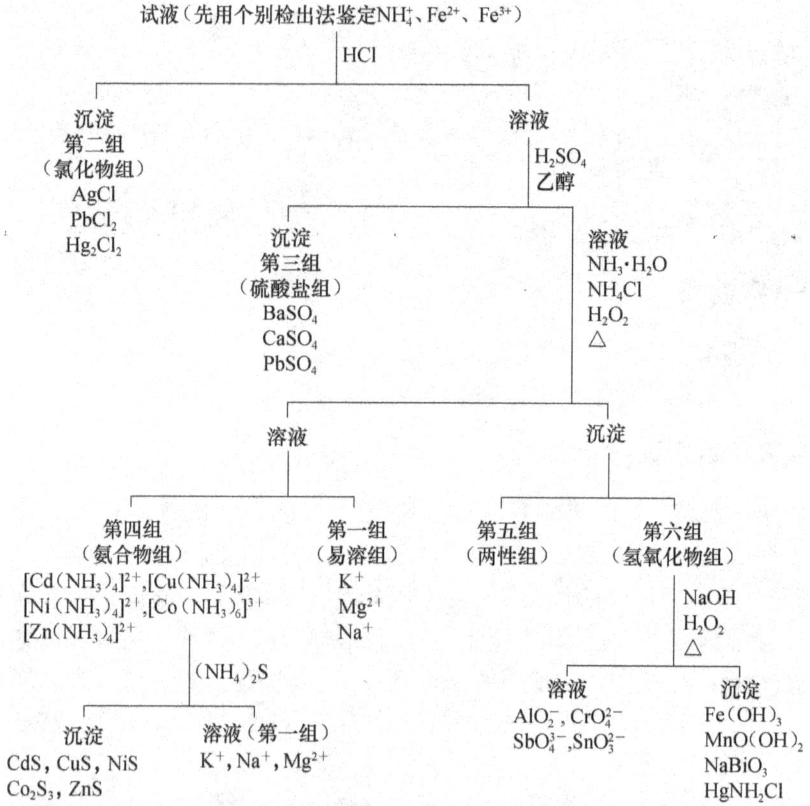

图 6-2 阳离子系统分析图

(2) K^+的鉴定。取试液 3～4 滴，加入 1～2 滴 6 mol·L^{-1} HAc 酸化，再加入 4～5 滴饱和 $Na_3[Co(NO_2)_6]$溶液，用玻璃棒搅拌，并摩擦试管内壁，片刻后若有黄色沉淀生成，则表明有 K^+存在。NH_4^+ 与 $Na_3[Co(NO_2)_6]$作用也能生成黄色沉淀，干扰 K^+的鉴定，应预先用灼烧法除去。

(3) Na^+的鉴定。取试液 3～4 滴，加入 1 滴 6 mol·L^{-1} HAc 及 7～8 滴乙酸铀酰锌溶液，用玻璃棒在试管内壁摩擦，若有黄色晶体沉淀生成，则表示有 Na^+存在。

(4) Mg^{2+}的鉴定。取 1 滴试液，加入 6 mol·L^{-1} NaOH 及镁试剂各 1～2 滴，搅拌均匀后，若有天蓝色沉淀生成，则表示有 Mg^{2+}存在。

2. 第二组（氯化物组）阳离子的分析

本组阳离子主要有 Ag^+、Hg_2^{2+}、Pb^{2+}等。它们的氯化物都不溶于水，但 $PbCl_2$ 可溶于 NH_4Ac 和热水中，AgCl 可溶于过量的 $NH_3 \cdot H_2O$ 中，因此，这三种离子检出时，可先把它们沉淀成氯化物，然后再进行鉴定。

取未知液 20 滴，加入 2 mol·L^{-1} HCl 至沉淀完全（若无沉淀，表示无本组离子)，离心分离(注意离心液保留作其他离子的分离与鉴定)。沉淀用 1 mol · L^{-1} HCl 洗涤 2 次，然后按氯化物组分析步骤示意图(图 6-3)进行分析和鉴定。

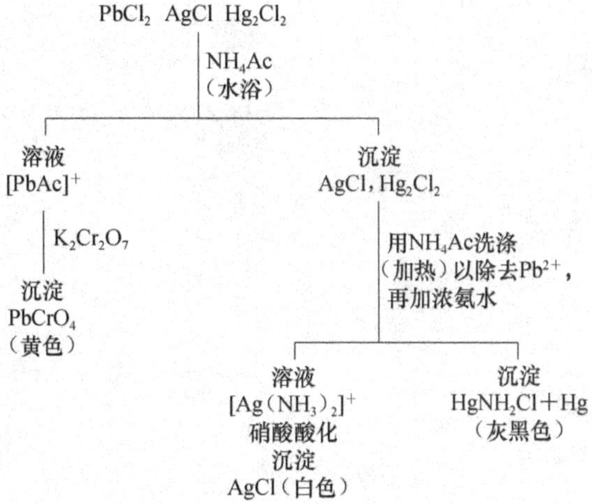

图 6-3　氯化物组分析步骤示意图

3. 第三组(硫酸盐组)阳离子的分析

本组阳离子有 Ba^{2+}、Ca^{2+}、Pb^{2+} 等。它们的硫酸盐都不溶于水，其中 $CaSO_4$ 溶解度稍大，所以 Ca^{2+} 只有在浓的 Na_2SO_4 溶液中才生成 $CaSO_4$ 沉淀，但加入乙醇后溶解度可明显降低。

用饱和 Na_2CO_3 溶液加热处理这些硫酸盐，则可转化为碳酸盐。

$$MSO_4 + CO_3^{2-} \longrightarrow MCO_3 \downarrow + SO_4^{2-}$$

$BaSO_4$需用饱和 Na_2CO_3 溶液反复加热处理，这些碳酸盐溶于 HAc 中。硫酸盐组阳离子还与可溶性草酸盐作用，生成白色草酸盐沉淀，其中 BaC_2O_4 溶解度较大，溶于 HAc 中。Ca^{2+} 在 EDTA 存在时，仍可与 $C_2O_4^{2-}$ 作用生成 CaC_2O_4 沉淀，而 Pb^{2+} 因与 EDTA 作用生成稳定的配合物而不产生沉淀，借此可使 Ca^{2+} 与 Pb^{2+} 分离。

取分离第二组的保留液 20 滴在水浴中加热，加入 1 mol · L^{-1} H_2SO_4 至沉淀完全后，再过量数滴(若无沉淀，表示无本组阳离子)，然后加入 95%乙醇数滴，静置冷却后离心分离(离心液保留作其他组阳离子分析)，沉淀用混合溶液(10 滴 1 mol · L^{-1} H_2SO_4 和 3～4 滴乙醇)洗涤 1～2 次，弃去洗涤液，然后按硫酸盐组分析步骤示意图(图 6-4)进行分析和鉴定。

4. 第四组(氨合物组)阳离子的分析

本组阳离子主要有 Cu^{2+}、Cd^{2+}、Zn^{2+}、Co^{2+}、Ni^{2+} 等。它们和过量的氨水都能生成相应的氨合物，而 Fe^{3+}、Al^{3+}、Mn^{2+}、Cr^{3+}、Bi^{3+}、Sb^{3+}、Sn^{2+}、Sn^{4+}、Hg^{2+} 等离

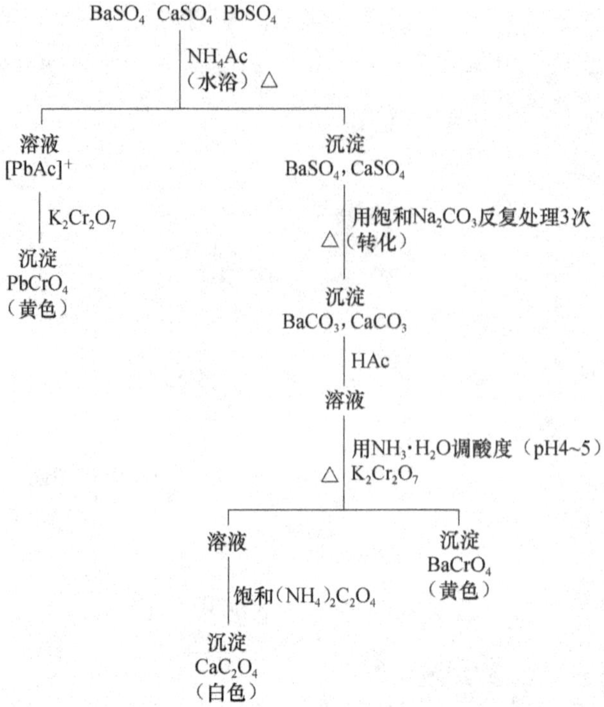

图 6-4　硫酸盐组分析步骤示意图

子在过量氨水中因生成氢氧化物沉淀与本组阳离子分离。Hg^{2+} 在大量 NH_4^+ 存在时，将与氨水形成$[Hg(NH_3)_4]^{2+}$而进入氨合物组。$Al(OH)_3$ 是典型的两性氢氧化物，能部分溶解在过量氨水中，因此加入铵盐可使 OH^- 浓度降低，从而防止$Al(OH)_3$的溶解。但是降低了 OH^- 浓度，将使 Mn^{2+} 不能形成氢氧化物沉淀，因此需在溶液中加入 H_2O_2，把 Mn^{2+} 氧化成溶解度小的 $MnO(OH)_2$ 棕色沉淀。所以本组阳离子的分离条件应为：在适量 NH_4Cl 存在时，加入过量氨水和适量 H_2O_2，此时本组阳离子因形成氨合物而与其他离子分离。

取分离第三组后的保留溶液 20 滴，加入 3 mol · L^{-1} NH_4Cl 2 滴，3% H_2O_2 3～4滴，用浓氨水碱化后，在水浴中加热，再加浓氨水直至沉淀不再生成，再过量4～5滴，取出，冷却后离心分离（沉淀保留作其他组阳离子的分析），离心液按氨合物组分析步骤示意图（图 6-5）进行分析和鉴定。

5. 第五组（两性组）和第六组（氢氧化物组）阳离子的分离和分析

第五组（两性组）阳离子有 Al^{3+}、Cr^{3+}、Sb（Ⅲ、Ⅴ）、Sn（Ⅱ、Ⅳ）等离子；第六组（氢氧化物组）阳离子有 Fe^{2+}、Fe^{3+}、Bi^{3+}、Mn^{2+}、Hg^{2+} 等离子。

这两组阳离子主要存在分离第四组后的沉淀中，利用 Al、Cr、Sb、Sn 的氢氧化物具有两性，可用过量的碱将这两组离子分离。

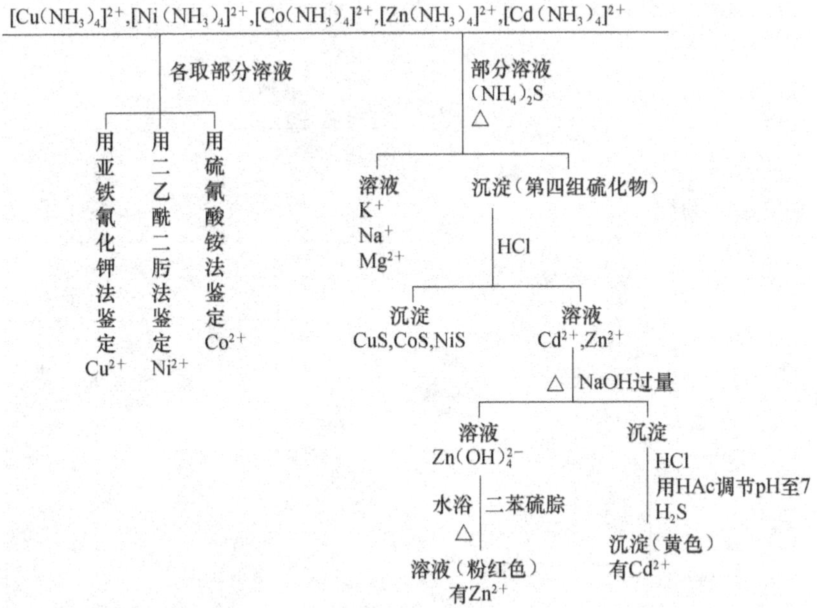

图 6-5 氨合物组分析步骤示意图

在分离第四组阳离子后保留的沉淀中加入 3% H_2O_2 溶液 3～4 滴，6 mol・L^{-1} NaOH 溶液 15 滴，在沸水浴中加热搅拌 3～5 min，使 CrO_2^- 氧化为 CrO_4^{2-} 离心分离。离心液作鉴定第五组阳离子用，沉淀作鉴定第六组阳离子用。其分析步骤示意图如图 6-6 所示。

6. 第五组阳离子 Cr^{3+}、Al^{3+}、Sb(Ⅴ)、Sn(Ⅳ)的鉴定

1) Cr^{3+}的鉴定

取离心液 3 滴，加乙醚 5 滴，逐滴加入浓 HNO_3 酸化，加 3% H_2O_2 2～3 滴，振荡，乙醚层出现蓝色表示有 Cr^{3+}存在。

2) Al^{3+}、Sb(Ⅴ)和 Sn(Ⅳ)的鉴定

将剩余离心液用 H_2SO_4 酸化，然后用氨水碱化，离心分离，弃离心液，沉淀用 0.1 mol・L^{-1} NH_4Cl 洗涤，加入 3 mol・L^{-1} NH_4Cl 及浓氨水各 2 滴、$(NH_4)_2S$ 溶液 7～8 滴，在水浴中加热至沉淀凝聚，离心分离(沉淀是什么? 离心液是什么)。

(1) Al^{3+}的鉴定。沉淀用含有数滴 0.1 mol・L^{-1} NH_4Cl 的溶液洗涤 1～2 次，加入 H_2SO_4 2～3 滴，加热使沉淀溶解，然后加入 3 mol・L^{-1} NaAc 溶液 3 滴、铝试剂 2 滴，搅拌，在沸水浴中加热 1～2 min。如果有红色絮状沉淀出现，表示有 Al^{3+}存在。

离心液用 HCl 逐滴中和至呈酸性后，离心分离，弃去离心液(沉淀是什么)。

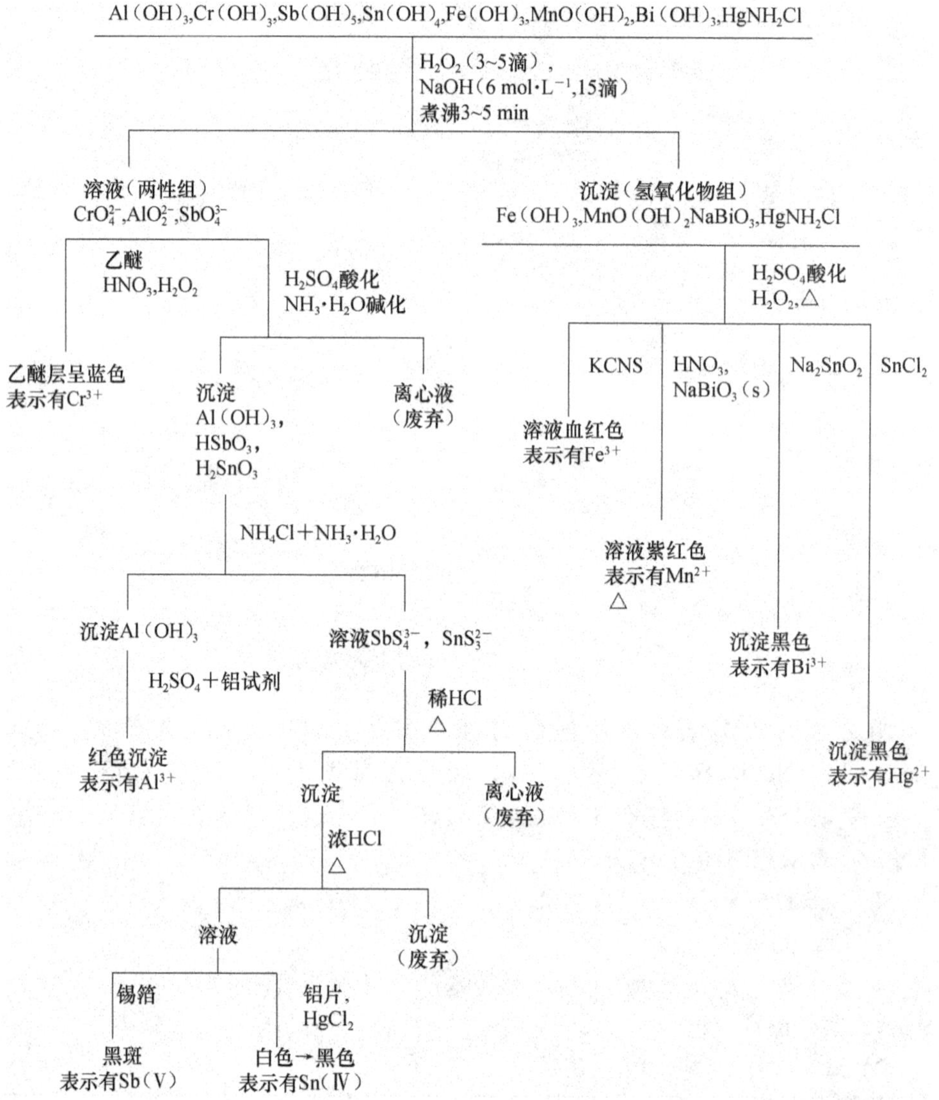

图 6-6 两性组和氢氧化物组分离分析步骤示意图

在沉淀中加入浓 HCl 15 滴,在沸水中加热充分搅拌,除尽 H_2S 后,离心分离,弃去不溶物(可能是硫)。

(2) Sn(Ⅳ)离子的鉴定。取上述离心液 10 滴,加入铝片或少许镁粉,在水浴上加热,使之完全溶解,再加浓 HCl 1 滴,加 $HgCl_2$ 2 滴,搅拌。若有白色或灰黑色沉淀析出,表示有 Sn(Ⅳ)存在。

(3) Sb(Ⅴ)离子的鉴定。取上述离心液 1 滴,滴在光亮的锡箔上,2～3 min 后如果锡箔上出现黑色斑点,表示有 Sb(Ⅴ)存在。

7. 第六组阳离子的鉴定

取第五组实验中所得的沉淀，加入 3 mol·L^{-1} H_2SO_4 10 滴，3% H_2O_2 2～3 滴，在充分搅拌下加热 3～5 min，以溶解沉淀和破坏过量的 H_2O_2。离心分离，弃去不溶物，离心液用于下列 Mn^{2+}、Bi^{3+}、Fe^{3+} 和 Hg^{2+} 的鉴定。

1) Mn^{2+} 的鉴定

取离心液 2 滴，加入 HNO_3 数滴，加入少量 $NaBiO_3$ 固体(约火柴头大小)。搅拌、离心沉降，如果溶液呈紫红色，表示有 Mn^{2+} 存在。

2) Bi^{3+} 的鉴定

取离心液 2 滴，加入亚锡酸钠溶液数滴，如果有黑色沉淀出现表示有 Bi^{3+} 存在。

3) Hg^{2+} 的鉴定

取离心液 2 滴，加入新配制的 $SnCl_2$ 数滴，若有白色或灰黑色沉淀析出，表示有 Hg^{2+} 存在。

4) Fe^{3+} 的鉴定

取离心液 1 滴，加入 KSCN 溶液 1 滴，若溶液呈红色，表示有 Fe^{3+} 存在。

三、实验用品

仪器、用品：离心机、离心管、试管。

试剂、材料：H_2O_2(3%)、H_2S(饱和)、$NaBiO_3$(固体)、HCl(2 mol·L^{-1})、HNO_3(6 mol·L^{-1}，浓)、HAc(6 mol·L^{-1})、H_2SO_4(1 mol·L^{-1}，3 mol·L^{-1})、$NH_3·H_2O$(6 mol·L^{-1}，浓)、NaOH(6 mol·L^{-1})、$K_2Cr_2O_7$(0.1 mol·L^{-1})、K_2CrO_4(0.1 mol·L^{-1})、$K_4[Fe(CN)_6]$(0.1 mol·L^{-1})、$SnCl_2$(0.1 mol·L^{-1})、KCNS(0.1 mol·L^{-1})、$HgCl_2$(0.1 mol·L^{-1})、KCNS(饱和)、Na_2CO_3(饱和)、NH_4Ac(3 mol·L^{-1})、NaAc(3 mol·L^{-1})、NH_4Cl(3 mol·L^{-1})、$(NH_4)_2S$(6 mol·L^{-1})、铝、锡片、乙醇(95%)、戊醇、丁二酮肟、二苯硫腙、乙醚、丙酮、铝试剂、镁试剂、pH 试纸。

四、实验内容

(1) 根据实验原理，分别鉴定上述 16～22 种常见阳离子，观察实验现象，写出反应方程式。

(2) 配制下列各组溶液，并设计合理的分离鉴定步骤，记录每步的实验现象。

① K^+、Na^+、NH_4^+、Mg^{2+}；② Cr^{3+}、Al^{3+}、Zn^{2+}、Cd^{2+}；③ Fe^{3+}、Co^{2+}、Ni^{2+}、Mn^{2+}；④ Ag^+、Hg^{2+}、Cu^{2+}、Pb^{2+}；⑤ Ba^{2+}、Sn^{4+}、Sb^{3+}、Bi^{3+}

(3) 自行设计若干种混合离子溶液的分离方案，并验证之。

思考题

1. 本实验将常见阳离子分为六组，各组有哪些离子？

2. 如果未知液呈碱性，哪些离子可能不存在？

3. 在分离五、六组离子时，为何要加过量 $NaOH$、H_2O_2，以及加热？

4. 用 NH_4SCN 法鉴定 Co^{2+} 时，Fe^{3+} 的存在有无干扰，应如何消除？

5. 从氨合物组中鉴定 Co^{2+} 时，为什么要加 HCl 酸化，同时还要加入数滴 $SnCl_2$ 溶液？

第七章
综合实验和设计实验

【基本要求】

通过无机化学理论课和本课程前面各章的学习和训练，学生已具备一定的理论基础和实践知识。同时，在实际生产和科研工作中，经常遇到的不只是简单的无机化学问题，而往往是从基本原料开始，包括合成、分离、提纯一直到产品检测的一系列复杂问题，这就需要学生综合运用所学的各门学科的知识，采用多种方法去解决问题。所以，本章选择部分典型综合实验和设计实验，旨在进一步培养学生的综合能力。其中有些实验要求学生运用已学过的知识，查阅资料，自己独立设计实验方案(包括实验方法、实验步骤、主要仪器、试剂等)，经教师审阅后独立地完成实验。本章实验可作为较高层次的要求。

实验三十二　三草酸合铁(Ⅲ)酸钾的制备及组分的测定

Ⅰ　三草酸合铁(Ⅲ)酸钾的制备

一、实验目的

(1) 试验并了解制取配合物的一种方法。

(2) 训练获得配合盐晶体的操作技术。

二、实验提要

三草酸合铁(Ⅲ)酸钾 $K_3[Fe(C_2O_4)_3]\cdot 3H_2O$ 是翠绿色的单斜晶体，易溶于水[溶解度 0 ℃，4.7 g(100 g)$^{-1}$；100 ℃，117.7 g(100 g)$^{-1}$]，难溶于冷的乙醇。110 ℃下可失去全部结晶水，230 ℃时分解。此配合物对光敏感，受光照射分解生成黄色产物。

$$2K_3[Fe(C_2O_4)_3] \xrightarrow{光} 3K_2C_2O_4 + \underset{(黄色)}{2FeC_2O_4} + 2CO_2$$

利用它的感光性质可制晒图纸。另外它是制备负载型活性铁催化剂的主要原料，也是一些有机反应良好的催化剂，在工业上具有一定的应用价值。本实验制备三草酸合铁(Ⅲ)酸钾的方法是将硫酸亚铁铵与草酸反应先制得草酸亚铁。

$$(NH_4)_2Fe(SO_4)_2 \cdot 6H_2O + H_2C_2O_4 = FeC_2O_4 \cdot 2H_2O + (NH_4)_2SO_4 + H_2SO_4 + 4H_2O$$

然后在过量草酸根的存在下，用过氧化氢氧化草酸亚铁可得三草酸合铁(Ⅲ)酸钾。

$$6FeC_2O_4 \cdot 2H_2O + 3H_2O_2 + 6K_2C_2O_4 = 4K_3[Fe(C_2O_4)_3] + 2Fe(OH)_3 \downarrow + 12H_2O$$

反应中生成的 $Fe(OH)_3$ 可通过加入适量的草酸转化为三草酸合铁(Ⅲ)酸钾。

$$2Fe(OH)_3 + 3H_2C_2O_4 + 3K_2C_2O_4 = 2K_3[Fe(C_2O_4)_3] + 6H_2O$$

然后，加入乙醇，放置，便可得到产物 $K_3[Fe(C_2O_4)_3] \cdot 3H_2O$ 晶体。后几步的总反应方程式为

$$2FeC_2O_4 \cdot 2H_2O + H_2O_2 + 3K_2C_2O_4 + H_2C_2O_4 = 2K_3[Fe(C_2O_4)_3] \cdot 3H_2O$$

三、实验流程图

制备草酸亚铁 → 制备三草酸合铁(Ⅲ)酸钾

四、实验用品

仪器、用品：烧杯(100 mL，250 mL)、量筒(10 mL，100 mL)、漏斗、布氏漏斗、抽滤瓶、温度计(0～100 ℃)、棉线、滤纸。

试剂、材料：$(NH_4)_2Fe(SO_4)_2 \cdot 6H_2O$(固体)、$H_2SO_4$($1.0\ mol \cdot L^{-1}$)、$H_2C_2O_4$($1.0\ mol \cdot L^{-1}$)、$K_2C_2O_4$(饱和溶液)、$H_2O_2$(3%)、乙醇(95%)。

五、实验内容

1. 制备草酸亚铁

称取 8 g $(NH_4)_2Fe(SO_4)_2 \cdot 6H_2O$ 固体，放入 100 mL 烧杯中，加入 15 mL 去离子水和 1.0 mL $1\ mol \cdot L^{-1}$ H_2SO_4，加热使其溶解，得到淡绿色溶液。然后加入 25 mL $1.0\ mol \cdot L^{-1}$ $H_2C_2O_4$，加热至沸，并不断搅拌以免暴沸，维持微沸 20 min。静置，待黄色 $FeC_2O_4 \cdot 2H_2O$ 晶体沉淀后，用倾析法弃去上面清液。用 20 mL 温热去离子水洗涤晶体 2～3 次。

2. 制备三草酸合铁(Ⅲ)酸钾

在上述已洗涤过的晶体中，加入 10 mL 饱和 $K_2C_2O_4$ 溶液。水浴加热至 40 ℃，保持水温。用滴管逐滴加入 20 mL 3% H_2O_2，不断搅拌，此时沉淀转化为黄

褐色(什么物质)。待 H_2O_2 加完后,将溶液加热至沸并不断搅拌以除去过量的 H_2O_2(为什么要除去)。然后分两次加入 8 mL 1 mol·L^{-1} $H_2C_2O_4$(为什么要加),第一次加 5 mL,其余的慢慢滴加,保持溶液微沸并不断搅拌,使沉淀完全溶解变为透明的翠绿色溶液为止。

趁热将溶液过滤到 100 mL 烧杯中。加入 10 mL 95%乙醇,若有晶体生成可加热使其再溶解。然后将一段棉线系在小木棍上,并将棉线悬挂在溶液中。用一张滤纸盖在烧杯上,放置到次日,即有晶体在棉线上析出。减压过滤,并用少量乙醇洗涤产品。过滤完成后,称量,计算产率。产品放入干燥器内避光保存。

思考题

1. 在本实验的最后一步中,为什么要把溶液趁热过滤?

2. 在最后的溶液中,加入乙醇的目的是什么?加入一段棉线的作用又是什么?

3. 在本实验中能否把最后的溶液蒸干来提高产率。这个操作方法的缺点是什么?

Ⅱ 三草酸合铁(Ⅲ)酸钾阴离子电荷的测定(电导率法)

一、实验目的

(1) 练习用电导法测定离子电荷的原理。

(2) 学会用电导率仪测定溶液电导。

二、实验提要

物质的导电能力大小,通常以电阻(R)或电导(G)表示,电导为电阻的倒数。

$$G=\frac{1}{R}$$

电导的单位为西门子,用符号 S 表示。

和金属一样,电解质溶液的电阻也符合欧姆定律。当温度一定时,两极间溶液的电阻与两极间距离 l 成正比,与电极面积 A 成反比。

$$R\propto\frac{l}{A}\text{ 或 }R=\rho\frac{l}{A}$$

式中,ρ 称为电阻率,它的倒数为电导率,用 κ 表示。κ 的单位为 S·m^{-1}。

$$\kappa=\frac{1}{\rho}$$

将 $R=\rho\frac{l}{A}$、$\kappa=\frac{1}{\rho}$ 代入 $G=\frac{1}{R}$ 中可得

$$G=\kappa\cdot\frac{A}{l}\text{ 或 }\kappa=G\frac{l}{A}$$

电导率 κ 表示放在相距 1 m、面积为 1 m^2 的两个电极之间溶液的电导。$\frac{l}{A}$ 称为电极常数或电导池常数，因为在电导池中，所有的电极距离和面积是一定的，所以其比值对于某一电极为一固定的常数。

在一定温度下，相距 1 m 的两平行电极间所容纳的含有 1 mol 的电解质溶液的电导，用 λ 表示，V 表示含有 1 mol 电解质溶液的体积(m^3)，c 表示电解质的物质的量浓度(mol · m^{-3})，这样，摩尔电导与电导率 κ 的关系为

$$\lambda = \kappa V = \frac{\kappa}{c}$$

摩尔电导的单位为 S · m^2 · mol^{-1}。对于电解质，在无限稀释时，离子间的相互作用可视为零，即离子是完全自由的，此时溶液的摩尔电导与溶液中存在的离子数及离子电荷数有关。通过测定配合物的摩尔电导，可以判断该配合物的离子类型。

25 ℃无限稀释时，各种类型的离子化合物的摩尔电导，大致在下列范围内。

MA 型　$\lambda_{1024} = 118 \times 10^{-4} \sim 131 \times 10^{-4}$ S · m^2 · mol^{-1}

M_2A 或 MA_2 型　$\lambda_{1024} = 235 \times 10^{-4} \sim 237 \times 10^{-4}$ S · m^2 · mol^{-1}

M_3A 或 MA_3 型　$\lambda_{1024} = 408 \times 10^{-4} \sim 442 \times 10^{-4}$ S · m^2 · mol^{-1}

M_4A 或 MA_4 型　$\lambda_{1024} = 523 \times 10^{-4} \sim 553 \times 10^{-4}$ S · m^2 · mol^{-1}

λ 右下角数字表示 1 mol 溶质溶解后稀释的体积数，以 L 表示，常称为溶液的稀度。

三、实验流程图

配制稀度为 1024 L · mol^{-1}的样品 → 测定样品的电导率 → 数据处理

四、实验用品

仪器、用品：电导率仪、容量瓶(250 mL，50 mL)、吸量管(10 mL)、小烧杯(50 mL，2 只)、分析天平、洗耳球、玻璃棒。

试剂、材料：三草酸合铁(Ⅲ)酸钾(固体)、饱和酒石酸氢钠、$FeCl_3$(0.5 mol · L^{-1})、KSCN(0.1 mol · L^{-1})、H_2SO_4(3 mol · L^{-1})、$K_2C_2O_4$ 溶液、$CaCl_2$(0.5 mol · L^{-1})。

五、实验内容

1. 配制稀度为 1024 L · mol^{-1}的样品溶液

在分析天平上精确称取 0.5～0.6 g 的纯三草酸合铁(Ⅲ)酸钾，在小烧杯中加水溶解，转移至 250 mL 容量瓶，再用少量水洗涤烧杯 2～3 次，洗涤液也注入容量瓶中，加水稀释至刻度，摇匀。根据计算再吸取一定量该溶液于 50 mL 容量瓶中，

稀释至刻度，摇匀。

【计算示例】

若称取 $K_3[Fe(C_2O_4)_3]\cdot 3H_2O$ 0.5994 g，溶于 250 mL 容量瓶中，此时样品的稀度（即物质的量浓度的倒数）为

$$\frac{1}{\dfrac{0.5994(\mathrm{g})}{491.15(\mathrm{g\cdot mol^{-1}})}\times\dfrac{1}{0.25(\mathrm{L})}}=204.85(\mathrm{L\cdot mol^{-1}})$$

为配制稀度为 1024 的溶液 50 mL，需用上述稀度为 204.85 的溶液体积为 V (mL)，则根据 $c_1V_1=c_2V_2$，有

$$\frac{1}{204.85}\times V_1=\frac{1}{1024}\times 50.00$$

$$V_1=10.00(\mathrm{mL})$$

因此从 250 mL 容量瓶中吸取 10.00 mL 溶液，稀释至 50 mL，其溶液的稀度即为 1024。

2. 测定样品的电导率

用电导率仪测定样品的电导率 κ，计算 λ_{1024}，从而判断三草酸合铁(Ⅲ)酸钾配合物的离子类型。

（注：本实验所用电导率仪的使用方法见第二章）。

六、数据处理

固体样品的质量/g ____________

初配溶液的稀度/($\mathrm{L\cdot mol^{-1}}$)____________

溶液初始体积 $V_{初}$/mL ____________

1024 $\mathrm{L\cdot mol^{-1}}$溶液的电导率 κ/($\mathrm{S\cdot m^{-1}}$)____________

$\lambda_{1024}=(\kappa/c)/(\mathrm{S\cdot m^2\cdot mol^{-1}})$____________

样品的离子类型____________

【扩展实验】

1. 产物的定性分析

(1) 鉴定 K^+。在试管中取少量产物加去离子水溶解，再加入 1 mL 饱和酒石酸氢钠溶液，充分摇动试管（可用玻璃棒摩擦试管内壁后放置片刻），观察现象。

(2) 鉴定 Fe^{3+}。在试管中取少量产物加去离子水溶解，另取一支试管加入少量的 $FeCl_3$ 溶液，各加 2 滴 0.1 $\mathrm{mol\cdot L^{-1}}$ KSCN，观察现象。在装有产物溶液的试管中加入 2 滴 3 $\mathrm{mol\cdot L^{-1}}$ H_2SO_4，再观察溶液颜色有何变化，解释实验现象。

(3) 鉴定 $C_2O_4^{2-}$。在试管中取少量产物加去离子水溶解，另取一支试管加入少量 $K_2C_2O_4$ 溶液，各加入 2 滴 0.5 mol L^{-1} $CaCl_2$，观察现象有何不同。

根据实验(1)、(2)、(3)的结果，判断该产物是复盐还是配合物。配合物的中心离子、配位体各是什么？

2. 三草酸合铁(Ⅲ)酸钾的感光性质

(1)制晒图纸

在小烧杯中把三草酸合铁(Ⅲ)酸钾(自制)1 g溶解于5 mL水中，另取一小烧杯用5 mL水溶解铁氰化钾1.3 g，将上述两种溶液倒在瓷盘中，混匀，取几张滤纸浸于溶液中，几分钟后取出，晾干。以上操作均需在暗室中进行，经这样处理的纸就是通常晒图用的晒图纸(黄色)。

(2)制作蓝图

取两张自制的晒图纸，在一张晒图纸上放置一个扁平不透明的物体(如钥匙)；另一张晒图纸上放用墨水画了图的玻璃纸，将两张纸用夹子夹紧。然后都置于强光源或阳光下照射5 min后，取下晒图纸上扁平的物体和玻璃纸，用水冲洗图纸，将观察到在蓝色衬底的纸上显示出扁平物体和画的白色图像。

思考题

1. 本实验测定配合物离子类型的原理是什么？

2. 如果样品(自制的三草酸合铁(Ⅲ)酸钾)中含有较多的杂质离子，对本实验将会产生哪些影响？

3. 为了将实验做得准确，你认为称取样品时把样品质量精确为0.5994 g方便？还是只要称得准确，无论它是多少质量都行？

4. 本实验所取用的两个容量瓶，你认为是否都要烘干？为什么？

Ⅲ 三草酸合铁(Ⅲ)酸钾配离子组成的测定

一、实验目的

用氧化还原滴定法测定三草酸合铁(Ⅲ)酸钾配离子组成中$C_2O_4^{2-}$及Fe^{3+}的含量。

二、实验提要

配阴离子组成可通过化学分析方法进行测定。其中$C_2O_4^{2-}$的含量可直接用$K_2Cr_2O_7$标准溶液在酸性介质中滴定得到。

$$3C_2O_4^{2-} + Cr_2O_7^{2-} + 14H^+ \xlongequal{} 6CO_2 + 2Cr^{3+} + 7H_2O$$

Fe^{3+}含量可用还原剂$SnCl_2$将它还原为Fe^{2+}，再用$K_2Cr_2O_7$标准溶液滴定得到。

$$2Fe^{3+} + Sn^{2+} \xlongequal{} 2Fe^{2+} + Sn^{4+}$$

为了将Fe^{3+}全部还原为Fe^{2+}，本实验中先用$SnCl_2$将大部分Fe^{3+}还原，然后

用 Na_2WO_4 作指示剂，用 $TiCl_3$ 将剩余的 Fe^{3+} 还原为 Fe^{2+}。

$$Fe^{3+} + Ti^{3+} + H_2O = Fe^{2+} + TiO^{2+} + 2H^+$$

Fe^{3+} 定量还原为 Fe^{2+} 后，过量一滴 $TiCl_3$ 溶液即可使无色 Na_2WO_4 还原为钨蓝（钨的五价化合物），同时过量的 Ti^{3+} 被氧化为 TiO^{2+}。为了消除溶液的蓝色，加入微量 Cu^{2+} 作催化剂，利用水中的溶解氧将钨蓝氧化，蓝色消失，然后用 $K_2Cr_2O_7$ 标准溶液滴定 Fe^{2+}。

$$Cr_2O_7^{2-} + 6Fe^{2+} + 14H^+ = 2Cr^{3+} + 6Fe^{3+} + 7H_2O$$

由于滴定过程中生成黄色的 Fe^{3+}，影响终点的正确判断，因此加入 H_3PO_4，使之与 Fe^{3+} 配合生成无色的 $[Fe(PO_4)_2]^{3-}$，这样既消除了 Fe^{3+} 对滴定终点颜色的干扰，又减小了 Fe^{3+} 浓度，从而降低了 Fe^{3+}/Fe^{2+} 电对的条件电极电位，使滴定突跃范围的电位降低，用二苯胺磺酸钠指示剂能清楚、正确地判断终点。

三、实验流程图

配制试液 ⟶ Fe^{3+} 的测定 ⟶ $C_2O_4^{2-}$ 的测定

四、实验用品

仪器、用品：电子天平（0.1 mg）、酸式滴定管（50 mL）、容量瓶（250 mL）、锥形瓶（250 mL）、移液管。

试剂、材料：HCl（6 $mol \cdot L^{-1}$）、$K_2Cr_2O_7$（A. R.）、$SnCl_2$（15%）、$TiCl_3$（6%）、$CuSO_4$（0.4%）、H_2SO_4（3 $mol \cdot L^{-1}$）、Na_2WO_4（2.5%）、H_2SO_4-H_3PO_4 混合酸（200 mL 浓 H_2SO_4 在搅拌下缓慢注入 500 mL 水中，再加 300 mL 浓 H_3PO_4）、二苯胺磺酸钠指示剂（0.2%）。

五、实验内容

1. 试液的配制

精确称取 1.0～1.2 g $K_3[Fe(C_2O_4)_3] \cdot 3H_2O$（称准至四位有效数字）于烧杯中，加水溶解，定量转移到 250 mL 容量瓶中，稀释至刻度，摇匀。

2. $C_2O_4^{2-}$ 的测定

准确吸取试液 25 mL 于 250 mL 锥形瓶中，加入 10 mL 3 $mol \cdot L^{-1}$ H_2SO_4，2～3 滴 0.2%二苯胺磺酸钠指示剂，混匀。用 $K_2Cr_2O_7$ 标准溶液（按计算量配制）滴定至溶液呈紫红色，并保持 30 s 内不褪色，即达终点。由消耗的 $K_2Cr_2O_7$ 体积 V_1，计算 $C_2O_4^{2-}$ 的质量分数。

3. Fe^{3+} 的测定

准确吸取试液 25 mL 置于 250 mL 锥形瓶中，加入 10 mL 6 $mol \cdot L^{-1}$ HCl 溶

液，加热至 75～80 ℃。逐滴加入 15% $SnCl_2$ 至溶液呈浅黄色，使大部分 Fe^{3+} 还原为 Fe^{2+}。加入 1 mL 2.5% Na_2WO_4，滴加 6% $TiCl_3$ 至溶液呈蓝色，并过量 1 滴。加入 2 滴 0.4% $CuSO_4$ 溶液，20 mL 去离子水，在冷水中冷却并振荡至蓝色褪尽。加入 15 mL H_2SO_4-H_3PO_4 混酸，5 滴 0.2% 二苯胺磺酸钠指示剂，然后用 $K_2Cr_2O_7$ 标准溶液（按计算量配制）滴定至溶液呈紫红色，并保持 30 s 不褪色，即达终点。记下消耗的 $K_2Cr_2O_7$ 体积 V_2，用差减法计算 Fe^{3+} 的质量分数。

实验说明：

在 Fe^{3+} 的测定中，为了加速 Fe^{3+} 的还原，应趁热滴加还原剂 $SnCl_2$ 与 $TiCl_3$（75～80 ℃）。$SnCl_2$ 加入量必须适量，滴加至溶液呈浅黄色。由于 Fe^{3+} 和 Sn^{2+} 反应速率较小，若滴到浅黄色，经摇动后有可能会变成无色。此时 $SnCl_2$ 已过量，会导致分析结果偏高。若 $SnCl_2$ 滴入过量，可滴加 $KMnO_4$ 至溶液呈浅黄色（$KMnO_4$ 不计量），再按实验步骤进行。

六、数据处理

自制表格记录滴定中消耗的 $K_2Cr_2O_7$ 标准溶液的体积，计算三草酸合铁（Ⅲ）酸钾配阴离子组成中 Fe^{3+}、$C_2O_4^{2-}$ 的质量分数，并与理论值比较。

思考题

1. 测定 Fe^{3+} 含量时，先后用 $SnCl_2$ 和 $TiCl_3$ 作还原剂的目的何在？加入 H_2SO_4-H_3PO_4 混合酸的目的是什么？

2. 试分析实验误差产生的原因。

3. Fe^{3+} 的测定中，还原样品中的 Fe^{3+} 要用 $SnCl_2$、$TiCl_3$ 两个还原剂。试分析若只用其中一个还原剂还原 Fe^{3+} 时，将对分析结果产生的影响。

实验三十三　硫酸亚铁铵的制备及纯度分析

一、实验目的

(1) 了解复盐硫酸亚铁铵的制备原理和方法，了解复盐的一般特征。

(2) 熟练掌握水浴加热、溶解、过滤、蒸发和结晶等基本操作。

(3) 学习用目视比色法检验产品的质量等级。

二、实验提要

硫酸亚铁铵[$(NH_4)_2SO_4 \cdot FeSO_4 \cdot 6H_2O$]，商品名称为莫尔盐，是浅绿色单斜晶体。它易溶于水而难溶于乙醇，在空气中不易被氧化，受热到 100℃时失去结晶水，比硫酸亚铁稳定。由于硫酸亚铁铵在空气中比较稳定，而且价格低廉，制备工艺简单，因此用途较广。在作定量分析时常用作标定重铬酸钾、高锰酸钾等溶液的基准物质。另外还在工农业生产中用作染料的媒染剂、农用杀虫剂和肥料、废水处理的絮凝剂等。

硫酸亚铁铵和其他复盐（由两种或两种以上的简单盐所组成的晶态化合物，在溶液中仍能离解成简单离子）一样，在水中的溶解度要比组成它的每一个组分[$FeSO_4$或$(NH_4)_2SO_4$]的溶解度都要小，因此很容易从浓的 $FeSO_4$ 和$(NH_4)_2SO_4$混合溶液中制得结晶状的莫尔盐。硫酸铵、硫酸亚铁和硫酸亚铁铵的溶解度数据列于表 7-1 中。

表 7-1　三种盐的溶解度数据[$g \cdot (100\ g\ H_2O)^{-1}$]

温度/℃	0	10	20	30	40
$FeSO_4 \cdot 7H_2O$	15.65	20.51	26.50	32.90	40.20
$(NH_4)_2SO_4$	70.60	73.00	75.40	78.00	81.00
$(NH_4)_2SO_4 \cdot FeSO_4 \cdot 6H_2O$	—	12.50	19.30	26.10	33.00

本实验是先将金属铁溶于稀硫酸得到浅绿色的硫酸亚铁溶液。

$$Fe + H_2SO_4 = FeSO_4 + H_2\uparrow$$

然后往硫酸亚铁溶液中加入等物质的量的硫酸铵，使之全部溶解，加热浓缩，放置冷却就得到硫酸亚铁铵复盐。

$$FeSO_4 + (NH_4)_2SO_4 + 6H_2O = (NH_4)_2SO_4 \cdot FeSO_4 \cdot 6H_2O$$

通常亚铁盐在空气中易被氧化。例如，硫酸亚铁在中性溶液中能被溶于水中的少量氧气氧化并水解，甚至析出棕黄色的碱式硫酸铁（或氢氧化铁）沉淀。如果溶液的酸性减弱，则亚铁盐（或铁盐）的水解度将会增大，因此，在制备过程中，为了使 Fe^{2+} 不被氧化和水解，溶液需保持足够的酸度。

$$4FeSO_4 + O_2 + 6H_2O = 2[Fe(OH)_2]_2SO_4 + 2H_2SO_4$$

硫酸亚铁铵中杂质 Fe^{3+} 的含量是影响其质量的重要指标之一。本实验利用 Fe^{3+} 能与 KSCN 生成血红色的配合物来检验 Fe^{3+} 的相对多少，以确定产品等级。

硫酸亚铁铵的纯度分析是采用氧化还原滴定法测定亚铁的含量。

$$6Fe^{2+} + Cr_2O_7^{2-} + 14H^+ = 6Fe^{3+} + 2Cr^{3+} + 7H_2O$$

三、实验流程图

铁屑的净化 → 制备硫酸亚铁 → 制备硫酸亚铁铵 → 纯度分析

四、实验用品

仪器、用品：托盘天平、锥形瓶（150 mL）、烧杯（100 mL，400 mL）、石棉铁丝网、铁架、铁圈、水浴锅、量筒（100 mL，10 mL）、三角漏斗、漏斗架、蒸发皿、布氏漏斗、吸滤瓶、表面皿、玻璃棒、滤纸、pH 试纸。

试剂、材料：H_2SO_4（3 mol・L^{-1}）、铁屑、Na_2CO_3（10%）、$(NH_4)_2SO_4$（固体）、乙醇（95%）、$NH_4Fe(SO_4)_2 \cdot 12H_2O$（固体）、HCl（3 mol・$L^{-1}$）、KSCN（0.1 mol・$L^{-1}$）、$K_2Cr_2O_7$（固体）、二苯胺磺酸钠指示剂、$H_3PO_4$（85%）。

五、实验内容

1. 铁屑的净化

从工厂取来的铁屑上附有许多油污，可用碱煮的方法除去。在托盘天平上称取 2.0 g 铁屑。放于锥形瓶（或烧杯）中，加入 20 mL 10% Na_2CO_3溶液，小火加热约 10 min，用倾析法（将烧杯中的上层清液用玻璃棒引流到另一容器内，使沉淀与清液分离）除去碱液，再用去离子水把铁屑冲洗干净（注：如用纯净的铁屑，可除去净化这一步）。

2. 硫酸亚铁的制备

往盛有铁屑的锥形瓶（或烧杯）中加入 15 mL 3 mol・L^{-1} H_2SO_4 溶液，放在石棉铁丝网上用小火加热或水浴加热至几乎不再产生气泡（由于铁屑中的杂质在反应中会产生一些有毒气体，最好在通风厨中进行）。期间，经常取出，摇动锥形瓶（或烧杯）以加速反应。反应后期补充蒸发掉的水分以保持溶液原有体积，避免硫酸亚铁析出。待反应基本完成（直到不再产生氢气气泡，约需 15 min）后，再加入适量 3 mol・L^{-1} H_2SO_4 以控制溶液的 pH 不大于 1（加酸的目的是什么），然后用普通漏斗趁热过滤（为什么），将滤液转移到蒸发皿中，锥形瓶（或烧杯）及滤纸上的残渣要用热的去离子水洗涤。洗涤液不要弃去也转移到蒸发皿中。将留在锥形瓶内和滤纸上的残渣收集在一起用滤纸吸干后称量，由已作用的铁屑质量算出溶液中$FeSO_4$的理论产量。

3. 硫酸亚铁铵的制备

根据溶液中 $FeSO_4$ 的理论产量，按反应方程式计算并在托盘天平上称取所需的化学纯固体 $(NH_4)_2SO_4$ 的量（考虑到 $FeSO_4$ 在过滤等操作中的损失，$(NH_4)_2SO_4$ 用量可按生成 $FeSO_4$ 理论产量的 80%计算）。在室温下将称出的 $(NH_4)_2SO_4$ 配制成饱和溶液，然后倒入上述所制得的 $FeSO_4$ 溶液中，混合均匀并调节 pH 为 1～2，在石棉铁丝网上或水浴锅上加热蒸发，浓缩至表面出现晶膜为止（注意：蒸发过程中不宜搅动，如在石棉铁丝网上加热，当溶液沸腾后必须用小火加热以防溶液溅出）。自水浴锅上或石棉铁丝网上取下蒸发皿，放置冷却，即得硫酸亚铁铵晶体。待冷至室温后，减压过滤除去母液，用少量 95%乙醇洗涤晶体 2 次，用药匙将晶体取出，置于两张洁净的滤纸之间，并轻压以吸干母液，放在表面皿上凉干。观察晶体的形状和颜色。称重并计算产率。产率计算公式如下

$$产率(\%)=\frac{实际产量(g)}{理论产量(g)}\times 100\%$$

4. 质量检测

1）实验方案的设计

试设计实验方案证明产品中含有 NH_4^+、Fe^{2+} 和 SO_4^{2-}。

2）Fe^{3+} 的检验（限量分析）

(1) 配制浓度为 0.0100 mg・mL^{-1} 的 Fe^{3+} 标准溶液

Fe(Ⅲ)标准溶液储备液的配制：称取 0.8634 g $NH_4Fe(SO_4)_2\cdot 12H_2O$，溶于少量水中，加入 6 mL 的 3 mol・$L^{-1}$ H_2SO_4，移入 1000 mL 容量瓶中，用水稀释至刻度。此溶液含 0.1000 g・L^{-1} Fe^{3+}。

准确移取 25 mL Fe^{3+} 标准溶液储备液于 250 mL 容量瓶中，再加入 6 mL 的 3 mol・L^{-1} H_2SO_4 溶液酸化，稀释至刻度，用蒸馏水将溶液在 250 mL 容量瓶中定容。此溶液中 Fe^{3+} 浓度即为 0.0100 g・L^{-1}。

(2) 配制标准色阶

用移液管分别移取 0.0100 g・L^{-1} Fe^{3+} 标准溶液 5.00 mL、10.00 mL、20.00 mL 于比色管中，各加 1 mL 3 mol・L^{-1} 的 H_2SO_4 和 1 mL 25%的 KSCN 溶液，再用不含氧的蒸馏水（新煮沸过放冷的蒸馏水，以除去溶解的氧）将溶液稀释至 25 mL，摇匀，即得到含 Fe^{3+} 量分别为 0.05 mg（一级）、0.10 mg（二级）和 0.20 mg（三级）的 3 个等级的试剂标准液。

(3) 产品等级的确定

称取 1 g 硫酸亚铁铵晶体，加入 25 mL 比色管中，用 15 mL 不含氧的蒸馏水溶解，再加 1 mL 3 mol・L^{-1} H_2SO_4 和 1 mL 25%KSCN 溶液，最后加入不含氧的蒸馏水将溶液稀释到 25 mL，摇匀，与标准溶液进行目视比色，确定产品的等级。

5. 硫酸亚铁铵含量的测定

(1) 产品的干燥：将制备的 $(NH_4)_2SO_4\cdot FeSO_4\cdot 6H_2O$ 晶体在 100 ℃左右干燥 2～3 h，脱去结晶水。冷却至室温后，将晶体放置在干燥的称量瓶中。

(2) $K_2Cr_2O_7$ 标准溶液的配制：精确称取 $K_2Cr_2O_7$ 约 1.2 g（准确至 0.1 mg），放入 100 mL 烧杯中，加少量蒸馏水使之溶解。定量转移至 250 mL 容量瓶中用蒸馏水稀释至刻度，计算 $K_2Cr_2O_7$ 溶液的准确浓度。

$$c_{K_2Cr_2O_7}=\frac{W_{K_2Cr_2O_7}}{M_{K_2Cr_2O_7}\times 250\ mL\times 10^{-3}}$$

(3) 样品的测定含量：分别用减量法精确称取 0.8～1.2 g 所制得的硫酸亚铁铵 3 份（准确至 0.1 mg），放入 3 个 500 mL 的锥形瓶中，各加 100 mL H_2O 及 3 mol・L^{-1} H_2SO_4 溶液 20 mL，滴加二苯胺磺酸钠指示剂 6～8 滴，用 $K_2Cr_2O_7$

标准溶液滴定至溶液出现深绿色时，加 5 mL 85% H_3PO_4，继续滴定至溶液呈现紫色或蓝紫色即为滴定终点。

$$(NH_4)_2SO_4\cdot FeSO_4\cdot 6H_2O\text{ 的含量}(\%)=\frac{6c_{K_2Cr_2O_7}\times V_{K_2Cr_2O_7}\times 10^{-3}M_{(NH_4)_2SO_4\cdot FeSO_4}}{W_s}\times 100\%$$

式中，W_s 为称取硫酸亚铁铵样品的质量(g)。

思考题

1. 溶解铁屑时，为什么硫酸要略微过量？若硫酸量不足，可能会有什么后果？
2. 本实验中为什么要选用水浴加热？如果用烧杯代替水浴锅，怎样选用烧杯的大小？
3. 浓缩硫酸亚铁铵溶液时，能否把溶液蒸干？若把溶液蒸干，将会有什么样的结果？
4. 减压过滤的操作步骤有哪些？它们的先后顺序是怎样的？
5. 在计算硫酸亚铁铵的产率时，是根据铁的用量还是根据硫酸铵的用量？
6. 根据表 7-1 应怎样配制硫酸铵的饱和溶液？

实验三十四　钴(Ⅲ)氨氯化合物的制备和性质分析

一、实验目的

(1) 学习配位化合物的制备方法。

(2) 学习水蒸气蒸馏的操作。

(3) 熟悉几种离子的测定方法。

(4) 练习用电导法测定离子电荷的原理。

(5) 掌握电子光谱测定配合物分裂能的方法。

二、实验提要

根据有关电对的标准电极电位可以知道，在通常情况下，二价钴盐比三价钴盐稳定得多，而在许多场合下它们的配合物正好相反，三价钴反而比二价钴来得稳定。因此通常采用空气或过氧化氢氧化二价钴的配合物的方法，来制备三价钴的配合物。

氯化钴(Ⅲ)的氨合物有很多种，主要有三氯化六氨合钴(Ⅲ)$[Co(NH_3)_6]Cl_3$(橙黄色晶体)、三氯化一水五氨合钴(Ⅲ)$[Co(NH_3)_5H_2O]Cl_3$(砖红色晶体)、二氯化一氯五氨合钴(Ⅲ)$[Co(NH_3)_5Cl]Cl_2$(紫红色晶体)等，它们的制备条件各不相同。

1. 二氯化一氯五氨合钴(Ⅲ)的合成

二氯化一氯五氨合钴(Ⅲ)可用不同的方法制得，如将$[Co(NH_3)_5H_2O](NO_3)_2$与浓 HCl 共热或将$[Co(NH_3)_5H_2O](NO_3)_2$、$[Co(NH_3)_4H_2O]NO_3$ 等与过量氨水及 HCl 处理。本实验在 NH_4Cl 存在下，用 H_2O_2 氧化 $CoCl_2$ 的氨性溶液，随后与浓 HCl 反应即得

$$2CoCl_2 + 2NH_4Cl + 8NH_3 + H_2O_2 \longrightarrow 2[Co(NH_3)_5H_2O]Cl_3 \quad (7\text{-}1)$$

$$[Co(NH_3)_5H_2O]Cl_3 \xrightarrow[\triangle]{HCl} [Co(NH_3)_5Cl]Cl_2 + H_2O + 3H^+ \quad (7\text{-}2)$$

2. 三氯化六氨合钴(Ⅲ)的合成及组成测定

1）制备

本实验用活性炭作催化剂，在过量氨和 NH_4Cl 的存在下，用 H_2O_2 氧化 $CoCl_2$ 溶液，来制备三氯化六氨合钴(Ⅲ)，反应式为

$$2CoCl_2 + 2NH_4Cl + 10NH_3 + H_2O_2 = 2[Co(NH_3)_6]Cl_3 + 2H_2O \quad (7\text{-}3)$$

所得产品$[Co(NH_3)_6]Cl_3$ 为橙黄色单斜晶体，20 ℃时在水中的溶解度为 0.26 $mol \cdot L^{-1}$。

2）组成测定

配位数的确定：虽然该配离子很稳定，但在强碱性介质中煮沸时可分解为氨气和 $Co(OH)_3$ 沉淀，即

$$2[Co(NH_3)_6]Cl_3 + 6NaOH = 2Co(OH)_3 + 12NH_3 + 6NaCl$$

再用标准酸吸收所挥发出来的氨，即可测定该配离子的配位数。

3. 外界的确定

通过测定配合物的电导率可确定其电离类型及外界 Cl^- 的个数，即可确定配合物的组成。

4. 配合物分裂能的测定

配合物分子中外层电子跃迁而产生的光谱称为配合物的电子光谱。电子在分裂后 d 轨道间的跃迁称为 d-d 跃迁。

在配位化合物中，大多数的中心离子为过渡元素原子，其价电子层有 5 个 d 轨道，它们的能级相同，但由于五个 d 轨道在空间的伸展方向各不相同，因而受配位体电场的影响能量也各不相同，产生了 d 轨道能级分裂，d 轨道能级分裂为两组，能级较低的一组称为 t_{2g} 轨道，能级较高的一组称为 e_g 轨道，t_{2g} 与 e_g 轨道能级之差 Δ_0 称为分裂能。

分裂能 Δ_0 值的大小受中心离子的电荷、周期数、d 轨道电子数和配体性质等因素的影响，对于同一中心离子和相同类型的配合物，Δ_0 值的大小取决于配位体的强弱，其大小顺序为：$I^- < Br^- < Cl^- \sim SCN^- < F^- < OH^- \sim ONO^- < C_2O_4^{2-} <$

$H_2O < NCS^- < NH_2CH_2COO^- < EDTA < NH_3 < en < SO_3^{2-} < CN^-$。

上述Δ值的次序称为光谱化学序列，因此如果配合物中系列左边的配位体为系列右边的配位体所取代，则吸收峰朝短波方向或高波数方向移动。

本实验通过测定相同中心离子，不同配位体的配合物的吸收曲线，并找出最大吸收光谱数据，按下式求出Δ_0值。

$$\Delta_0 = \frac{1}{\lambda} \times 10^7 (cm^{-1})$$

式中，λ为波长，单位为 nm。

三、实验用品

仪器、用品：分析天平、蒸馏装置、DDS-ⅡA 型电导率仪（1 台）并配 DJS-Ⅰ型铂黑电极、锥形瓶、滴定管（50 mL，酸式）、干燥器（2 套）、烘箱、容量瓶（250 mL，2 只；100mL，4 只）、移液管（10 mL，1 支）、量筒（50 mL，1 只；10 mL，1 只）、水浴锅（1 台）、751 或 721 分光光度计 、称量瓶（4 只）。

试剂、材料：$CoCl_2 \cdot 6H_2O$、氨水、NH_4Cl、H_2O_2（6%，30%）、活性炭、HCl（浓，2 mol·L^{-1}，4 mol·L^{-1}，0.5 mol·L^{-1}，6 mol·L^{-1}）、乙醇、$NaNO_2$、氢氧化钠（0.5 mol·L^{-1}，10%）、甲基红（0.1%）、标准硫代硫酸钠溶液（0.5 mol·L^{-1}）。

四、实验内容

1. 氯化一氯五氨合钴（Ⅲ）的制备

（1）在 500 mL 三角烧瓶中，溶解 5 g NH_4Cl 于 30 mL 浓氨水中，盖上表面皿，在不断摇动下，慢慢分批加入 10 g $CoCl_2 \cdot 6H_2O$ 粉末，每次分少量加入，等溶解完全后加入下一批，继续摇动，便成棕色浆状物，同时生成橙黄色的$[Co(NH_3)_6]Cl_2$沉淀。

（2）用滴定管逐滴加入 H_2O_2（30%）约 8 mL，在通风橱中进行，不断摇动溶液直至气泡终止，溶液中有深红色的$[Co(NH_3)_5H_2O]Cl_3$ 沉淀生成。

（3）慢慢加入浓 HCl 约 30 mL（在通风橱中进行）。

（4）将三角烧瓶置于沸水浴上加热约 20 min，并不时摇动混合液，冷至室温，即有大量红紫色$[Co(NH_3)_5H_2O]Cl_2$ 沉淀，抽气过滤，沉淀依次用冰水（蒸馏水）、冷却过的 6 mol·L^{-1} HCl 和 95%乙醇洗涤，产品于 100 ℃烘 2 h，计算产率。

2. 三氯化六氨合钴（Ⅲ）的制备

（1）在 100 mL 锥形瓶中加入 6 g 氯化亚钴 $CoCl_2 \cdot 6H_2O$、4 g NH_4Cl 和 7 mL 水。加热溶解。

（2）加入 0.3 g 活性炭，冷却。

（3）加入 14 mL 浓氨水，进一步冷至 10 ℃以下，缓慢加入 14 mL 6%的 H_2O_2。

（4）在水浴中加热至 60 ℃左右，并维持此温度约 20 min（适当摇动锥形瓶）。

先用自来水冷却，再用冰水冷却。布氏漏斗抽滤。

(5) 将沉淀溶于含有 2 mL 浓盐酸和 50 mL 沸水的小烧杯中，趁热过滤(用三角漏斗)。

(6) 用少量蒸馏水洗涤小烧杯，煮至近沸，一并倒入漏斗中，洗出残渣中的有用物，慢慢加入 7 mL 浓盐酸于滤瓶中，用冰水冷却，即有橙黄色晶体析出。

(7) 抽滤(水流要小，减压不可过猛)，用少量乙醇洗涤 2 次，抽干(抽干时水流可开大)。

(8) 将固体用药匙取出置于称量瓶中，于烘箱中 105 ℃下干燥或真空干燥器中干燥。

(9) 称量，计算产率。

3. 键合异构体的制备

1) Nitro-五氨合钴(Ⅲ)的制备

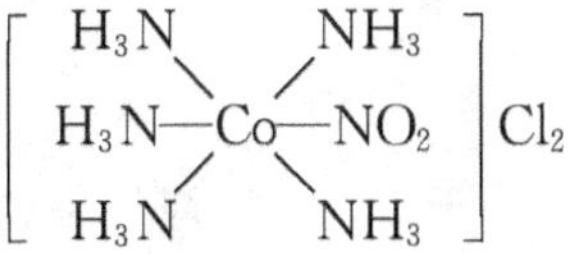

(1) 称取 1.5 g 的$[Co(NH_3)_5Cl]Cl_2$ 于 100 mL 烧杯中，并加入 25 mL 2mol · L^{-1}氨水，在水浴上温热使之溶解。

(2) 将不溶物过滤掉，得深红色透明溶液，冷却并以 4mol · L^{-1} HCl 酸化至 pH 3，加 2 g $NaNO_2$，温热后即产生橙红色沉淀。

(3) 冷却溶液并小心加入 20 mL 浓 HCl(在通风橱中进行，并分批加入，不可一次加完)。

(4) 冷水冷却，过滤得黄褐色晶体。

(5) 以乙醇洗涤沉淀。

(6) 称重，计算产率。

2) Nitrito-五氨合钴(Ⅲ)的制备

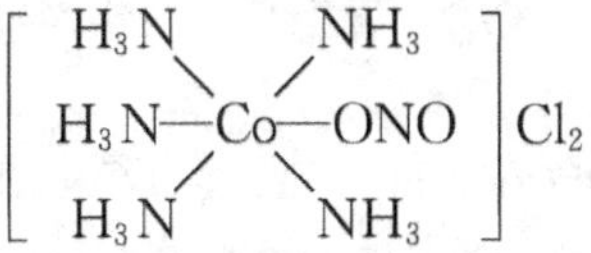

(1) 称取 1.5 g 的 $[Co(NH_3)_5Cl]Cl_2$ 样品溶于 100 mL 烧杯中，同时加入 10 mL 浓氨水和 30 mL 水在水浴中加热，使固体完全溶解。

(2) 以 4 mol · L^{-1} HCl 中和溶液至呈微酸性(pH 5)。

(3) 冷却后加入 1.5 g 的 $NaNO_2$，使溶液放置 1～2 h，即有沉淀析出。

(4) 过滤，以冰水和乙醇洗涤，在室温下干燥。

(5) 称重，计算产率。

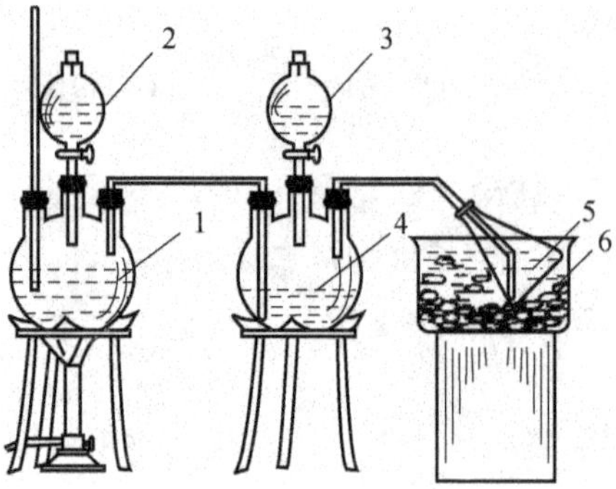

图 7-1　水蒸气蒸馏装置

1,2. 水;3. 20%NaOH;4. 样品溶液;
5. 0.5 mol·L^{-1}盐酸;6. 冰盐水

4. 三氯化六氨合钴组成的测定

1) NH_3 的测定

精确称取 0.2 g 左右产品,用少量水溶解加入图 7-1 所示的盛样品溶液 4 所用的三口烧瓶中,然后逐滴加入 10 mL 10%氢氧化钠溶液,通入蒸气,蒸馏出游离的氨。

用 0.5 mol·L^{-1}标准盐酸溶液吸收。通蒸气 1 h 左右(若逸出蒸气的速度太慢,可适当地加热盛放样品的烧瓶),取下接收瓶,并用 0.5 mol·L^{-1}标准碱液滴定过剩的盐酸,用甲基红作指示剂。计算氨的质量分数,与理论值比较。

2) 钴的测定

精确称取 0.2 g 左右的产品于 250 mL 烧杯中,加水溶解。加入 10%氢氧化钠溶液 10 mL,将烧杯放在水浴上加热。待氨全部被赶走后(如何检查)冷却。加入 1 g 碘化钾固体及 10 mL 6 mol·L^{-1} HCl 溶液,于暗处放置 5 min 左右。用 0.05 mol·L^{-1}的标准硫代硫酸钠溶液滴定到浅黄色,加入 1 mL 新配的淀粉溶液后,再滴至蓝色消失。计算钴的质量分数,与理论值比较。

3) 氯的测定

(1) 采用 0.1 mol·L^{-1} $AgNO_3$ 标准溶液滴定样品中的氧含量。

(2) 试根据所学的知识,进行计算,并配制样品液。

(3) 测定时,以 50 g·L^{-1} K_2CrO_4 溶液为指示剂(每次 1 mL)用 0.1 mol·L^{-1} $AgNO_3$ 标准溶液滴定至出现淡红棕色不再消失为终点。

(4) 按照滴定的数据,计算氯的质量分数。

由以上分析钴、NH_3、氯的结果,写出产品的化学式。

5. 配合物电子光谱的测定

(1) 精确称取约 0.5 g 的$[Co(NH_3)_5Cl]Cl_2$、$[Co(NH_3)_6]Cl_3$、$[Co(NH_3)_5NO_2]Cl_2$和$[Co(NH_3)_5ONO]Cl_2$,分别溶于少量蒸馏水中,然后转移到 100 mL 容量瓶中,并稀释至刻度。

(2) 在波长 360～700 nm,以蒸馏水为空白用 1 cm 比色皿分别测定以上各配合物的消光值,每间隔 10 nm 测定一点,在最大的吸收峰处,间隔可适当缩小,增加测定点。

(3) 以波长λ(nm)为横坐标,吸光度 A 为纵坐标在普通坐标纸上作图,即得配合物的电子光谱。

（4）由电子光谱确定配合物最大波长的吸收峰位置，并计算不同配体的分裂能 Δ。

（5）由计算所得的 Δ 值的相对大小，排列出配体的光谱化学序列。

6. 电导法测定配离子的电荷

（1）用移液管吸取 10 mL 上述实验中所配置的 $[Co(NH_3)_5Cl]Cl_2$、$[Co(NH_3)_6]Cl_3$ 溶液，稀释至 250 mL，浓度大约为 8×10^{-4} mol·L^{-1}。

（2）测定其溶液在 25 ℃时的电导率，并将数据记录在表 7-2 中。

表 7-2　配离子溶液的电导率

配离子	电导率 /(S·m^{-1})	摩尔电导 /(S·m^{-2}·mol^{-1})	离子数	配离子电荷
$[Co(NH_3)_5Cl]^{2+}$				
$[Co(NH_3)_6]^{3+}$				

由测得的配合物溶液的电导率，根据 $\Lambda_m=\kappa\cdot\frac{1000}{c}$ 算出其摩尔电导率 Λ_m，由 Λ_m 的数值范围来确定其离子数，从而可确定配离子的电荷。

实验说明：

（1）在二氯化一氯五氨合钴(Ⅲ)的制备过程中，酸式滴定管一个班只需一只，可放在通风橱中，加到 50 mL，第一个同学用完 8 mL 后，继续加至 50 mL，第二个同学再用。

（2）两个合成可视药品的多少用量减半来做。第一个制备产量较可观，可达 10 g 左右(常量)，第二个在 1 g 左右(减半量)。

（3）制备三氯化六氨合钴(Ⅲ)时，6%过氧化氢必须是新配的。

（4）在第二个制备中，为了使产量不至于太少，洗涤时乙醇等用量一定要少量多次。用吸管吸取少量液体，沉淀即可。

（5）一年级同学常常对有效数字不很注意，求浓度时一定要注意这点。用分析天平称取的 0.4957 g 不可写成 0.5 g。

（6）蒸馏 NH_3 时，沸腾后应改为小火，保持微沸状态，不可剧烈沸腾，以防喷溅及蒸气把少量碱带出。

（7）测定 Co 时，要注意碘量法各种条件的控制。

（8）电导率法测定时，电导率仪上读出的电导率的数据为 μS·cm^{-1}，填入表中时，需乘以 10^{-6}，才能为 S·cm^{-1}。求摩尔电导率时，$\Lambda_m=\kappa\cdot\frac{1000}{c}$，此时的 1000 即物质的量浓度 mol·L^{-1}与 mol·cm^{-3}的换算系数。因此直接将摩尔浓度代入上式即可。

(9) 同学做实验时，必须备一本预习报告，每天将此本带来，记入原始数据，不得遗漏一点。

思考题

1. 在三氯化六氨合钴(Ⅲ)的制备中，在水浴上加热 20 min 的目的是什么？可否加热至沸？

2. 在三氯化六氨合钴(Ⅲ)的制备中，加入 H_2O 和浓 HCl 时，都要慢慢加入，为什么？它们在制备三氯化六氨合钴(Ⅲ)过程中起什么作用？

3. 测定溶液的电导率时，溶液的浓度范围是否有一定的要求？为什么？

4. 如何解释配位体场的强度对分裂能 Δ 的影响？

5. 在制定配合物电子光谱时所配溶液的浓度是否要十分正确？为什么？

实验三十五　硫酸铜的制备、提纯和质量鉴定

Ⅰ　五水合硫酸铜的制备

一、实验目的

(1) 掌握从金属制备它的某种盐的方法，以及重结晶提纯物质的原理。

(2) 进一步熟练称量、灼烧、水浴加热、结晶、减压过滤等基本操作。

二、实验提要

$CuSO_4 \cdot 5H_2O$ 是蓝色三斜结晶，俗称胆矾、蓝矾或铜矾。在干燥空气中会缓慢风化，218 ℃以上失去 5 个结晶水，成为白色硫酸铜。无水硫酸铜易吸水变蓝，利用此特性可以检验某些液态有机物中微量的水。$CuSO_4 \cdot 5H_2O$ 用途广泛，是制取其他固体铜盐和含铜农药的基本原料。

铜属于不活泼金属，不能溶于非氧化性酸中，但其氧化物在稀酸中却能溶解。因此在工业制备硫酸铜时，先把铜灼烧成氧化铜，再与适当浓度的硫酸作用。本实验则以废铜屑和硫酸为原料，浓硝酸为氧化剂来制备硫酸铜，其反应式为

$$Cu + 2HNO_3 + H_2SO_4 = CuSO_4 + 2NO_2\uparrow + 2H_2O$$

在铜和浓硝酸及硫酸反应后的溶液中，除硫酸铜外，还有一定量的硝酸铜和一些可溶性杂质及不溶性杂质。不溶性杂质可通过过滤除去，而硝酸铜则利用它和硫酸铜在水中溶解度的不同(表 7-3)，通过结晶方法使硫酸铜结晶，硝酸铜则留在母液中，从而分离除去。

表 7-3　硫酸铜和硝酸铜在不同温度下水中的溶解度[$g \cdot (100\ g\ H_2O)^{-1}$]

化合物 \ 温度/K	283	293	313	333
$CuSO_4 \cdot 5H_2O$	17.4	32.3	46.2	61.1
$Cu(NO_3)_2 \cdot 6H_2O$	95.4	125.1		
$Cu(NO_3)_2 \cdot 3H_2O$			160	178.5

由表 7-3 中数据可知，硝酸铜在水中的溶解度不论在高温或低温下都比硫酸铜大得多，因此当热溶液冷却时，首先结晶出的是硫酸铜。随着温度的降低，硫酸铜不断从溶液中析出，而硝酸铜大部分仍留在溶液中，若析出的结晶不纯，可以通过重结晶方法再次除去硝酸铜和其他一些杂质，最后可获得较纯净的五水硫酸铜晶体。

三、实验流程图

称取废铜屑 → 灼烧去油污 → 溶解、反应 → 浓缩、反应 → 重结晶 → 称重、计算产率

四、实验用品

仪器、用品：蒸发皿、抽滤泵、布氏漏斗、抽滤瓶、量筒、烧杯、水浴锅、滤纸。

试剂、材料：H_2SO_4($3\ mol \cdot L^{-1}$)、浓硝酸、铜屑。

五、实验内容

1. 制备五水硫酸铜粗产品

称取 3.0 g 铜屑，放入干燥的蒸发皿中，用煤气灯强烈灼烧至不再产生白烟且铜屑表面发黑(此步的目的是除去附着在铜屑上的油污并使铜屑表面生成一层氧化物)，自然冷却。

在通风橱中，往盛有灼烧过铜屑的蒸发皿中(蒸发皿要稍微冷却一下)加入 16 mL $3\ mol \cdot L^{-1}$ H_2SO_4，然后缓慢、分批地加入 5 mL 浓硝酸，待反应缓和后盖上表面皿，放在水浴上加热、继续反应。在此过程中需补加 8 mL $3\ mol \cdot L^{-1}$ H_2SO_4(由于反应情况不同，补加的酸量要根据具体反应情况而定，浓硝酸要尽量少加)，待铜屑近于全部溶解后(约 45 min)，趁热用倾析法将溶液转至小烧杯中。随后再将硫酸铜溶液转移到洗净的蒸发皿中，水浴加热，浓缩至液体表面出现晶膜为止。取下蒸发皿，置于冷水中使其完全冷却，即有五水硫酸铜析出，然后抽滤，称重并计算产率。

2. 重结晶提纯五水硫酸铜

将粗产品以每克加 1.2 mL 去离子水的比例溶于小烧杯中，加热使其完全溶

解，并趁热抽滤（抽滤瓶、布氏漏斗应预先在水浴上预热一下）。滤液马上收集到小烧杯中，让其慢慢自然冷却，即有晶体析出。待完全冷却后，再次抽滤，并用滤纸吸干水分，称重并计算产率。

思考题

1. 在加入浓硝酸过程中，为什么要慢慢地分批加入，而且要尽量少加？

2. 分别说明在什么情况下使用常压过滤或减压过滤？什么情况下要用热过滤？

3. 减压过滤是如何操作的？应注意什么？

Ⅱ 硫酸铜的质量鉴定

一、实验目的

掌握碘量法测定铜含量的原理和方法。

二、实验提要

二价铜盐与碘化物发生下列反应。

$$2Cu^{2+}+4I^- \rightleftharpoons 2CuI\downarrow+I_2$$

$$I_2+I^- \rightleftharpoons I_3^-$$

析出的 I_2 再用 $Na_2S_2O_3$ 标准溶液滴定，由此可以计算出铜的含量。Cu^{2+} 与 I^- 的反应是可逆的，为了促使反应实际上能趋于完全，必须加入过量的 KI。但是，由于 CuI 沉淀前吸附 I_3^-，所以会使测定结果偏低。如果加入 KSCN，使 CuI（$K_{sp}=5.06\times10^{-12}$）转化为溶解度更小的 CuSCN（$K_{sp}=4.8\times10^{-15}$）。

$$CuI+SCN^- = CuSCN\downarrow+I^-$$

则不但被吸附的 I_3^- 得到释放，而且反应时再生成的 I^- 也可与未反应的 Cu^{2+} 发生作用。在这种情况下，可以使用较少的 KI 而能使反应进行得更完全。但是 KSCN 只能在接近终点时加入，否则会因为 I_2 的量较多，明显地被 KSCN 还原而使结果偏低。

$$SCN^-+4I_2+4H_2O = SO_4^{2-}+7I^-+ICN+8H^+$$

为了防止铜盐水解，反应必须在酸性溶液中进行。酸度过低，Cu^{2+} 氧化 I^- 的反应进行不完全，结果偏低，而且反应速率小，终点拖长；酸度过高，则 Cu^{2+} 会催化 I^- 被空气氧化为 I_2 的反应，使结果偏高。

大量 Cl^- 能与 Cu^{2+} 配合，而 I^- 不易从 Cu(Ⅱ)的氯配合物中将 Cu(Ⅱ)定量地还原，因此最好用硫酸而不用盐酸（少量盐酸不干扰）。能氧化 I^- 的物质如 Fe^{3+} 对本实验的测定会有干扰，使测定结果偏高，因此可加入 NH_4F 作为掩蔽剂。

实验所用的 $Na_2S_2O_3$ 标准溶液的浓度需要 $K_2Cr_2O_7$ 作为基准物来标定。$K_2Cr_2O_7$ 先与 KI 反应析出 I_2。

$$Cr_2O_7^{2-}+6I^-+14H^+ = 2Cr^{3+}+3I_2+7H_2O$$

析出的 I_2 再用 $Na_2S_2O_3$ 标准溶液滴定。

$$I_2+2S_2O_3^{2-} = S_4O_6^{2-}+2I^-$$

三、实验流程图

称量、溶解 → 取样 → 滴定 → 数据处理

四、实验用品

仪器、用品：烧杯（100 mL）、移液管（10 mL）、容量瓶（100 mL）、锥形瓶、滴定管。

试剂、材料：$CuSO_4 \cdot 5H_2O$、H_2SO_4（2 $mol \cdot L^{-1}$）、KI（10%）、$Na_2S_2O_3$（0.01$mol \cdot L^{-1}$标准溶液）、NH_4SCN（20%）、$K_2Cr_2O_7$（基准物）、NH_4F（掩蔽剂）、淀粉。

五、实验内容

1. 铜盐试样的称取、溶解和取样

精确称取铜盐试样 0.50～0.75 g 于 100 mL 烧杯中，用少量水溶解后，转入 100 mL 容量瓶中，稀释至刻度，摇匀。用 10 mL 移液管吸取试液数份，分别放入 100 mL 锥形瓶中。

2. 测定

在上述放有试液的锥形瓶中，加入 1 mL 2 $mol \cdot L^{-1}$ H_2SO_4 和 4 mL 10% KI，用少量纯水吹洗瓶壁，立即用 0.01 $mol \cdot L^{-1}$ $Na_2S_2O_3$ 溶液滴定由红棕色变成浅黄色，然后加入淀粉数滴，继续滴定至浅蓝色，加入 20% NH_4SCN 1.5 mL，振荡。此时溶液的蓝色加深，最后滴定至溶液成乳白色的悬浮液即为终点。记录 $Na_2S_2O_3$ 体积读数于表 7-4 中，重复滴定 2～3 次。

自拟计算式，根据测得的数据计算 Cu 和 $CuSO_4 \cdot 5H_2O$ 的质量分数（%）。

表 7-4　$CuSO_4 \cdot 5H_2O$ 的纯度鉴定

测量次数 / 记录项目	1	2	3
$m_{CuSO_4 \cdot 5H_2O}$/g			
$V_{Cu^{2+}}$/mL			
$V_{Na_2S_2O_3}$/mL			

续表

记录项目＼测量次数	1	2	3
$c_{Cu^{2+}}$/(mol·L^{-1})			
Cu 的质量分数/%			
Cu 的质量分数平均值/%			
相对平均偏差			

实验三十六　过氧化钙的制备及含量分析

一、实验目的

(1)综合练习无机化合物制备的操作。

(2)了解过氧化钙的制备原理及条件。

(3)了解碱金属和碱土金属过氧化物的性质。

(4)熟悉过氧化物的分析方法。

二、实验提要

过氧化钙是一种比较稳定的金属过氧化物,它可在室温下长期保存而不分解。它的氧化性较缓和,属于安全无毒的化学品,可应用于环保、食品及医药工业。

本实验以大理石为原料,大理石的主要成分是碳酸钙,还含有其他金属离子及不溶性杂质。先将大理石溶解除去杂质,制得纯的碳酸钙固体。再将碳酸钙溶于适量的盐酸中,在低温碱性条件下与过氧化氢反应制得过氧化钙。水溶液中制得的过氧化钙含有结晶水,颜色近乎白色。其结晶水的含量随制备方法及反应温度的不同而有所变化,最高可达 8 个结晶水。含结晶水的过氧化钙在加热后逐渐脱水,100 ℃以上完全失水,生成米黄色的无水过氧化钙。加热至 350 ℃左右过氧化钙迅速分解,生成氧化钙,并放出氧气。反应方程式为

$$2CaO_2 \xrightarrow{\triangle} 2CaO + O_2\uparrow$$

三、实验流程图

制备 $CaCO_3$ ⟶ 制备 CaO_2 ⟶ 性质测试含量分析

四、实验用品

仪器、用品:电子天平、烧杯、漏斗、减压抽滤装置、滴定管、烘箱、水浴锅、玻璃棒、滴管。

试剂、材料：大理石、HNO_3（6 mol·L^{-1}）、浓氨水、1∶1 氨水、1∶2 氨水、$(NH_4)_2CO_3$、HCl（6 mol·L^{-1}）、H_2O_2（60 g·L^{-1}）、$CaCl_2$、淀粉-KI 试纸、$Fe(NO_3)_3$（2 mol·L^{-1}）、NaOH（2 mol·L^{-1}）、KI 溶液（100 g·L^{-1}）、$Na_2S_2O_3$（0.05 mol·L^{-1}）标准溶液、淀粉溶液、滤纸、称量纸。

五、实验内容

1. 制取纯的 $CaCO_3$

称取 10 g 大理石，溶于 50 mL 6 mol·L^{-1}的 HNO_3 溶液中。反应完全后，将溶液加热至沸腾。然后，加 100 mL 水稀释并用 1∶1 氨水调节溶液的 pH 至呈弱碱性。再将溶液煮沸，趁热常压过滤，弃去沉淀。另取 15 g $(NH_4)_2CO_3$ 固体溶于 70 mL 水中，在不断搅拌下，将它缓慢地加到上述热的滤液中。再加 10 mL 浓氨水。搅拌后放置片刻，减压过滤，用热水洗涤沉淀数次。最后，将沉淀抽干。

2. 过氧化钙的制备

将以上制得的 $CaCO_3$ 置于烧杯中，逐滴加入浓度为 6 mol·L^{-1}的 HCl，直至烧杯中剩余极少量的 $CaCO_3$ 固体为止。将溶液加热煮沸，趁热常压过滤以除去未溶的 $CaCO_3$。另外，量取 60 mL 60 g·L^{-1}的 H_2O_2 溶液，将它加入到 30 mL 的 1∶2 氨水（体积比）中，将所得的 $CaCl_2$ 溶液和 $NH_3·H_2O$ 溶液都置于冰水浴中冷却。

待溶液充分冷却后，在剧烈搅拌下将 $CaCl_2$ 溶液逐滴滴入 $NH_3·H_2O$ 溶液中（滴加时溶液仍置于冰水浴内）。加毕继续在冰水浴内放置 0.5 h。然后减压过滤，用少量冰冷的去离子水洗涤晶体 2～3 次。晶体抽干后，取出置于烘箱内，在 120 ℃下烘 1.5 h。最后冷却，称重，计算产率。

3. 性质试验

1）CaO_2 的性质试验

在试管中放入少许 CaO_2 固体，逐滴加入水，观察固体的溶解情况。取出 1 滴溶液，用淀粉-KI 试纸试验。

在原试管中滴入少许稀盐酸，观察固体的溶解情况。从中再取出一滴溶液，用淀粉-KI 试纸试验。

2）H_2O_2 的催化分解

取 3 支试管，各加入 1 mL 上述试管中的溶液。在其中一支试管内再加 1 mL 2 mol·L^{-1}的 $Fe(NO_3)_3$ 溶液。在第二支试管中滴加 2 mol·L^{-1}的 NaOH 溶液。比较 3 支试管中 H_2O_2 分解放出氧气的速度。

3）过氧化钙含量分析

称取干燥产物 0.1～0.2 g，加入 100 mL 水中。取 100 g·L^{-1} KI 溶液 20 mL，与 15 mL 的 6 mol·L^{-1} HCl 共混后加入上述水中。充分摇匀后放置 10 min 使其

作用完全。以淀粉溶液作指示剂，用 0.05 mol·L^{-1}硫代硫酸钠标准溶液滴定，蓝色褪去为终点，计算产物中 CaO_2 的含量。

思考题

1. 制取纯 $CaCO_3$ 时反复将溶液加热至沸腾，再调节溶液的 pH 至碱性的目的何在？

2. 制备过氧化钙时加入 30 mL 1∶2 氨水的作用是什么？

实验三十七　室温固相反应法制备半导体纳米材料

一、实验目的

(1) 学习室温固相反应法制备半导体材料的方法。
(2) 了解用 X 射线衍射法表征化合物结构的方法。
(3) 学习用热分析法研究化合物的热稳定性。
(4) 练习固液分离操作和加热设备的使用。

二、实验提要

室温固相反应是近几年发展起来的一个新的研究领域。利用固相反应可以合成液相中不易合成的金属配合物、原子簇化合物、金属配合物的顺反几何导构体，以及不能在液相中稳定存在的固相配合物等。同时，由于固、液相反应过程中的反应机理不同，有时还可能产生不同的反应产物，因而有可能制得一些特殊的材料。

利用室温固相反应法合成精细陶瓷材料的研究刚刚兴起。与常用的气相法、液相法及固相粉碎法相比，它具有明显的优点，如合成工艺大大简化、原料的用量及副产物的排放量都显著减少。同时由于减少了中间步骤并且是低温反应，此方法还可以避免纳米材料颗粒团聚，有利于提高产物纯度。

CdS、CuO、Fe_2O_3、ZnO 等是典型的化合物半导体材料，在颜料、光电池、杀菌和敏感材料领域有着重要的应用。最常用的合成方法是化学沉淀法。本实验方案之一是选用镉盐与硫化钠在室温下一步反应法制备 CdS，现象明显，反应速率小。合成产物的结构经 X 射线衍射分析符合 JCPDS 卡片 10-0454，分别在 26.5°、44°、52°处出现最强的衍射峰(图 7-2)。本合成反应的方程式如下

$$CdSO_4 \cdot 7H_2O + Na_2S \cdot 9H_2O = CdS + Na_2SO_4 + 16H_2O$$

CdS 的热稳定性可用差热分析(DTA)和热重分析(TG)同时分析。图 7-3 是 CdS 在空气气氛中的 DTA-TG 曲线，555.7 ℃的放热峰及伴随的增重现象可认为是 CdS 被氧化生成了 $CdSO_4$，382.3 ℃的微弱吸热峰和伴随的轻微的失重现象可能

是 CdS 表面吸附物的脱去或少量 CdS 被氧化成了 CdO。由此表明 CdS 在 500 ℃以下是稳定的，超过 500 ℃则明显被氧化。

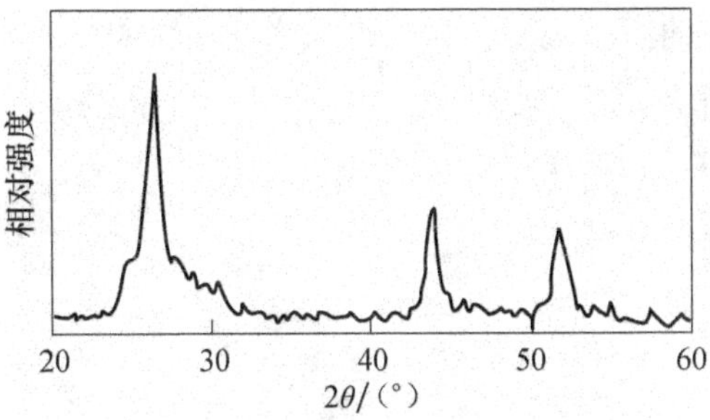

图 7-2 合成 CdS 样品的 XRD 图

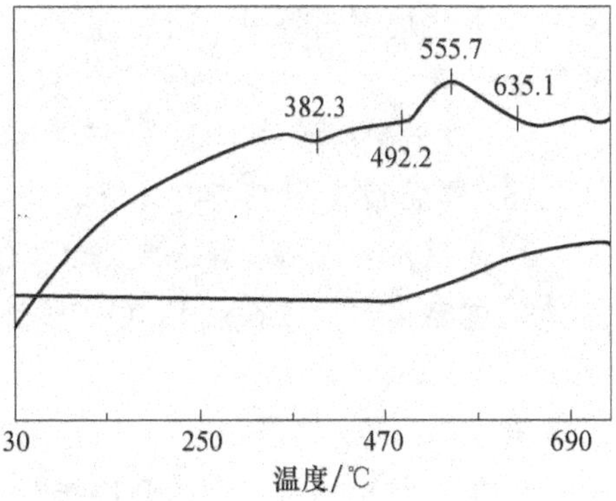

图 7-3 合成 CdS 样品的 DTA-TG 曲线

本实验方案之二是以 $CuSO_4 \cdot 5H_2O$ 和 NaOH 为原料直接合成 CuO，反应方程式如下

$$CuSO_4 \cdot 5H_2O + 2NaOH = CuO + Na_2SO_4 + 6H_2O$$

本实验方案之三是以 $Fe_2(SO_4)_3 \cdot xH_2O$ 和 NaOH 为原料直接合成 Fe_2O_3，反应方程式如下

$$Fe_2(SO_4)_3 \cdot xH_2O + 6NaOH = 2Fe(OH)_3 + 3Na_2SO_4 + xH_2O$$

三、实验用品

仪器、用品：小研钵、烧杯(250 mL)、离心试管、小坩埚、多用滴管、烘箱、马弗炉、离心机、差热分析仪、X 射线衍射仪(或红外光谱)。

试剂、材料：$CdSO_4 \cdot 7H_2O$(固体)、$CuSO_4 \cdot 5H_2O$、$Fe_2(SO_4)_3 \cdot xH_2O$、$Na_2S \cdot 9H_2O$(固体)、NaOH(固体)、$BaCl_2$(1.0 $mol \cdot L^{-1}$)溶液、pH 试纸。

四、实验内容

1. 室温固相反应合成 CdS

(1) 按 2 g CdS 的产量设计应加入 $CdSO_4 \cdot 7H_2O$(固体)和 $Na_2S \cdot 9H_2O$(固体)的量，用台秤称量后置于小研钵中研磨 10～20 min，即生成橙红色的 CdS。注意观察并记录实验过程中的温度和颜色的变化。

(2) 将产物转移到 250 mL 烧杯中，用去离子水洗涤 5 遍以上，上层清液用多用滴管吸出，用 pH 试纸检验清液的 pH≤6，且用 $BaCl_2$ 检验无 $BaSO_4$ 沉淀生成为止。得到纯净的 CdS 沉淀。

(3) 洗净的沉淀转移至离心试管内离心分离(或用砂芯漏斗减压过滤)。吸净上层清液后称重，计算产率。

(4) 在自己的离心试管上贴上标签，放入 105 ℃的烘箱中烘干样品(一般需 6 h以上)。此烘干样品可用于进行热分析、X 射线衍射分析或红外光谱分析。为了使 X 射线衍射图效果更明显，可将该样品于马弗炉中 400 ℃煅烧 1～2 h，使晶形趋于完整。

(5) 在差热分析仪上测绘 DTA-TG 曲线。确定合成产物的热稳定性变化。

(6) 样品做 X 射线衍射分析谱，推测其晶体结构。

2. 室温固相反应直接合成 CuO(自己设计)

3. 室温固相反应合成 Fe_2O_3(自己设计)

思考题

1. 常用的化合物半导体有哪些？它们各有什么用途？

2. 在空气中测得 CdS 的稳定温度在 500 ℃以下，氧化产物为 $CdSO_4$，若在 N_2 中进行 DTA-TG 分析，结果会如何？试推测一下。

3. 试从热力学角度推测，能否用本实验方法合成 ZnS、SnO_2。

实验三十八　二氧化钛纳米粒子的制备及其光催化活性的测定

一、实验目的

(1)掌握称量、溶液配制等基本实验操作。

(2)掌握溶胶-凝胶法(sol-gel 法)制备无机化合物的操作要点。

(3)掌握无机化合物制备和表征中常用仪器的正确操作。

二、实验提要

溶胶-凝胶法是在温和条件下合成无机化合物或无机材料的重要方法。在软化学合成中占有重要地位，在纳米粒子的制备方面有着广泛的应用。溶胶-凝胶法的典型过程是首先将原料分散在溶剂中，然后经过水解反应生成活性单体，活性单体进行聚合生成溶胶，进而生成具有一定空间结构的凝胶，最后经过干燥和煅烧制备纳米粒子。

TiO_2 无毒、化学性质稳定，是光催化反应中最常用的催化剂之一。本实验采用无水乙醇为溶剂，钛酸四丁酯为钛源，利用溶胶-凝胶法合成 TiO_2 纳米粒子。主要发生如下反应。

1. 水解反应

$$Ti(OC_4H_9)_4 + H_2O \longrightarrow Ti(OH)_x(OC_4H_9)_{4-x} + xC_4H_9OH$$

2. 聚合反应

$$—Ti—OH + HO—Ti— \longrightarrow —Ti—O—Ti— + H_2O$$

3. 分解反应

$$—TiOC_4H_9 + HO—Ti— \longrightarrow —Ti—O—Ti— + C_4H_9OH$$

以罗丹明 B(RhB)作为光催化降解的污染物，考察 TiO_2 纳米粒子的光催化活性。如图 7-4 所示，当 TiO_2 受到能量大于或等于其带隙能（TiO_2 纳米粒子的带隙能约为 3.2 eV)的紫外光照射时，处于价带上的电子被激发到导带，从而在导带上聚集高活性的电子(e^-)，而带正电荷的空穴(h^+)留在价带上，电子与空穴分别与吸附在粒子表面的溶解氧和水分子发生反应，产生具有高活性的羟基自由基 ·OH 和超氧自由基 O_2^- · 等，从而将罗丹明 B 氧化降解。

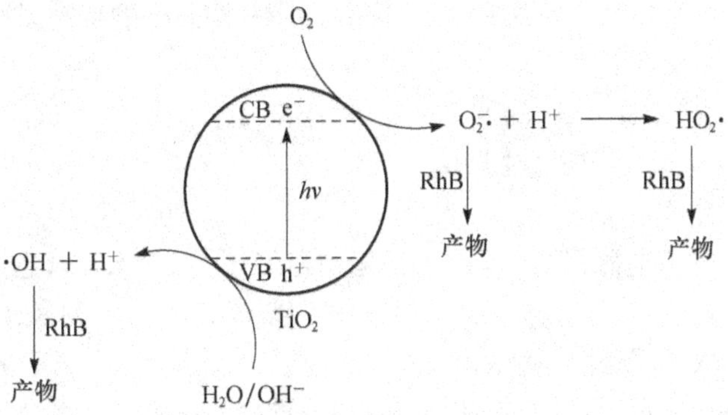

图 7-4　紫外光照下 TiO_2 光催化降解 RhB 的原理

三、实验流程

溶胶制备 → 凝胶制备 → 干燥 → 煅烧 → TiO_2 纳米粒子

→ 加入到罗丹明 B 溶液中 → 紫外光照 → 检验 TiO_2 的催化活性

四、实验用品

仪器、用品：量筒、烧杯、容量瓶、锥形瓶（带磨口塞）、滴液漏斗、天平、磁力搅拌器、离心机、pH 计、陶瓷研钵、培养皿、坩埚、紫外线防护眼镜、紫外可见分光光度计、超声波清洗仪、光催化反应装置、石英试管、烘箱、马弗炉。

试剂、材料：钛酸四丁酯 $Ti(OC_4H_9)_4$、无水乙醇、乙酸、浓盐酸、罗丹明 B。

五、实验内容

1. TiO_2 纳米粒子的制备

将 6 mL 无水乙醇、2 mL 乙酸、1.5 mL 浓盐酸和 3 mL 蒸馏水充分混合均匀，

配成溶液 **A**。

室温下,在 150 mL 干燥的烧杯中先后加入 24 mL 无水乙醇,17 mL 钛酸四丁酯,并搅拌均匀,制得溶液 **B**。

将溶液 **A** 转移到干燥的滴液漏斗中,在剧烈搅拌下以 2～3 滴 · s^{-1} 的速度滴加到溶液 **B** 中。滴加完毕后继续反应 5 min,得到溶胶,继续搅拌 1～2 h,将得到的湿胶转移至培养皿中,放在 60 ℃烘箱中干燥 12 h 取出,在陶瓷研钵中充分研细。将得到的粉末转移至坩埚中,作好标记后放入马弗炉内,在 500 ℃煅烧 1 h。自然降至室温,得到白色的粉末,即 TiO_2 纳米粒子。

测量所得产品的 X 射线衍射谱,确定产品的晶体结构并按下式计算颗粒大小。

$$D=k\lambda/(\beta\cdot\cos\theta)$$

式中,D 为颗粒半径;$k=0.89$;$\lambda=0.154\,056$ nm;β 为衍射峰的半峰宽;θ 为衍射角。

2. 光催化降解实验

配制 2×10^{-5} mol · L^{-1}的罗丹明 B 水溶液,取 50 mL 置于石英管中,向其中加入 10 mg TiO_2,将石英管(注意作好标记)转移至光催化反应箱中。300 W 汞灯(外层带有冷却水夹套)作为光源,位置平行于石英管,距反应液约 18 cm。设置光化学反应参数,开启电磁搅拌器,在实验箱中避光搅拌 30 min 以达到吸附-脱附平衡,打开冷凝水,开启紫外灯,光照 20 min。关闭紫外灯,10 min 后关闭冷凝水。将反应液离心分离,取上层清液。利用紫外可见分光光度计检测 RhB 溶液在其最大吸收峰 554 nm 处的吸光度,根据下式计算罗丹明 B 的降解效率。

$$降解效率=\frac{A_0-A}{A_0}\times100\%$$

式中,A_0 为吸附-脱附平衡后罗丹明 B 在 554 nm 处的吸光度;A 为光照 20 min 后罗丹明 B 的吸光度。

思考题

1. 取用钛酸四丁酯时应注意哪些问题?
2. 滴加溶液 **A** 至溶液 **B** 中速度过快会出现什么样的现象?
3. 500 ℃煅烧会得到哪种晶形的 TiO_2 纳米粒子?
4. 在一定浓度范围内,吸光度 A 与溶液的浓度 c 之间的关系如何?

实验三十九　水处理剂聚合硫酸铁的制备及其性能测试

一、实验目的

(1)制备聚合硫酸铁,了解反应条件对产物聚合度的影响。

(2)通过本实验,学会查阅有关国家标准,用国家标准检测产品。

二、实验提要

聚合硫酸铁(poly ferric sulfate,PFS)是20世纪70年代国外开发的一种新型无机高分子絮凝剂,具有用量少、絮凝能力强、沉淀速度快、适用pH范围宽(4～10)等特点。

聚合硫酸铁是一种碱性硫酸盐,它是硫酸铁在水解-絮凝过程中的一个中间产物。液体聚硫酸铁本身含有大量的聚合阳离子,因此它们具有很强的中和悬浮颗粒上电荷的能力,能降低电位较高的胶团使之稳定,并水解成为絮状的羟基铁化合物。它有很大的比表面积和很强的吸附能力,对水中的悬浮物、有机物、硫化物、重金属的去除效果好,产品无毒性,腐蚀性小,且具有脱色能力。因而被广泛应用于矿山、印染、造纸、食品、皮革等工业的废水处理。相比于传统的铝系絮凝剂,PFS在反应过程中无离子水相转移和残留积累,使用更方便、价格更便宜、用量更省。

目前生产聚硫酸铁的方法很多,有空气(氧气)催化氧化法、硫铁矿灰加压酸熔法、氯酸钾(钠)氧化法等。无论以何种原料为基础,均采用控制SO_4∶Fe<3∶2(物质的量比)的方法,制得不同盐基度聚硫酸铁。

制备聚合硫酸铁可分为氧化、水解、聚合三个过程,反应方程式如下

$$FeSO_4 + \frac{1}{2}SO_4^{2-} \xrightarrow{\text{氧化}} \frac{1}{2}Fe_2(SO_4)_3 + e^-$$

$$Fe_2(SO_4)_3 + nH_2O \xrightarrow{\text{水解}} Fe_2(OH)_n(SO_4)_{3-\frac{n}{2}} + nH^+ + \frac{n}{2}SO_4^{2-}$$

$$m[Fe_2(OH)_n(SO_4)_{3-\frac{n}{2}}] \xrightarrow{\text{聚合}} [Fe_2(OH)_n(SO_4)_{3-\frac{n}{2}}]_m$$

本实验采用$KClO_3$为氧化剂的直接氧化法制备聚合硫酸铁。硫酸亚铁和硫酸在氧化剂$KClO_3$的作用下,氧化为$Fe_2(SO_4)_3$,后经一系列水解,聚合反应生成聚合硫酸铁。

聚合硫酸铁的质量主要取决于全铁含量和盐基度。其中盐基度尤为重要,盐基度越高,说明聚合度越大,絮凝效果越好。而影响聚合硫酸铁的盐基度的主要因素是硫酸用量(即$n_{SO_4^{2-},总}$∶$n_{Fe,总}$,n为物质的量)及反应温度,因而可选择不同的硫酸用量及反应温度进行条件实验,得出聚合硫酸铁的最佳合成条件。

本实验要求达到如下目的。

(1)制备100 mL聚合硫酸铁(Fe含量为160 g·L^{-1},$n_{SO_4^{2-},总}$∶$n_{Fe,总}=1.25$)。

(2)对制得的产品进行主要性能指标的测定,主要性能指标达到表7-5的要求。

表7-5　聚合硫酸铁的主要性能指标(GB 14591—2006)

项目	密度/(g·mL^{-1})(20℃)	全铁含量/%	还原性生物(Fe^{2+})含量/%	盐基度/%	pH(1%水溶液)
指标	≥1.45	≥11.0	≤0.10	9.0～14.0	2.0～3.0

三、实验用品

仪器、用品：磁力搅拌器、恒温槽、比重计（刻度值为0.001 g·mL^{-1}）、酸度计。

试剂、材料：$FeSO_4 \cdot 7H_2O$（固体，96%）、$KClO_3$（固体）、浓 H_2SO_4（93%，密度为1.830 g·mL^{-1}），Na_2WO_4（2.5%）、KF（500 g·L^{-1}）、$K_2Cr_2O_7$ 标准溶液（0.015 mol·L^{-1}）、$KMnO_4$ 标准溶液（0.01 mol·L^{-1}）、NaOH 标准溶液（0.1 mol·L^{-1}）、二苯胺磺酸钠（5 g·L^{-1}）、酚酞（1%），$TiCl_3$（25 mL15% $TiCl_3$，加入20 mL 6 mol·L^{-1} HCl，用水稀释至100 mL）。

四、实验内容

(1) 计算制备100 mL聚合硫酸铁所需 $FeSO_4 \cdot 7H_2O$ 和浓硫酸的量。将浓硫酸配制成稀溶液，并加热至反应温度（50 ℃）备用。分别称取所需 $FeSO_4 \cdot 7H_2O$ 和5 g $KClO_3$，各分成12份，在搅拌下分11次，间隔3 min加入到上述稀硫酸中。第一次加2份，以后每次各加1份。为了使 $FeSO_4$ 充分氧化，最后再多加0.5 g $KClO_3$，继续搅拌10～15 min，冷却，加水至100 mL，即得红褐色黏稠透明的聚合硫酸铁液体。

(2) 选择不同的硫酸用量及反应温度进行条件试验，得出聚合硫酸铁的最佳合成条件。

(3) 参照《水处理剂聚合硫酸铁》(GB 14591—2006)分析方法进行主要指标的测定。

① 用比重计测定聚合硫酸铁液体的密度。

② 用重铬酸钾法测定全铁含量。

③ 用高锰酸钾法测定还原性物质（以 Fe^{2+} 计）含量。

④ 盐基度的测定是在样品中加入定量盐酸溶液，再加入氟化钾掩蔽铁，然后以酚酞为指示剂，用NaOH标准溶液滴定。

⑤ 用酸度计测定1%聚合硫酸铁水溶液的pH。

(4) 净水试验：在一个盛满水的桶内加入一些黏土，搅拌均匀后静置2 min，让黏土中粗砂粒沉降。取上层的浊水两份，每份1000 mL分别置于大烧杯中。在一份浊水中滴加5滴聚铁溶液，立即搅拌3 min，静置5 min后与另一份未加聚合硫酸铁的浊水进行对比，记录聚合硫酸铁的絮凝情况。

实验四十　分子筛的制备及其物性测定

一、实验目的

(1) 通过Y分子筛的制备及其物性测定，了解分子筛制备的一般方法和物性测定的实验技术。

(2) 独立设计并完成分子筛的制备及物性测定实验，培养和提高综合应用实验技术和解决问题的能力。

二、实验提要

分子筛又称沸石，是一类结晶的硅酸盐。分子筛的化学组成一般可用以下通式来表示。

$$M_{\frac{2}{n}}O \cdot Al_2O_3 \cdot xSiO_2 \cdot yH_2O$$

式中，M 为金属离子；n 为金属离子的价数；x 为 SiO_2 的物质的量；y 为结晶水的物质的量。分子筛组成中 SiO_2 的含量不同，或者说 SiO_2 与 Al_2O_3 的物质的量不同则可形成不同类型的分子筛，如 A 型、X 型、Y 型、ZSM 系列、β 型、丝光沸石等。此外，还有在分子筛骨架中掺杂其他元素的杂原子分子筛，如 TS-1 系列、SAPO 系列等。不同类型的分子筛结构不同，孔道大小不同，表面酸性不同，催化性能差异很大。其中 Y 分子筛中 SiO_2 的物质的量：$x=3.1\sim5.0$。

分子筛的组成单元是硅(铝)氧四面体(图 7-5)。硅氧四面体和铝氧四面体按一定的方式通过氧桥连接在一起，可以形成环状、链状或笼状骨架。由于四面体的数目不同，则所形成骨架的形状、大小也不相同。例如，四个四面体形成一个四元环，六个四面体形成一个六元环(图 7-6)，环的当中是一个孔，不同的环则有不同的孔径。在某一型号的分子筛中，不完全是由一种环组成，这样同一分子筛可以有几种不同的孔径。

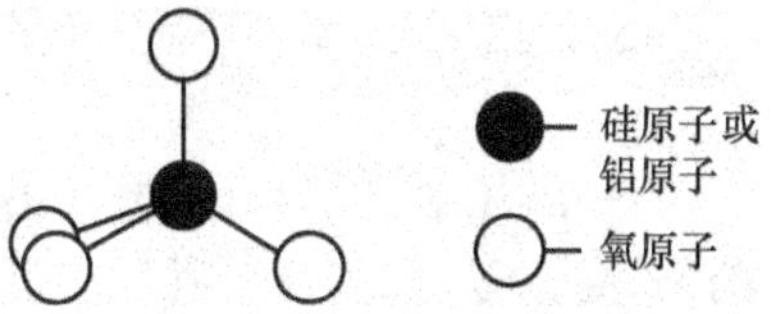

图 7-5　硅氧四面体或铝氧四面体

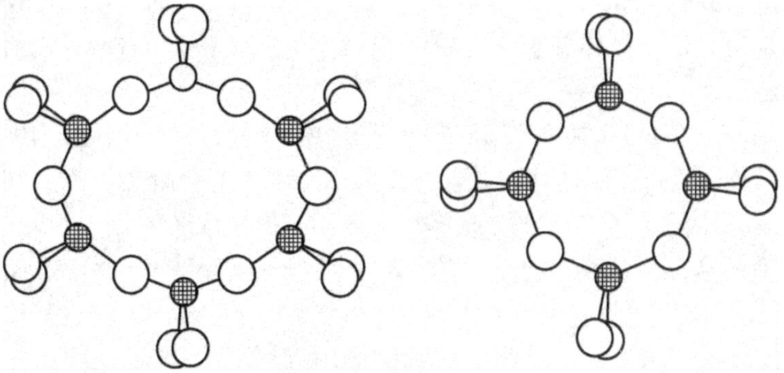

图 7-6　四元环和六元环

分子筛中的 SiO_4 四面体中的 Si 是四价的，而 AlO_4 四面体中的 Al 是三价的，它与四个氧配位，构成负电性的四面体。这样，整个硅氧铝氧骨架是带负电荷的，为此必须吸附阳离子以保持电性平衡。通常合成分子筛时，在骨架中每个铝氧四面体的附近携带一个 Na^+，使整个分子筛保持电中性。这样，分子筛结构中的 Na 和 Al 的原子数是相同的。

分子筛具有孔径均匀、比表面积和孔体积大、可以进行离子交换、骨架有酸中心等特点。可以作为催化剂、吸附剂和离子交换剂，广泛应用于洗涤剂工业、石油化学工业、精细化工、环境保护等众多领域。

目前在炼油工业中用量最大的是 Y 分子筛，工业产品的 Y 分子筛粒径一般在微米级。而小晶粒的分子筛孔道短，有利于反应物和产物的扩散，在催化裂化、加氢裂化和异构化等反应中具有较高的催化活性和选择性，在炼油工业中有广阔的应用前景。目前，小晶粒 Y 分子筛的制备主要是在常规合成方法中，通过提高水热合成体系的碱度、加入晶种或表面活性剂等手段来抑制晶粒长大。也可以通过改变反应混合物的比例、陈化时间、晶化温度和时间来制备。在本实验中，给出一个具体的 Y 分子筛制备方法。同学进行实验时可以通过对具体条件的微调（如改变水含量、添加表面活性剂、改变陈化温度、时间等），来考察不同条件下产品粒径的变化。

三、实验用品

仪器、用品：恒温磁力搅拌器、烧杯、滴管、量筒、分析天平、表面皿、pH 试纸、药勺、高压釜、烘箱、离心机。

试剂、材料：硅溶胶（SiO_2 质量分数为 25.56%）、铝酸钠（Al_2O_3 质量分数为 41%）、氢氧化钠（质量分数为 96%）、去离子水。

四、实验内容

按比例（物质的量之比）$5.1Na_2O : Al_2O_3 : 10SiO_2 : 200H_2O$ 计算各原料的用量。实验时可根据具体要求缩小用量，下面以 Al_2O_3 为 0.01 mol 时计算各原料用量为例进行实验。

称取 3.33 g NaOH 加入 17 mL 去离子水中，搅拌条件下加入 2.49 g 铝酸钠。完全溶解后加入 23.47 g 硅溶胶，搅拌 30 min。得到混合凝胶。凝胶在室温陈化 24 h，放入带聚四氟乙烯内衬的反应釜中，于 100 ℃下晶化 9 h。

将得到的产品混合液抽滤，并用去离子水洗涤至 pH 小于 8，然后在 110 ℃下干燥 8 h，干燥后产品置于马弗炉中在 350 ℃焙烧 3 h，所得产品用 X 射线粉末衍射（XRD）进行结构表征，并与文献报道的 Y 分子筛谱图进行比较。应用低温 N_2 吸附测试其比表面积、孔体积和孔径；应用 TEM 或 SEM 观察粒子形貌和尺寸。

以上面的实验条件为基准，可以通过调整反应混合物中的水含量、改变陈化温度和陈化时间、改变晶化时间或添加表面活性剂等手段来调控分子筛的晶粒大小。

思考题

1. 制备 Y 分子筛需要注意哪些问题？
2. 不同制备条件对晶粒大小有何影响，为什么？

实验四十一　二茂铁的合成和表征

一、实验目的

(1)通过二茂铁的制备，掌握无水、无氧合成实验的操作方法。
(2)学习红外光谱表征化合物结构的方法。

二、实验提要

双环戊二烯合铁$(C_5H_5)_2Fe$，又称二茂铁(ferrocene)，它具有夹心型结构，二价铁离子被夹在两个茂环中间，金属离子通过九个最外层价键轨道(3d，4s，4p)与两个环戊二烯阴离子的离域 π 轨道成键，形成九个成键轨道，遵循十八电子规则。

二茂铁在室温下为橙色晶体，有樟脑味，熔点为 173～174 ℃，沸点 249 ℃，高于 100 ℃升华，加热至 400 ℃也不分解，对碱和非氧化性酸稳定，能溶于乙醚、石油醚、苯等许多有机溶剂中，基本不溶于水。在乙醇或乙烷中的电子光谱于 440 nm、325 nm 和 225 nm 处有吸收峰，红外光谱由下列谱带组成：3077 cm^{-1}、1410 cm^{-1}、1110 cm^{-1}、1005 cm^{-1}、855 cm^{-1}、820 cm^{-1}、492 cm^{-1}、478 cm^{-1}。

自从 1951 年最初制备二茂铁以来，二茂铁的合成方法已很多。本实验选择环戊二烯阴离子与二价铁离子反应，制备二茂铁。一般方法是在四氢呋喃、二甲亚砜或类似的溶剂中，用金属钠或有机强碱(如二乙胺)脱去环戊二烯的一个质子，让生成的环戊二烯阴离子再与无水二氯化铁反应。无水二氯化铁很不稳定，可在四氢呋喃中用细铁粉还原无水三氯化铁来制备。全部操作都必须在严格的无水、无氧条件下进行。反应方程式为

$$2C_5H_6 + 2Na \longrightarrow 2\,C_5H_5^-Na^+ + H_2\uparrow$$

$$C_5H_6 + NH(C_2H_5)_2 \longrightarrow C_5H_5^-[NH_2(C_2H_5)_2]^+$$

$$2FeCl_3 + Fe \longrightarrow 3FeCl_2$$

$$2C_5H_5^- + Fe^{2+} \longrightarrow (C_5H_5)_2Fe$$

本实验是用无机强碱 KOH 在二甲亚砜溶剂中脱去环戊二烯的质子，然后直接与四水合二氯化铁反应制备二茂铁。该法有一定的优越性，因为 KOH 不仅是脱质子试剂，也是一种脱水剂，所以可以使用普通的水合氯化亚铁。反应如下

$$2C_5H_6 + 2KOH + FeCl_2 \cdot 4H_2O \longrightarrow Fe(C_5H_5)_2 + 2KCl + 6H_2O$$

环戊二烯在室温下能较快地聚合为二聚体，所以市售的环戊二烯试剂通常都是二聚体。它可以在加热到170℃以上时裂解为环戊二烯单体，一般现蒸现用。

三、实验流程图

制备环戊二烯单体 → 合成二茂铁 → 提纯二茂铁 → 红外表征

四、实验用品

仪器、用品：无水无氧合成装置、氮气瓶、电磁搅拌器、控温加热装置、分馏柱、球型和直型冷凝管、滴液漏斗、布氏漏斗、抽滤瓶、烧瓶(500 mL)、烧杯(500 mL)、熔点仪、红外光谱等。

试剂、材料：环戊二烯(A. R.)、氢氧化钾(C. P.)、二甲亚砜(C. P.)、二氯化铁(C. P.，新鲜)、盐酸(A. R.)、高锰酸钾(C. P.)、层析硅胶(250 目)、正己烷(C. P.)、乙酸乙酯(C. P.)等 。

五、实验内容

1. 环戊二烯单体的制备

市售的环戊二烯是二聚体，将二聚体加热到170 ℃以上就可以裂解为环戊二烯单体。在100 mL单口烧瓶上装有一个30 cm长的刺形分馏柱，并通过蒸馏头(附有温度计)与一个直型冷凝管连接。在烧瓶中加入50 mL环戊二烯二聚体，慢慢加热分馏，控制分馏柱顶端温度计的温度不超过45 ℃。接收环戊二烯单体的烧瓶放在冰水浴中，蒸出的环戊二烯要尽快使用，最好在1 h内使用，若放置时间过长，环戊二烯单体会聚合为二聚体。

环戊二烯单体和二聚体都有特殊的臭味，接触过环戊二烯的玻璃仪器不要拿出通风橱，应先在稀 $KMnO_4$ 水溶液中浸泡20 min后，再拿出在自来水上冲洗。

2. 二茂铁的合成

在电磁搅拌器上装置100 mL三口烧瓶，烧瓶上配有滴液漏斗、氮气导管和连有干燥管的球型冷凝管，放入搅拌磁子。通入氮气，在烧瓶中加入40 mL二甲亚砜和16 g氢氧化钾粉末，然后加入6.61 g(0.10 mol) 新蒸馏的环戊二烯。将9.94 g (0.05 mol)四水合二氯化铁溶于20 mL热二甲亚砜中，用滴液漏斗慢速滴入烧瓶中，在1 h内滴加完毕。继续搅拌30 min，将反应混合物倾入100 mL冰水和30 mL浓盐酸(12 mol · L^{-1})的混合溶液中，有棕褐色沉淀析出。将该混合物搅拌5 min后抽滤，并用40 mL水分4次洗涤。产物放在表面皿上风干，称重并计算粗产率。

3. 二茂铁的提纯

用升华法进行二茂铁的提纯。在500 mL烧杯中加入二茂铁粗品，烧杯上盖置内有冰水的烧瓶，加热至二茂铁全部升华至烧瓶底部，小心取出烧瓶，收集二茂铁，称重并计算二茂铁产率。纯的二茂铁的熔点为 173～174℃。

4. 红外光谱表征

采用 KBr 压片方法，在 4000～400 cm^{-1} 范围内扫描二茂铁，将其红外光谱与标准谱图对比。解析红外光谱并指出其主要吸收带的归属。

思考题

1. 该实验中哪些步骤用到无水无氧操作？
2. 二茂铁具有怎样的结构？

实验四十二 Mn-salen 配合物的合成及结构表征

一、实验目的

(1) 了解配合物的合成方法及 Mn-salen 配合物的结构特点。
(2) 了解 salen 配合物在合成中的应用。
(3) 学习加热回流操作，巩固过滤和重结晶等操作。
(4) 学习表征配合物结构的方法。

二、实验提要

两个相同的醛分子和一个二胺分子缩聚，生成的螯合席夫碱二-邻苯甲醛乙二胺(sali-cylaldehydoethylenediamine)，一般简称 salen。

金属-salen 配合物在有机合成中有重要的应用，如催化烯烃的环氧化反应。

Olefin 环氧化物

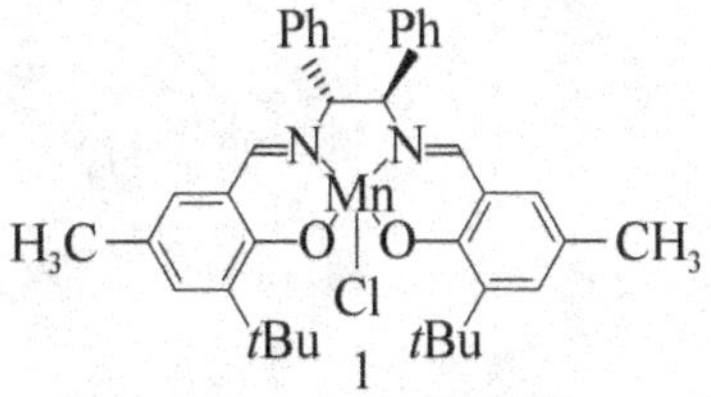

1

一种 Mn-salen催化剂

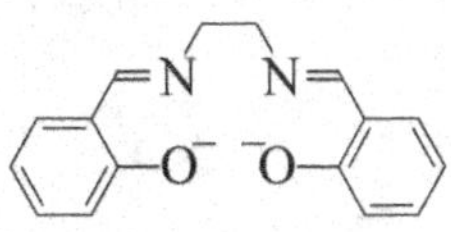

salen

二-邻苯甲醛乙二胺

金属 salen 配合物中 salen 的中心位置有 O、N、N、O 四个配位原子，可以参与金属的配位作用，形成螯合多环的 M-salen(M＝Ti、Zr、Fe、Mn、Ni、V、Cu、Co、Zn、Al、Sm 等)。根据金属不同，分别称为某金属-salen。salen 一般只占据金属的平面内的四个配位位置，而把轴向配位位置空出，从而可取配位催化作用。合成金属-salen 配合物一般分两步进行。

(1) 配体合成

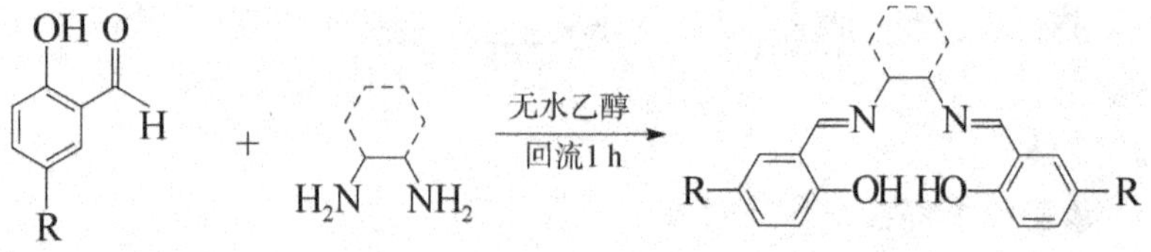

R=H、OMe、NO_2或Cl

(2) 配合物合成

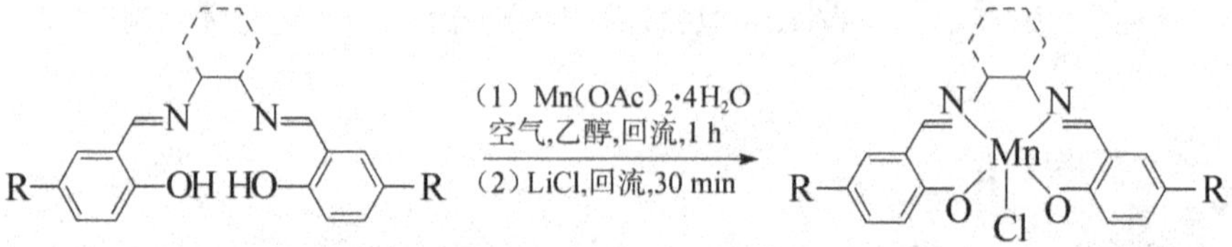

配体的合成相对简单，主要是溶剂的选择，一般溶剂选择为甲苯、苯及乙醇等，其反应温度温和，为 0～100 ℃。席夫碱配体的纯化相对复杂，一般不采用色谱法，因为席夫碱在硅胶柱中能导致分解，所以大多数情况下采用结晶纯化。纯化试剂可以使用极性较小的己烷或环己烷，产生的席夫碱配体在室温下不溶或微量溶于这些溶剂，而在温度较高时溶于这些溶剂，利用温差对席夫碱配体溶解度的变化，提纯席夫碱配体。

三、实验用品

仪器、用品：单口烧瓶(100 mL)、烧杯(50 mL)、电磁加热器(1 台)、球形冷凝管(1 套)、干燥管(1 支)、磁子(1 个)、玻璃棒(1 支)。

试剂、材料：水杨醛、邻二氨基环己烷、乙二胺、无水乙醇、甲苯、乙酸锰。

水杨醛衍生物　　　　二胺

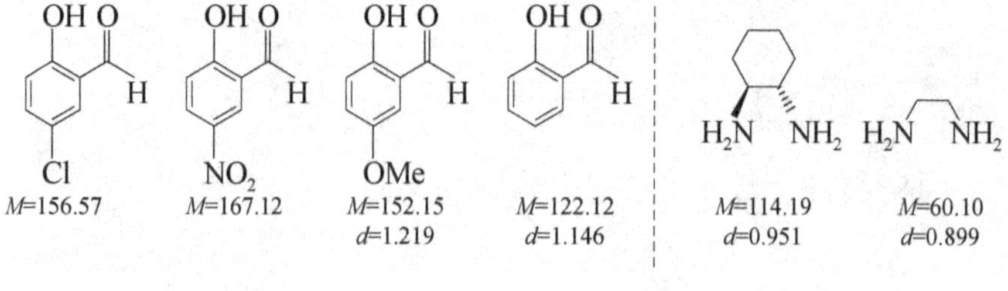

四、实验内容

1. 配体合成

(1) 向 100 mL 的烧瓶中分别加入含 2 mmol 水杨醛的 30 mL 无水乙醇溶液

和含 1 mmol 二胺的 20 mL 无水乙醇溶液后，加入磁子。

(2) 在电磁搅拌器上分别固定好烧瓶、回流冷凝管、上下冷却水管及干燥管。

(3) 开通冷却水和电磁加热搅拌器至溶液稳定回流，保持回流反应 1 h。

(4) 蒸除部分乙醇，停止反应后，加入少量甲苯，沉淀析出，冰浴冷却 30 min。

(5) 过滤沉淀，用冰冷无水乙醇洗涤后干燥待用。

2. 配合物合成

(1) 在 100 mL 的烧瓶中加入以上合成的 0.2 mmol 配体和 50 mL 无水乙醇，加热溶解。

(2) 分批加入 0.25 mmol 的乙酸锰或其乙醇溶液。

(3) 套上回流冷凝管，回流反应 30 min。

(4) 稍冷后，快速加入 0.2 mmol LiCl，继续回流 30 min。有大量固体物质产生，必要时用玻璃棒搅拌。

(5) 停止反应，加水 20 mL 搅拌过滤沉淀，分别用水和乙醇洗涤沉淀后，干燥。

(6) 称重，计算产率。

3. 配合物的结构表征

(1) 熔点：观察配合物在空气中加热时外观形貌的变化情况及是否有固定的熔点和熔程。

(2) 元素分析：配位金属后，C、H、N 含量将下降(与理论值比较有什么差别)。

(3) IR：主要看 1600～1650 cm^{-1} 间吸收峰的变化情况。

结合以上测试数据，分析判断配合物的纯度及结构。

思考题

1. 还有什么方法可以加快配体和配合物的合成及提高收率？
2. 为什么要用无水乙醇，普通乙醇行不行？
3. 分析配合物的结构，得出为什么要加入 LiCl？
4. 为什么金属-salen 配合物是很好的催化剂？尝试设计出新的催化剂。
5. 查找相应的数据，分析熔点、元素分析及红外光谱数据误差的可能原因。

Experiment 43　Anion Analysis of Unknown Solution

Ⅰ Purpose

(1) Design experimental procedure to analysis possible anions for a given unknown solution.

(2) Further study and grasp the basic operation skills of qualitative analysis.

(3) Design and operate independently in order to train one the ability of working independently and the capability of solving practical problems.

Ⅱ Suggestions on Design

(1) Firstly, fully review of the basic reactions and identification content of all kinds of anions; skillfully grasping chemical properties and chemical reactions of all anions. Refer to the text books and "qualitative analysis" related to possible anions, then design experimental details according to the given conditions.

(2) The unknown solution possibly contains three or four of the following anions: Cl^-, Br^-, I^-, S^{2-}, SO_3^{2-}, $S_2O_3^{2-}$, SO_4^{2-}, NO_2^-, NO_3^-, PO_4^{3-}, $Cr_2O_7^{2-}$ and MnO_4^-.

Ⅲ Requests on Design

(1) According to the chemicals given in laboratory and unknown anion solution provided by teachers, design experimental details to qualitative analysis possible anions. These should include experimental purpose, requirements, principle, experimental procedure and phenomena, steps and notes.

(2) Fulfilling the experimental procedure based on the possible components of unknown solution and the feasible experimental principle and detail checked by instructor. Complete a high quality experimental report.

Experiment 44 Cation Analysis of Unknown Solution

Ⅰ Purpose

(1) To learn and design a qualitative analysis method for a given unknown solution containing mixed ions.

(2) To master the basic operational skills of qualitative analysis.

(3) To improve the abilities of independent working and practical problem solving by independent design and operation.

Ⅱ Suggestions on Design

(1) First, fully review the basic reactions and characterization contents involving cations, and skillfully master the properties and characteristic reactions of cations. Meanwhile, refer to related books and materials on qualitative analysis,

and design experimental schemes according to the requirements.

(2) The unknown solution may contain three or four kinds of common ions selected from Na^+, Fe^{3+}, Al^{3+}, Cu^{2+}, NH_4^+ etc.

Ⅲ Requests on Design

(1) According to the given regents in laboratory and the unknown mixed ionic solutions provided by your teachers, draw up the experimental plan on qualitative analysis, which should include purpose and requirements, principle, reagents and materials, procedures and notes, etc.

(2) According to the possible composition existing in the unknown solution, and the feasible plan approved by the teachers, finish the experiments independently and write the standard experimental reports.

第八章 趣味实验

实验四十五 化学彩虹

一、实验提要

极性差别较大的水溶液和非水溶液互不相溶，而且不同密度的溶液可以出现分层现象。通过这些原理，可以用不同颜色的颜料对不同极性、不同密度的溶液进行染色，在试管中制作出美丽的层状液体彩虹。

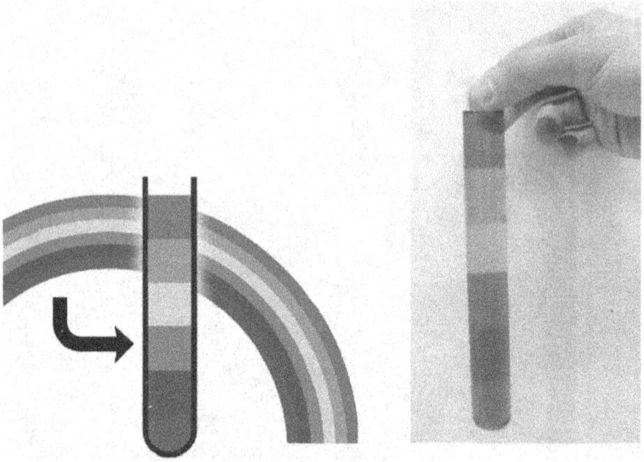

图 8-1 化学彩虹效果图

二、实验用品

仪器、用品：小试管(2.5 mL，若干)、大试管(20 mL，一支)、滴管。

试剂、材料：$CaCl_2$ 水溶液(0.7 g · mL^{-1}，0.35 g · mL^{-1})、去离子水、1,2-二氯苯(可用更为常用的二氯甲烷替代)、1,2-二氯苯：乙酸乙酯＝1：1、乙酸乙酯、颜色分别为紫色、绿色、橙色、蓝色、黄色、红色的颜料。

三、实验步骤

(1) 根据溶液混合后是否呈均相将无色溶液 1～6 分为两组。

(2) 比较两组溶液的密度，按溶液密度从大到小依次排序。

(3) 向密度从大到小的溶液中依次加入紫色、蓝色、绿色、黄色、橙色和红色颜料将溶液染色。

(4) 将密度由大到小的 6 份染色溶液依次小心滴加到大试管中进行分层，则在试管中就会形成一个漂亮的层状液体彩虹。

思考题

1. 相似相容原理是什么？
2. 将盐溶解在水中为什么会使溶液密度增大？
3. 制作化学彩虹时为什么小心滴加溶液非常重要？
4. 如果将制作彩虹后的大试管剧烈晃动会出现什么现象？

实验四十六　化学花园

取 6 支内装液柱为 15 cm、密度为 1.07～1.08 $g \cdot mL^{-1}$ 水玻璃溶液的试管，分别投入一小粒晶型较完整的 $CuSO_4$、$NiCl_2$、$FeCl_3$、$CoCl_2$、$MnCl_2$、$FeSO_4$ 晶体。静置 10 min 后，即能观察到颜色鲜艳的各种石笋。

思考题

1. 化学花园的形成和水玻璃的浓度有何关系？
2. 如将各种重金属的盐类同时投入密度小于 1.07 $g \cdot mL^{-1}$ 的水玻璃的容器中将会出现何种情况？

实验四十七　变色溶液

取 50 mL **A** 溶液(量取 102.5 mL 30% H_2O_2 于 250 mL 容量瓶中，加水稀释至刻度)，在搅拌下同时加入 50 mL **B** 溶液(称取 10.7 g 碘酸钾加水溶解后，加入 10 mL 2 $mol \cdot L^{-1}$ H_2SO_4，然后转移到 250 mL 容量瓶中，加水稀释至刻度)和 50 mL **C** 溶液(称取 0.075 g 可溶性淀粉，用少量水调成糊状，然后倒入盛有50 mL 沸水的烧杯中，再加入 0.845 g 硫酸锰和 3.9 g 丙二酸，待晶体溶解，溶液冷却后转移到 250 mL 容量瓶中，加水稀释至刻度)，即能观察到无色溶液变成琥珀色，约几秒钟后溶液变成黑色，再经几秒钟后溶液变成琥珀色，如此往复地周期性改变直至溶液颜色不再变化为止。

温度对化学反应速率有很大影响，溶液的温度一般在 25 ℃左右实验效果较好。

思考题

1. 上述摇摆反应的实质是什么？溶液的颜色为什么不能无限地呈周期性变化下去？

2. 丙二酸和锰盐在反应中是个重要的试剂，若改变 C 溶液的成分，不加入丙二酸或不加入硫酸锰，重复上述实验，将会产生什么现象？

实验四十八 着火的铁

在干燥的试管中装入 1/5～1/4 体积的草酸亚铁($FeC_2O_4 \cdot 2H_2O$)，先小火加热后强热，并不断搅拌，待试管内草酸亚铁完全变成黑色时，停止加热，移去火焰，迅速塞上橡皮塞。稍后去除橡皮塞，倒置试管，边振动边洒落试管内的微铁粉，即可观察到闪光的火星。

思考题

1. 根据以上操作所得的铁粉，其化学反应方程式可表示如下

$$FeC_2O_4 \cdot 2H_2O = CO + CO_2 + 2H_2O + FeO$$
$$3FeO = Fe_2O_3 + Fe$$
$$4FeO = Fe_3O_4 + Fe$$

2. 将一枚铁钉按上述操作能否看到着火现象？若无着火现象，请思考同样是铁为什么组成为微铁粉后接触空气就能闪光着火。

3. 要使以上实验现象明显，关键在哪一个步骤？

4. 如用煤、砂糖、淀粉等细粉末代替草酸亚铁，是否也能发生类似的现象？

实验四十九 时钟反应

一、实验目的

(1) 掌握时钟反应的特点。

(2) 复习碘的性质。

(3) 熟悉一种洗衣液中荧光增白剂的鉴定方法。

二、实验原理

时钟反应是一种在教科书和网络教学中经常见到的化学教学实验和示范实验，这不仅是因为时钟反应能够提供肉眼可见的精彩的颜色变化，而且它们能够为氧化还原反应、反应动力学和化学滴定规律提供图文说明。所以时钟反应能够培养不同年龄段的学生的化学实验兴趣和技能。

常见的一类时钟反应是基于碘的氧化和还原反应的竞争机制，在 I_3^- 和淀粉之间形成一个配合物并表现出最终的深紫色。在传统的时钟反应里，碘的各种价态形式同时被亚硫酸氢钠氧化和还原。

$$2IO_3^- + 5HSO_3^- + 2H^+ \longrightarrow I_2 + 5HSO_4^- + H_2O(\text{慢}) \tag{8-1}$$

$$I_2 + HSO_3^- + H_2O \longrightarrow 2I^- + SO_4^{2-} + 3H^+ (\text{快}) \tag{8-2}$$

$$I_2 + I^- \longrightarrow I_3^-(\text{快}) \tag{8-3}$$

$$2I_3^- + \text{淀粉(无色)} \longrightarrow \text{淀粉} - I_5^-(\text{紫色}) + I^- (\text{快}) \tag{8-4}$$

此外还有一种令人印象深刻的时钟反应即化学发光时钟反应。将两种无色溶液在暗室中混合，停留一段时间后突然出现绿色荧光。然而，这种反应需要鲁米诺(3-氨基邻苯二甲酰肼)、碱和三氰基铜氧化钾，这些物质都是有毒物质或危险品，需要小心处理，只有特殊的化学试剂公司才能出售。

本次实验介绍的这种荧光时钟反应选用容易获得的家用消耗类化学品。I_3^- 是一种非常有效的荧光猝灭剂，而且它在 351 nm 处有一个吸收峰，这正好位于长波长的紫外区。从这些性质可以看出在碘的时钟反应中使用一种合适的荧光染料，用长波长紫外光激发染料与碘的混合物，就会先产生一个明亮的荧光发射，随后在一定的时间间隔后荧光又会突然被 I_3^- 猝灭(时间间隔的长短取决于反应物的浓度)。所以选择的荧光物质应具有如下特点：(1)容易购买；(2)在 315～400 nm 有激发峰；(3)能够与过氧化氢-碘-抗坏血酸时钟反应过程中的反应物和生成物互溶。上述反应的方程式如下

$$3I^- + H_2O_2 + 2H^+ \longrightarrow I_3^- + 2H_2O(\text{慢}) \tag{8-5}$$

$$I_3^- + Vc \longrightarrow 3I^- + \text{四羟基-二酮-己酸} + 2H^+ (\text{快}) \tag{8-6}$$

$$\underset{\text{(荧光)}}{I_3^- + \text{染料}^*} \xrightarrow{h\nu} \underset{\text{(非荧光)}}{I_3^- + \text{染料}}(\text{快}) \tag{8-7}$$

很多商厂出售的洗衣液中含有荧光增白剂，高亮度的荧光染料与衣物的结合非常紧密，吸收长波长的紫外光，发射出的强烈绿色荧光能够抵消掉清洗过的衣物呈现出的黄色。常用的荧光增白剂是 FWA-1，即 4,4′-二[(4-苯胺-6-吗啉-1,3,5-

三嗪-2-)氨基]-苯乙烯-2,2′-二磺酸二钠盐。

三、实验用品

仪器、用品：食用汤勺、食用茶勺、烧杯或塑料杯(100 mL)、玻璃棒、手提式长波长 UV 光源(波长为 395～405 nm)、量筒或吸管。

试剂、材料：白醋(5%乙酸)、H_2O_2(3%)、碘酒(2%)、维生素 C 片(Vc)(无味无糖衣,500 mg)、含有荧光增白剂且不含染料的洗衣液。

四、实验步骤

1. 维生素 C 储备液的制备

在小烧杯中用一汤勺的水溶解一片 500 mg 的维生素 C 片,使不溶解的固体辅药部分沉积到烧杯底部,将上面清液转移到一个干净的玻璃杯中。

2. 荧光显色

在暗室中,依次加入下面的物质于烧杯中,用长波长 UV 灯照射。每加入一种物质要适当的搅拌。

(1) 2 汤勺(15 mL)3%H_2O_2;

(2) 1/8 茶勺(5 mL)洗衣液(1 汤勺=3 茶勺);

(3) 1 汤勺白醋。

此时烧杯中的溶液显示出明亮的荧光,然后变成明亮的蔚蓝色。pH 滴定显示这种荧光转变发生在 pH4.8～4.6,这与 FWA-1 中含有的取代 1,3,5-三嗪环的理论 pK_a 值非常接近。这表明在白醋的 pH(2.5～3.0)环境中三嗪环的质子化引起了分子内部的电子转移,改变了它的光学性质。

3. 荧光猝灭

向上述溶液中加入 1/4 茶勺 2%碘酒,此时溶液荧光会立刻熄灭,因为碘酒中的 I_3^- 猝灭了荧光,这是碰撞能量转移以及 I_3^- 的紫外吸收和 FWA-1 的激发谱带之间的叠加产生的内滤效应共同作用的结果。

4. 时钟循环

向上述溶液中加入 1/4 茶勺维生素 C 溶液,体系明亮的蔚蓝色荧光将再次立刻出现。因为抗坏血酸(Vc 的主要成分是抗坏血酸)把 I_3^- 还原成 I_2,I_2 是非常弱的荧光猝灭剂,且在紫外可见区几乎没有吸收。然后,在 10～20 s 之后,当所有的抗坏血酸耗尽之后,碘又被迅速氧化到 I_3^-,荧光将突然消失。向体系中再加入一些维生素 C 溶液,荧光将会再次出现并且进入下一个时钟循环。如果荧光没有充分的快速褪色,可以向其中多加入一些碘。如果在日光下进行这个反应,能够观察到突然出现的红褐色的 I_3^- 的特征颜色。

【扩展实验】

这是一个精彩的示范实验，还可以更加准确地控制荧光猝灭的时间。将烧杯平行两排放置，将 500 mg 维生素 C 药片溶解到 15 mL 水中配制成抗坏血酸溶液。分别用可调体积的吸管吸取 1.5 mL 抗坏血酸溶液加入到前排的各个玻璃杯中，然后再向这一排的第二个烧杯中多加入 0.1 mL 抗坏血酸，向这一排的第三个烧杯中多加入 0.2 mL 抗坏血酸，向这一排的第四个烧杯中多加入 0.3 mL 抗坏血酸，以此类推。将 30 mL 3% H_2O_2、15 mL 白醋、1.5 mL 2%碘酒和 0.5 mL 洗衣液混合后加入到后排的每个烧杯中。

在开始反应之前，室内灯光调暗，这些烧杯用长波长的 UV 灯照射。将过氧化氢-碘-洗衣液的混合物迅速倒入含有抗坏血酸的烧杯中，可以观察到一排发亮光的溶液，在 30 s 之后每个烧杯中的荧光将依次消失。

思考题

1. 碘酒的主要成分是什么？
2. 维生素 C 的主要作用是什么？

实验五十　化学暖袋

一、实验原理

在自然条件下，铁能与空气中的氧发生氧化还原反应，而释放出大量热量。其化学反应式如下

$$2Fe + 3O_2 + 3H_2O \longrightarrow 2Fe(OH)_3 \quad \Delta H = 403.4\ kJ \cdot mol^{-1}$$

以此作为热源，采用适当的措施（如控制氧气的反应量）可以控制上述反应的反应速率，从而可以达到控制反应释放热量的速率，制成可调控的化学取暖袋。

二、实验用品

还原铁粉、食盐、活性炭、木屑。

三、实验内容

(1) 取一只约 80 mm×120 mm 的自封式塑料袋，另用无纺布缝制一只略大于上述塑料袋的布袋。用大头针在自封式塑料袋上扎几十个针眼（袋的两层同时扎穿）。

(2) 称取 15 g 小颗粒状活性炭、40 g 还原铁粉、5 g 细木屑，都放在一只烧杯中，再加入 15 mL 15%的食盐水，用玻璃棒搅拌均匀。

(3) 把烧杯里的混合物全部加入扎过孔的塑料袋内，封上袋口。把这塑料袋放入自制的布袋中，扎住袋口。

(4) 反复搓擦这袋 5～8 min，能感觉布袋的温度明显上升。

思考题

1. 在塑料袋上扎针眼的目的是什么？

2. 搓动袋子的作用是什么？

3. 请思考暖袋发热的速度和保持发热的时间跟铁粉的纯度、粒度及其他因素的关系。

实验五十一　示温涂料

一、实验原理

在我们身边现在有很多的随温度变化的“变色龙”，如打火机上的“变色宝石”、传真机所用的热敏记录纸、用来做滑雪衫之类的体育用品的布料(能在≤0 ℃时变黑，从而大量吸收阳光的能量，起到保暖作用，并能在 5 ℃以上变白，从而抑制吸收阳光直射能量)、各种要随温度变色的薄膜、标签、包装物、日用品、玩具等，那么它们的变色原理是怎样的呢？原来这些物体的表面涂了一层示温涂料，示温涂料是以颜色变化来指示物体表面温度及温度分布的专用涂料，它的核心是热致变色物质。热致变色物质指的是某些能在特定温度下由于结构的变化(如晶型转化、升华、失水、氧化等引起光散射的频带转移)而发生颜色变化的物质。这些物质可以是单一的化合物，也可以是由多种组分组成的混合物。根据示温涂料变色后出现颜色的稳定性，可分为可逆示温涂料和不可逆示温涂料。可逆示温涂料是指受热到某一温度时，涂料颜色发生变化，冷却后能恢复到原色的涂料。不可逆示温涂料是指受热到某一温度时，涂料颜色发生永久性变化，冷却后不能恢复原色的涂料。

本实验配制的钴盐示温涂料是可逆示温涂料。颜色变化为由粉红色到天蓝色，变色温度范围为 40～85 ℃。根据基料、颜料、填料的配比不同，可以适当调节变色温度范围。

二、实验用品

颜料：Co 盐、变色抑制剂。

基料：脲醛树脂。

填料：滑石粉。

仪器：烘箱、表面温度计、电吹风。

三、实验步骤

钴盐示温涂料的配制，Co 盐与变色抑制剂按物质的量比为 1∶1 配制，其中 Co 盐 0.5 g，脲醛树脂 3 g，滑石粉 2.5 g。将这些基料、颜料、填料调至便于涂刷的黏度，涂于木片或瓷片上。干燥后，将样片放入烘箱中，或以电吹风烘烤，观察其颜色随温度的变化情况。

实验说明：

填料在示温涂料中的作用是使涂层发色鲜艳稳定，色调均匀，调节变色颜料的变色温度并改善涂层的附着力。示温涂料的变色温度、变色能力及使用范围均取决于变色颜料，该物质在发生变化时，能够发生一定的物理化学变化，相应地引起颜色的变化。

参考文献

包新华,徐甲强.2010.无机化学实验.上海:上海大学出版社.

东华大学化学化工学院基础化学编写组.2010.基础化学实验.2版.上海:东华大学出版社

波须 H S.1959.无机合成.2.龚毅生,申泮文,译.北京:科学出版社

蔡炳新,陈贻文.2001.基础化学实验.北京:科学出版社

陈静,石晓波.2011.化学综合设计实验.北京:化学工业出版社

古凤才,肖衍繁.2005.基础化学实验教程.北京:科学出版社

华东理工大学无机化学实验教研组.2007.无机化学实验.4版.北京:高等教育出版社

李珺,张逢星,李剑利.2011.综合化学实验.北京:科学出版社

刘怿.1996.化学取暖袋的制作技术.畜牧市场,01:46

刘约权,李贵深.2005.实验化学.2版.北京:高等教育出版社

南京大学.2006.大学化学实验.北京:高等教育出版社

潘碌亭,吴锦峰.2009.聚合硫酸铁制备技术的研究与进展.工业水处理,29(9):1-5

戚刚,吕立,卞煜.2012.饮用水混凝剂聚合硫酸铁的合成研究.中国新技术新产品,(4):197

上海师范大学生命与环境科学学院.2008.无机化学实验.北京:科学出版社

王伯康,钱文浙等.1984.中级无机化学实验.北京:高等教育出版社

王冬梅.2007.分析化学实验.武汉:华中科技大学出版社

王焕新,祁明锋,韩建军,等.2005.微波水解法制备纳米氧化锡气敏材料.郑州轻工业学院学报,20(2):39-41

王积涛.1989.金属有机化学.北京:高等教育出版社

吴惠霞.2008.无机化学实验.北京:科学出版社

吴茂英,肖楚民.2006.微型无机化学实验.北京:化学工业出版社

小狄瑞 S Y.1977.无机合成.9.张允什,译.北京:科学出版社

徐甲强,刘艳丽,牛新书.2001.半导体金属氧化物的室温固相合成研究.贵州大学学报,18(3):196-198

徐甲强,刘艳丽,牛新书.2002.纳米 ZnS 的合成及其气敏性能研究.功能材料,33(4):425-427

徐甲强,孙淑香.1999.无机及分析化学实验.北京:海洋出版社

徐甲强，王国庆，赵玛，等. 1999. 硝酸氧化法氧化锡陶瓷材料的制备、掺杂与气敏性能. 中国陶瓷，35(1)：9-12

徐甲强，王焕新，张建荣，等. 2004. 微波水解法制备纳米 ZnO 及其气敏特性研究. 无机材料学报，19(6)：1441-1445

徐伟亮. 2007. 基础化学实验. 北京：科学出版社

殷学峰. 2002. 新编大学化学实验. 北京：高等教育出版社

游效曾. 1992. 配位化合物的结构和性质. 北京：科学出版社

浙江大学，南京大学，北京大学，等. 2006. 综合化学实验. 北京：高等教育出版社

中国国家标准汇编，水处理剂聚合硫酸铁(GB 14591—2006)

中国科学院大连化学物理研究所. 1978. 沸石分子筛. 北京：科学出版社

中山大学. 2010. 无机化学实验. 3 版. 北京：高等教育出版社

钟山，朱绮琴. 1994. 高等无机化学实验. 上海：华东师范大学出版社

朱声逾，周永洽，申泮文. 1990. 配位化学简明教程. 天津：天津科学技术出版社

周祖新. 2009. 无机化学实验. 上海：上海交通大学出版社

Anjelin M, Ramström O. 2010. Making a chemical rainbow. J Chem Edu, 87(5): 504-506

Cui A L, Wei J Z, Yang J, et al. 2009. Controlled synthesis of two copper oxalate hydrate complexes: kinetic versus thermodynamic factors. a laboratory experiment for undergraduates. J Chem Edu, 86: 598

Fan J, Sun W Y, Okamura T, et al. 2001. The x-ray crystal structural characterization of dipotassium bisoxalato copper(Ⅱ) tetrahydrate, [$K_2Cu(ox)_2$-$4H_2O$]Cox=oxalate dianion. Inorg Chim Acta, 319: 240

Lide D R. 2004. CRC Handbook of Chemistry and Physics. 84th ed. Boca Raton: CRC Press

Lide D R. 2010. CRC Handbook of Chemistry and physics. 90th ed. Boca Raton: CRC Press

Speight J G. 2005. Lange's Handbook of Chemistry. 16th ed. New York: McGraw-Hill Companies

Weichert T, Lohn J. 1974. Verfeinerung der Kristallstruktur von $K_2Cu(C_2O_4)_2 \cdot 2H_2O$. Z Kristallogr, 139: 223

附　录

附录1　国际相对原子质量表

序数	名称	符号	相对原子质量	序数	名称	符号	相对原子质量
1	氢	H	1.007 94	29	铜	Cu	63.546
2	氦	He	4.002 602	30	锌	Zn	65.38
3	锂	Li	6.941	31	镓	Ga	69.723
4	铍	Be	9.012 182	32	锗	Ge	72.64
5	硼	B	10.811	33	砷	As	74.921 60
6	碳	C	12.010 7	34	硒	Se	78.96
7	氮	N	14.006 7	35	溴	Br	79.904
8	氧	O	15.999 4	36	氪	Kr	83.798
9	氟	F	18.998 403 2	37	铷	Rb	85.467 8
10	氖	Ne	20.179 7	38	锶	Sr	87.62
11	钠	Na	22.989 769 28	39	钇	Y	88.905 85
12	镁	Mg	24.305 0	40	锆	Zr	91.224
13	铝	Al	26.981 538 6	41	铌	Nb	92.906 38
14	硅	Si	28.085 5	42	钼	Mo	95.96
15	磷	P	30.973 762	43	锝	Tc	(97.907 2)
16	硫	S	32.065	44	钌	Ru	101.07
17	氯	Cl	35.453	45	铑	Rh	102.905 50
18	氩	Ar	39.948	46	钯	Pd	106.42
19	钾	K	39.098 3	47	银	Ag	107.868 2
20	钙	Ca	40.078	48	镉	Cd	112.411
21	钪	Sc	44.955 912	49	铟	In	114.818
22	钛	Ti	47.867	50	锡	Sn	118.710
23	钒	V	50.941 5	51	锑	Sb	121.760
24	铬	Cr	51.996 1	52	碲	Te	127.60
25	锰	Mn	54.938 045	53	碘	I	126.904 47
26	铁	Fe	55.845	54	氙	Xe	131.293
27	钴	Co	58.933 195	55	铯	Cs	132.905 451 9
28	镍	Ni	58.693 4	56	钡	Ba	137.327

续表

序数	名称	符号	相对原子质量	序数	名称	符号	相对原子质量
57	镧	La	138.905 47	85	砹	At	(209.987 1)
58	铈	Ce	140.116	86	氡	Rn	(222.017 6)
59	镨	Pr	140.907 65	87	钫	Fr	(223.019 7)
60	钕	Nd	144.242	88	镭	Ra	(226.025 4)
61	钷	Pm	(144.912 7)	89	锕	Ac	(227.027 7)
62	钐	Sm	150.36	90	钍	Th	232.038 1
63	铕	Eu	151.964	91	镤	Pa	231.035 88
64	钆	Gd	157.25	92	铀	U	238.028 9
65	铽	Tb	158.925 35	93	镎	Np	(237.048 2)
66	镝	Dy	162.500	94	钚	Pu	(244.064 2)
67	钬	Ho	164.930 32	95	镅	Am	(243.061 4)
68	铒	Er	167.259	96	锔	Cm	(247.070 4)
69	铥	Tm	168.934 21	97	锫	Bk	(247.070 3)
70	镱	Yb	173.054	98	锎	Cf	(251.079 6)
71	镥	Lu	174.966 8	99	锿	Es	(252.083 0)
72	铪	Hf	178.49	100	镄	Fm	(257.095 1)
73	钽	Ta	180.947 88	101	钔	Md	(258.098 4)
74	钨	W	183.84	102	锘	No	(259.101 0)
75	铼	Re	186.207	103	铹	Lr	(262.109 7)
76	锇	Os	190.23	104	𬬻	Rf	(261.108 8)
77	铱	Ir	192.217	105	𬭊	Db	(262.114 1)
78	铂	Pt	195.084	106	𬭳	Sg	(266.121 9)
79	金	Au	196.966 55	107	𬭛	Bh	(264.12)
80	汞	Hg	200.59	108	𬭶	Hs	(277)
81	铊	Tl	204.383 3	109	鿏	Mt	(268.138 8)
82	铅	Pb	207.2	110	𫟼	Uun	(281)
83	铋	Bi	208.980 38	111	𬬭	Uuu	(272.153 5)
84	钋	Po	(208.982 4)	112	鎶	Uub	(285)

注：数据以$^{12}C=12$为标准，括号内的相对原子质量为放射性元素中半衰期最长的同位素的相对质量数。

资料来源：Lide D R. 2012. CRC Handbook of chemistry and physics. 90th ed.

附录 2　一些常见弱酸、弱碱的标准离解常数(298.15K)

物 质	离解平衡	离解常数 $K^{\ominus}_{a,b}$
H_3AsO_4	$H_3AsO_4 \rightleftharpoons H_2AsO_4^- + H^+$	$5.5\times10^{-2}(K_{a1})$
	$H_2AsO_4{}^- \rightleftharpoons HAsO_4^- + H^+$	$1.7\times10^{-7}(K_{a2})$
	$HAsO_4{}^- \rightleftharpoons AsO_4^- + H^+$	$5.1\times10^{-12}(K_{a3})$
$HAsO_2$	$HAsO_2 \rightleftharpoons AsO_2^- + H^+$	6.61×10^{-10}
H_3BO_3	$H_3BO_3 \rightleftharpoons H_2BO_3^- + H^+$	5.4×10^{-10}
CH_3COOH	$CH_3COOH \rightleftharpoons CH_3COO^- + H^+$	1.75×10^{-5}
H_2S	$H_2S \rightleftharpoons HS^- + H^+$	$8.91\times10^{-8}(K_{a1})$
	$HS^- \rightleftharpoons S^{2-} + H^+$	$1.0\times10^{-19}(K_{a2})$
HF	$HF \rightleftharpoons F^- + H^+$	6.31×10^{-4}
HCOOH	$HCOOH \rightleftharpoons HCOO^- + H^+$	1.78×10^{-4}
$H_2C_2O_4$	$H_2C_2O_4 \rightleftharpoons HC_2O_4^- + H^+$	$5.9\times10^{-2}(K_{a1})$
	$HC_2O_4^- \rightleftharpoons C_2O_4^{2-} + H^+$	$6.4\times10^{-5}(K_{a2})$
HSO_4^-	$HSO_4^- \rightleftharpoons SO_4^{2-} + H^+$	$1.02\times10^{-2}(K_{a2})$
H_2SO_3	$H_2SO_3 \rightleftharpoons HSO_3^- + H^+$	$1.41\times10^{-2}(K_{a1})$
	$HSO_3^- \rightleftharpoons SO_3^{2-} + H^+$	$6.31\times10^{-8}(K_{a2})$
HNO_2	$HNO_2 \rightleftharpoons NO_2^- + H^+$	5.62×10^{-4}
HCN	$HCN \rightleftharpoons CN^- + H^+$	6.17×10^{-10}
H_2CO_3	$H_2CO_3 \rightleftharpoons HCO_3^- + H^+$	$4.47\times10^{-7}(K_{a1})$
	$HCO_3^- \rightleftharpoons CO_3^{2-} + H^+$	$4.68\times10^{-11}(K_{a2})$
H_3PO_4	$H_3PO_4 \rightleftharpoons H^+ + H_2PO_4^-$	$6.92\times10^{-3}(K_{a1})$
	$H_2PO_4^- \rightleftharpoons H^+ + HPO_4^{2-}$	$6.17\times10^{-8}(K_{a2})$
	$HPO_4^{2-} \rightleftharpoons H^+ + PO_4^{3-}$	$4.79\times10^{-13}(K_{a3})$
$NH_3\cdot H_2O$	$NH_3\cdot H_2O \rightleftharpoons NH_4^+ + OH^-$	$1.78\times10^{-5}(K_b)$

资料来源：Lide D R. 2010. CRC Handbook of chemistry and physics. 90th ed.

附录 3　一些难溶化合物的溶度积常数(298K)

物质	溶度积 $K_{sp}^{\ominus}$	物质	溶度积 $K_{sp}^{\ominus}$
AgCl	1.77×10^{-10}	CuCl	1.72×10^{-7}
AgBr	5.35×10^{-13}	CuI	1.27×10^{-12}
Ag_2CO_3	8.46×10^{-12}	CuS	6.3×10^{-36}
AgI	8.52×10^{-17}	$CuCO_3$	1.4×10^{-10}
Ag_2S	6.3×10^{-50}	$Cu(OH)_2$	2.2×10^{-20}
AgOH	2.0×10^{-8}	Cu_2S	2×10^{-48}
$Ag_2C_2O_4$	5.4×10^{-12}	$Fe(OH)_2$	4.87×10^{-17}
Ag_2CrO_4	1.12×10^{-12}	$Fe(OH)_3$	2.79×10^{-39}
Ag_2SO_4	1.20×10^{-5}	FeS	6.3×10^{-18}
Ag_3PO_4	8.89×10^{-17}	Hg_2Cl_2	1.43×10^{-18}
$Al(OH)_3$(无定形)	1.3×10^{-33}	Hg_2I_2	5.2×10^{-29}
BaC_2O_4	1.6×10^{-7}	HgI_2	2.9×10^{-29}
$BaCO_3$	2.58×10^{-9}	Hg_2S	1.0×10^{-47}
$BaCrO_4$	1.17×10^{-10}	Hg_2SO_4	6.5×10^{-7}
BaF_2	1.84×10^{-7}	$MgCO_3$	6.82×10^{-6}
$BaSO_4$	1.08×10^{-10}	$Mg(OH)_2$	5.61×10^{-12}
$Be(OH)_2$	6.92×10^{-22}	$Mn(OH)_2$	1.9×10^{-13}
$CaSO_4$	4.93×10^{-5}	MnS	2.5×10^{-13}
CaC_2O_4	2.32×10^{-9}	$MnCO_3$	2.24×10^{-11}
$CaCrO_4$	7.1×10^{-4}	$Ni(OH)_2$	5.48×10^{-16}
$CaCO_3$	3.36×10^{-9}	$Pb(OH)_2$	1.43×10^{-20}
CaF_2	3.45×10^{-11}	PbS	8.0×10^{-28}
$Ca(OH)_2$	5.02×10^{-6}	$PbCO_3$	7.40×10^{-14}
$Ca_3(PO_4)_2$	2.07×10^{-33}	$PbCl_2$	1.70×10^{-5}
CdS	8.0×10^{-27}	$PbCrO_4$	2.8×10^{-13}
$Cd(OH)_2$	7.2×10^{-15}	PbI_2	9.8×10^{-9}
$CdCO_3$	1.0×10^{-12}	$PbSO_4$	2.53×10^{-8}
$Co(OH)_2$(粉红色)	1.09×10^{-15}	$Sn(OH)_2$	5.45×10^{-27}
$Co(OH)_2$(蓝色)	5.92×10^{-15}	$Sn(OH)_4$	1×10^{-56}
CoS(新析出)	4.0×10^{-21}	SnS	1.0×10^{-25}
$Cr(OH)_3$	6.3×10^{-31}	$Zn(OH)_2$	3×10^{-17}
CuBr	6.27×10^{-9}	$ZnCO_3$	1.46×10^{-10}
$CdCO_3$	1.0×10^{-12}	ZnS	1.6×10^{-24}

资料来源:Lide D R. 2010. CRC Handbook of chemistry and physics. 90th ed.

附录 4　常见配离子的稳定常数 $K^{\ominus}_{稳}$

配离子	$K^{\ominus}_{稳}$	配离子	$K^{\ominus}_{稳}$
$[Ag(CN)_2]^-$	1.0×10^{21}	$[Cu(en)_3]^{2+}$	1.0×10^{21}
$[AgCl_2]^-$	1.74×10^{5}	$[Fe(CNS)_2]^+$	2.29×10^{3}
$[AgBr_2]^-$	1.93×10^{7}	$[Fe(CN)_6]^{4-}$	1×10^{35}
$[AgI_2]^-$	5.5×10^{11}	$[Fe(CN)_6]^{3-}$	1×10^{42}
$[Ag(NH_3)_2]^+$	1.7×10^{7}	$[Fe\text{-}EDTA]^-$	1.70×10^{24}
$[Ag(S_2O_3)_2]^{3-}$	1×10^{13}	$[FeF_6]^{3-}$	1×10^{16}
$[Ag(SCN)_2]^-$	3.72×10^{7}	$[HgCl_4]^{2-}$	1.7×10^{16}
$[Ag(SCN)_4]^{3-}$	1.20×10^{10}	$[HgI_4]^{2-}$	2.0×10^{30}
$[AlF_6]^{3-}$	$6.\times10^{19}$	$[Hg(CN)_4]^{2-}$	2.5×10^{41}
$[Al\text{-}EDTA]^-$	1.29×10^{16}	$[Hg(SCN)_4]^{2-}$	1.70×10^{21}
$[Mg\text{-}EDTA]^{2-}$	5.0×10^{8}	$[Hg(S_2O_3)_4]^{6-}$	1.74×10^{33}
$[Ca\text{-}EDTA]^{2-}$	1.0×10^{11}	$[Hg(S_2O_3)_2]^{2-}$	2.75×10^{29}
$[Cd(CN)_4]^{2-}$	7.1×10^{16}	$[Ni(en)_3]^{2+}$	2.14×10^{18}
$[Cd(NH_3)_4]^{2+}$	4.0×10^{6}	$[Ni(CN)_4]^{2-}$	2.0×10^{31}
$[Co(NH_3)_6]^{3+}$	4.5×10^{33}	$[Ni(NH_3)_6]^{2+}$	4.8×10^{7}
$[Co(CNS)_4]^{2-}$	1×10^{3}	$[Ni(NH_3)_4]^{2+}$	9.09×10^{7}
$[Co(NH_3)_6]^{2+}$	7.7×10^{4}	$[Zn(en)_2]^{2+}$	6.76×10^{10}
$[Cu(CN)_2]^-$	9.98×10^{23}	$[Zn(NH_3)_4]^{2+}$	3.8×10^{9}
$[Cu(NH_3)_2]^+$	7.24×10^{10}	$[Zn(CN)_4]^{2-}$	5×10^{16}
$[Cu(NH_3)_4]^{2+}$	1.4×10^{13}	$[Zn(en)_3]^{2-}$	1.29×10^{14}

资料来源：Speight J G. 2005. Langes Chemistry Handbook. 16th ed.

附录 5　水溶液中的标准电极电势(298K)

电对	电极反应	$E^\ominus$/V
	酸性溶液($c_{H^+}=1\ mol\cdot L^{-1}$)	
Li^+/Li	$Li^++e^-=Li$	−3.040 1
Cs^+/Cs	$Cs^++e^-=Cs$	−3.026
Rb^+/Rb	$Rb^++e^-=Rb$	−2.98
K^+/K	$K^++e^-=K$	−2.931
Ba^{2+}/Ba	$Ba^{2+}+2e^-=Ba$	−2.912
Sr^{2+}/Sr	$Sr^{2+}+2e^-=Sr$	−2.899
Ca^{2+}/Ca	$Ca^{2+}+2e^-=Ca$	−2.868
Na^+/Na	$Na^++e^-=Na$	−2.71
Mg^{2+}/Mg	$Mg^{2+}+2e^-=Mg$	−2.372
Sc^{3+}/Sc	$Sc^{3+}+3e^-=Sc$	−2.077
Be^{2+}/Be	$Be^{2+}+2e^-=Be$	−1.847
Al^{3+}/Al	$Al^{3+}+3e^-=Al$	−1.662
Ti^{2+}/Ti	$Ti^{2+}+2e^-=Ti$	−1.630
Mn^{2+}/Mn	$Mn^{2+}+2e^-=Mn$	−1.185
V^{2+}/V	$V^{2+}+2e^-=V$	−1.175
Cr^{2+}/Cr	$Cr^{2+}+2e^-=Cr$	−0.913
Ti^{3+}/Ti^{2+}	$Ti^{3+}+e^-=Ti^{2+}$	−0.9
Zn^{2+}/Zn	$Zn^{2+}+2e^-=Zn$	−0.761 8
Cr^{3+}/Cr	$Cr^{3+}+3e^-=Cr$	−0.744
Ga^{3+}/Ga	$Ga^{3+}+3e^-=Ga$	−0.549
Fe^{2+}/Fe	$Fe^{2+}+2e^-=Fe$	−0.447
Cr^{3+}/Cr^{2+}	$Cr^{3+}+e^-=Cr^{2+}$	−0.407
Cd^{2+}/Cd	$Cd^{2+}+2e^-=Cd$	−0.403 0
$PbSO_4/Pb$	$PbSO_4+2e^-=Pb+SO_4^{2-}$	−0.358 8
Co^{2+}/Co	$Co^{2+}+2e^-=Co$	−0.28
Ni^{2+}/Ni	$Ni^{2+}+2e^-=Ni$	−0.257
AgI/Ag	$AgI+e^-=Ag+I^-$	−0.152 24
Sn^{2+}/Sn	$Sn^{2+}+2e^-=Sn$	−0.137 5
Pb^{2+}/Pb	$Pb^{2+}+2e^-=Pb$	−0.126 2
H^+/H_2	$2H^++2e^-=H_2$	0
$S_4O_6^{2-}/S_2O_3^{2-}$	$S_4O_6^{2-}+2e^-=2S_2O_3^{2-}$	0.08
S/H_2S	$S+2H^++2e^-=H_2S$	0.142

续表

电对	电极反应	$E^\ominus$/V
	酸性溶液(c_{H^+}=1 mol·L^{-1})	
Sn^{4+}/Sn^{2+}	$Sn^{4+}+2e^- = Sn^{2+}$	0.151
Cu^{2+}/Cu^+	$Cu^{2+}+e^- = Cu^+$	0.153
AgCl/Ag	$AgCl+e^- = Ag+Cl^-$	0.222 33
Cu^{2+}/Cu	$Cu^{2+}+2e^- = Cu$	0.341 9
Cu^+/Cu	$Cu^++e^- = Cu$	0.521
I_2/I^-	$I_3^-+2e^- = 3I^-$	0.535 5
MnO_4^-/MnO_4^{2-}	$MnO_4^-+e^- = MnO_4^{2-}$	0.558
O_2/H_2O_2	$O_2+2H^++2e^- = H_2O_2$	0.695
Fe^{3+}/Fe^{2+}	$Fe^{3+}+e^- = Fe^{2+}$	0.771
Hg_2^{2+}/Hg	$Hg_2^{2+}+2e^- = 2Hg$	0.797 3
Ag^+/Ag	$Ag^++e^- = Ag$	0.799 6
Hg^{2+}/Hg	$Hg^{2+}+2e^- = Hg$	0.851
NO_3^-/NO	$NO_3^-+4H^++3e^- = NO+2H_2O$	0.957
Br_2/Br^-	$Br_2+2e^- = 2Br^-$	1.066
IO_3^-/I^-	$IO_3^-+6H^++6e^- = I^-+3H_2O$	1.085
IO_3^-/I_2	$2IO_3^-+12H^++10e^- = I_2+6H_2O$	1.195
MnO_2/Mn^{2+}	$MnO_2+4H^++2e^- = Mn^{2+}+2H_2O$	1.224
O_2/H_2O	$O_2+4H^++4e^- = 2H_2O$	1.229
Cl_2/Cl^-	$Cl_2+2e^- = 2Cl^-$	1.358 27
$Cr_2O_7^{2-}/Cr^{3+}$	$Cr_2O_7^{2-}+14H^++6e^- = 2Cr^{3+}+7H_2O$	1.36
BrO_3^-/Br^-	$BrO_3^-+6H^++6e^- = Br^-+3H_2O$	1.423
ClO_3^-/Cl^-	$ClO_3^-+6H^++6e^- = Cl^-+3H_2O$	1.451
PbO_2/Pb^{2+}	$PbO_2+4H^++2e^- = Pb^{2+}+2H_2O$	1.455
ClO_3^-/Cl_2	$2ClO_3^-+12H^++10e^- = Cl_2+6H_2O$	1.47
BrO_3^-/Br_2	$2BrO_3^-+12H^++10e^- = Br_2+6H_2O$	1.482
Au^{3+}/Au	$Au^{3+}+3e^- = Au$	1.498
MnO_4^-/Mn^{2+}	$MnO_4^-+8H^++5e^- = Mn^{2+}+4H_2O$	1.507
$NaBiO_3/Bi^{3+}$	$NaBiO_3+6H^++2e^- = Bi^{3+}+Na^++3H_2O$	1.60
MnO_4^-/MnO_2	$MnO_4^-+4H^++3e^- = MnO_2+2H_2O$	1.679
Au^+/Au	$Au^++e^- = Au$	1.692
H_2O_2/H_2O	$H_2O_2+2H^++2e^- = 2H_2O$	1.776
Co^{3+}/Co^{2+}	$Co^{3+}+e^- = Co^{2+}$	1.92
$S_2O_8^{2-}/SO_4{}^{2-}$	$S_2O_8^{2-}+2e^- = 2SO_4^{2-}$	2.010
F_2/F^-	$F_2(g)+2e^- = 2F^-$	2.866

续表

电对	电极反应	$E^\ominus$/V
碱性溶液($c_{OH^-}=1\ mol \cdot L^{-1}$)		
SO_4^{2-}/SO_3^{2-}	$SO_4^{2-}+H_2O+2e^- \longrightarrow SO_3^{2-}+2OH^-$	−0.93
H_2O/H_2	$2H_2O+2e^- \longrightarrow H_2+2OH^-$	−0.827 7
SO_3^{2-}/S^{2-}	$SO_3^{2-}+3H_2O+6e^- \longrightarrow S^{2-}+6OH^-$	−0.61
$SO_3^{2-}/S_2O_3^{2-}$	$SO_3^{2-}+3H_2O+4e^- \longrightarrow S_2O_3^{2-}+6OH^-$	−0.571
S/S^{2-}	$S+2e^- \longrightarrow S^{2-}$	−0.476 27
$CrO_4^{2-}/Cr(OH)_3$	$CrO_4^{2-}+4H_2O+3e^- \longrightarrow Cr(OH)_3+5OH^-$	−0.13
O_2/HO_2^-	$O_2+H_2O+2e^- \longrightarrow HO_2^-+OH^-$	−0.076
O_2/OH^-	$O_2+2H_2O+4e^- \longrightarrow 4OH^-$	0.401
ClO^-/Cl_2	$2ClO^-+H_2O+2e^- \longrightarrow Cl_2+4OH^-$	0.52
MnO_4^-/MnO_2	$MnO_4^-+2H_2O+3e^- \longrightarrow MnO_2+4OH^-$	0.595
ClO^-/Cl^-	$ClO^-+H_2O+2e^- \longrightarrow Cl^-+2OH^-$	0.62

资料来源：Lide D R. 2010. CRC Handbook of chemistry and physics. 90th ed.

附录 6　一些物质的热力学函数值(298.15K)

物质	状态	$\Delta_f H_m^\ominus/(kJ \cdot mol^{-1})$	$\Delta_f G_m^\ominus/(kJ \cdot mol^{-1})$	$S_m^\ominus/(J \cdot mol^{-1} \cdot K^{-1})$
Ag	s	0	0	42.6
AgBr	s	−100.4	−96.9	107.1
AgCl	s	−127.0	−109.8	96.3
AgI	s	−61.8	−66.2	115.5
Al	s	0	0	28.3
$AlCl_3$	s	−704.2	−628.8	109.3
Al_2O_3(α,刚玉)	s	−1675.7	−1582.3	50.9
$BaCO_3$	s	−1216.3	−1137.6	112.1
Br_2	l	0	0	152.2
C(金刚石)	s	1.9	2.9	2.4
C(石墨)	s	0	0	5.7
CO	g	−110.5	−137.2	197.7
CO_2	g	−393.5	−394.4	213.8
$CaCO_3$(方解石)	s	−1207.6	−1129.1	91.7
CaO	s	−634.9	−603.3	38.1
$Ca(OH)_2$	s	−985.2	−897.5	83.4
$CaSO_4$	s	−1434.5	−1322.0	106.5
Cl_2	g	0	0	223.0
Cr	s	0	0	23.8
Cr_2O_3	s	−1139.7	−1058.1	81.2
Cu	s	0	0	33.2
CuO	s	−157.3	−129.7	42.6
Cu_2O	s	−168.6	−146.0	93.1
F_2	g	0	0	202.8
Fe	s	0	0	27.3
FeO	s	−272.0	−244.0	59.4
Fe_2O_3	s	−824.2	−742.2	87.4
Fe_3O_4	s	−1118.4	−1015.4	146.4
H_2	g	0	0	130.7
HBr	g	−36.3	−53.4	198.7
HCl	g	−92.3	−95.3	186.9
HF	g	−273.3	−273.2	173.8
HI	g	26.5	1.7	206.6
HNO_3	l	−174.1	−80.7	155.6
H_2O	l	−285.8	−237.1	70.0
	g	−241.8	−228.6	188.8
H_2O_2	l	−187.8	−120.4	109.6
H_2S	g	−20.6	−33.4	205.8

续表

物质	状态	$\Delta_f H_m^\ominus$/(kJ·mol^{-1})	$\Delta_f G_m^\ominus$/(kJ·mol^{-1})	$S_m^\ominus$/(J·mol^{-1}·K^{-1})
H_2SO_4	l	−814.0	−690.0	156.9
Hg	l	0	0	75.9
	g	61.4	31.8	175.0
$HgCl_2$	s	−224.3	−178.6	146.0
Hg_2Cl_2	s	−265.4	−210.7	191.6
HgI_2	s	−105.4	−101.7	180.0
Hg_2I_2	s	−121.3	−111.0	233.5
HgO	s	−90.8	−58.5	70.3
HgS	s	−58.2	−50.6	82.4
I_2	s	0	0	116.1
	g	62.4	19.3	260.7
K	s	0	0	64.7
KCl	s	−436.5	−408.5	82.6
Mg	s	0	0	32.7
$MgCl_2$	s	−641.3	−591.8	89.6
$MgCO_3$	s	−1095.8	−1012.1	65.7
MgO	s	−601.6	−569.3	27.0
$Mg(OH)_2$	s	−924.5	−833.5	63.2
Mn	s	0	0	32.0
$MnCO_3$	s	−894.1	−816.7	85.8
MnO_2	s	−520.0	−465.1	53.1
N_2	g	0	0	191.6
NH_3	g	−45.9	−16.4	192.8
NH_4Cl	s	−314.4	−202.9	94.6
NH_4NO_3	s	−365.6	−183.9	151.1
N_2H_4	l	50.6	149.3	121.2
NO_2	g	33.2	51.3	240.1
NO	g	91.3	87.6	210.8
Na	s	0	0	51.3
NaCl	s	−411.2	−384.1	72.1
NaOH	s	−425.6	−379.5	64.5
Na_2O	s	−414.2	−375.5	75.1
Na_2O_2	s	−510.9	−447.7	95.0
Ni	s	0	0	29.9
$Ni(OH)_2$	s	−529.7	−447.2	88.0
O_2	g	0	0	205.2
O_3	g	142.7	163.2	238.9
P(白)	s	0	0	41.1
P(红)	s	−17.6	—	22.8
PCl_3	g	−287.0	−267.8	311.8
PCl_5	g	−374.9	−305.0	364.6
Pb	s	0	0	64.8

续表

物质	状态	$\Delta_f H_m^\ominus/(kJ \cdot mol^{-1})$	$\Delta_f G_m^\ominus/(kJ \cdot mol^{-1})$	$S_m^\ominus/(J \cdot mol^{-1} \cdot K^{-1})$
$PbCl_2$	s	−359.4	−314.1	136.0
$PbCO_3$	s	−699.1	−625.5	131.0
PbO(黄)	s	−217.3	−187.9	68.7
PbO_2	s	−277.4	−217.3	68.6
$PbSO_4$	s	−920.0	−813.0	148.5
S(正交晶体)	s	0	0	32.1
SO_2	g	−296.8	−300.1	248.2
SO_3	g	−395.7	−371.1	256.8
Si	s	0	0	18.8
SiO_2(α,石英)	s	−910.7	−856.3	41.5
Sn(白)	s	0	0	51.2
$SnCl_2$	s	−325.1	—	—
$SnCl_4$	l	−511.3	−440.1	258.6
SnO_2	s	−577.6	−515.8	49.0
Ti	s	0	0	30.7
TiO_2	s	−944.0	888.8	50.6
Zn	s	0	0	41.6
$ZnCO_3$	s	−812.8	−731.5	82.4
ZnO	s	−350.5	−320.5	43.7

资料来源：Lide D R. 2010. CRC Handbook of chemistry and physics. 90th ed.

附录 7　不同温度下水的饱和蒸汽压(0～189℃)

T/℃	p/kPa	T/℃	p/kPa	T/℃	p/kPa	T/℃	p/kPa	T/℃	p/kPa
0	0.611 29	32	4.757 8	64	23.925	96	87.688	128	254.25
1	0.657 16	33	5.033 5	65	25.022	97	90.945	129	262.04
2	0.706 05	34	5.322 9	66	26.163	98	94.301	130	270.02
3	0.758 13	35	5.626 7	67	27.347	99	97.759	131	278.20
4	0.813 59	36	5.945 3	68	28.576	100	101.32	132	286.57
5	0.872 60	37	6.279 5	69	29.852	101	104.99	133	295.15
6	0.935 37	38	6.629 8	70	31.176	102	108.77	134	303.93
7	1.002 1	39	6.996 9	71	32.549	103	112.66	135	312.93
8	1.073 0	40	7.381 4	72	33.972	104	116.67	136	322.14
9	1.148 2	41	7.784 0	73	35.448	105	120.79	137	331.57
10	1.228 1	42	8.205 4	74	36.978	106	125.03	138	341.22
11	1.312 9	43	8.646 3	75	38.563	107	129.39	139	351.09
12	1.402 7	44	9.107 5	76	40.205	108	133.88	140	361.19
13	1.497 9	45	9.589 8	77	41.905	109	138.50	141	371.53
14	1.598 8	46	10.094	78	43.665	110	143.24	142	382.11
15	1.705 6	47	10.620	79	45.487	111	148.12	143	392.92
16	1.818 5	48	11.171	80	47.373	112	153.13	144	403.98
17	1.938 0	49	11.745	81	49.324	113	158.29	145	415.29
18	2.064 4	50	12.344	82	51.342	114	163.58	146	426.85
19	2.197 8	51	12.970	83	53.428	115	169.02	147	438.67
20	2.338 8	52	13.623	84	55.585	116	174.61	148	450.75
21	2.487 7	53	14.303	85	57.815	117	180.34	149	463.10
22	2.644 7	54	15.012	86	60.119	118	186.23	150	475.72
23	2.810 4	55	15.752	87	62.499	119	192.28	151	488.61
24	2.985 0	56	16.522	88	64.958	120	198.48	152	501.78
25	3.169 0	57	17.324	89	67.496	121	204.85	153	515.23
26	3.362 9	58	18.159	90	70.117	122	211.38	154	528.96
27	3.567 0	59	19.028	91	72.823	123	218.09	155	542.99
28	3.781 8	60	19.932	92	75.614	124	224.96	156	557.32
29	4.007 8	61	20.873	93	78.494	125	232.01	157	571.94
30	4.245 5	62	21.851	94	81.465	126	239.24	158	586.87
31	4.495 3	63	22.868	95	84.529	127	246.66	159	602.11

续表

T/℃	p/kPa	T/℃	p/kPa	T/℃	p/kPa	T/℃	p/kPa	T/℃	p/kPa
160	617.66	166	717.83	172	830.47	178	956.66	184	1 097.5
161	633.53	167	735.70	173	850.53	179	979.09	185	1 122.5
162	649.73	168	753.94	174	870.98	180	1 001.9	186	1 147.9
163	666.25	169	772.52	175	891.80	181	1 025.2	187	1 173.8
164	683.10	170	791.47	176	913.03	182	1 048.9	188	1 200.1
165	700.29	171	810.78	177	934.64	183	1 073.0	189	1 226.9

资料来源：Lide D R. 2004. CRC Handbook of chemistry and physics. 84th ed.

附录 8 不同温度下一些常见无机化合物的溶解度 $[g \cdot (100\ g\ H_2O)^{-1}]$

序号	分子式	0℃	10℃	20℃	30℃	40℃	50℃	60℃	70℃	80℃	90℃	100℃
1	$AgClO_4$	81.6	83.0	84.2	85.3	86.3	86.9	87.5	87.9	88.3	88.6	88.8
2	$AgNO_3$	55.9	62.3	67.8	72.3	76.1	79.2	81.7	83.8	85.4	86.7	87.8
3	$AlCl_3$	30.8	30.91	31.03	31.18	31.37	31.60	31.87	32.17	32.51	32.90	33.32
4	$Al(NO_3)_3$	37.0	38.2	39.9	42.0	44.5	47.3	50.4	53.8			61.5
5	$Al_2(SO_4)_3$	27.5			28.2	29.2	30.7	32.6	34.9	37.6	40.7	44.2
6	$BaCl_2$	23.3	24.88	26.33	27.70	29.00	30.27	31.53	32.81	34.14	35.54	37.05
7	$Ba(NO_3)_2$	4.7	6.3	8.2	10.2	12.4	14.7	17.0	19.3	21.5	23.5	22.5
8	$Ba(OH)_2$	1.67			8.4	19	33	52	74	101		
9	BaS	2.79	4.78	6.97	9.58	12.67	16.18	20.05	24.19	28.55	33.04	37.61
10	$BeCl_2$	40.5										
11	$BeSO_4$	26.655	27.58	28.61	29.90	31.51	33.39	35.50	37.78	40.21	42.72	45.28
12	$CaBr_2$	36.7	56	59	63	68	71	73				
13	$CaCl_2$	50.1	39.19	42.13	49.12	52.85	56.05	56.73	57.44	58.21	59.04	59.94
14	$Ca(NO_3)_2$	0.17	53.1	56.7	60.9	65.4	77.8	78.1	78.2	78.3	78.4	78.5
15	$CaSO_4$	47.2	0.191	0.202	0.208	0.210	0.207	0.201	0.193	0.184	0.173	0.163
16	$CdCl_2$	55.4	50.1	53.2	56.3	57.3	57.5	57.8	58.1	58.51	58.98	59.5
17	$Cd(NO_3)_2$	43.1	57.1	59.6	62.8	66.5	70.6	86.1	86.5	86.8	87.1	87.4
18	$CdSO_4$	30.3	43.1	43.2	43.6	44.1	43.5	42.5	41.4	40.2	38.5	36.7
19	$CoCl_2$	0.076	32.60	34.85	37.10	39.27	41.38	43.46	45.50	47.51	49.51	51.50
20	$Co(NO_3)_2$	45.5	47.0	49.4	52.4	56.0	60.1	62.6	64.9	67.7		
21	$CoSO_4$	19.9	23.0	26.1	29.2	32.3	34.4	35.9	35.5	33.2	30.6	27.8
22	$CsCl$	61.83	63.48	64.96	66.29	67.50	68.60	69.61	70.54	71.40	72.21	72.96
23	$CsNO_3$	8.64	13.0	18.6	25.1	32.0	39.0	45.7	51.9	57.3	62.1	66.2
24	$CsSO_4$	62.6	63.4	64.1	64.8	65.5	66.1	66.7	67.3	67.8	68.3	68.8
25	$CUCl_2$	40.8	41.7	42.6	43.7	44.8	46.5	47.2	48.5	49.9	51.3	52.7
26	$Cu(NO_3)_2$	45.2	49.8	56.3	61.1	62.0	63.1	64.5	65.9	67.5	69.2	71.0
27	$CuSO_4$	12.4	14.4	16.7	19.3	22.2	25.4	28.8	32.4	36.3	40.3	43.5
28	$FeCl_2$	33.2										48.7
29	$FeCl_3$	42.7	44.9	47.9	51.6	74.8	76.7	84.6	84.3	84.3	84.4	84.7
30	$Fe(NO_3)_3$	40.15										
31	$FeSO_4$	13.5	17.0	20.8	24.8	28.8	32.8	35.5	33.6	30.4	27.1	24.0
32	HIO_3	73.45	74.10	74.98	76.03	77.20	78.46	79.78	81.13	82.48	83.82	85.14
33	H_3BO_3	2.61	3.57	4.77	6.27	8.10	10.3	12.9	15.9	19.3	23.1	27.3
34	$HgCl_2$	4.24	5.05	6.17	7.62	9.53	12.02	15.18	19.16	24.06	29.90	36.62
35	KBr	35.0	37.3	39.4	41.4	43.2	44.8	46.2	47.6	48.8	49.8	50.8
36	$KBrO_3$	2.97	4.48	6.42	8.79	11.57	14.71	18.14	21.79	25.57	29.42	33.28

续表

序号	分子式	0℃	10℃	20℃	30℃	40℃	50℃	60℃	70℃	80℃	90℃	100℃
37	$KC_2H_3O_2$	68.40	70.29	72.09	73.7	75.08	76.27	77.31	78.22	79.04	79.80	80.55
38	KCl	27.6	31.0	34.0	37.0	40.0	42.6	45.5	48.3	51.1	53.9	56.7
39	$KClO_3$	3.03	4.67	6.74	9.21	12.06	15.26	18.78	22.65	26.88	31.53	36.65
40	$KClO_4$	0.70	1.10	1.67	2.47	3.54	4.94	6.74	8.99	11.71	14.94	18.67
41	KF	30.90	39.8	47.3	53.2					60.0		
42	$KHCO_3$	18.62	21.73	24.92	28.13	31.32	34.46	35.71	40.45			
43	$KHSO_4$	27.1	29.7	32.3	35.0	37.8	40.5	43.4	46.2	49.02	51.28	54.6
44	KH_2PO_4	11.74	14.91	18.25	21.77	25.28	28.95	32.76	36.75	40.96	45.41	50.121
45	KI	56.0	57.6	59.0	60.4	61.6	62.8	63.8	64.8	65.7	66.6	67.4
46	KIO_3	4.53	5.96	7.57	9.34	11.09	13.22	15.29	17.41	19.58	21.78	24.03
47	KIO_4	0.16	0.22	0.37	0.70	1.24	1.96	2.83	3.82	4.89	6.02	7.17
48	$KMnO_4$	2.74	4.12	5.96	8.28	11.11	14.42	18.16				
49	KNO_2	73.7	74.6	75.3	76.0	76.7	77.4	78.0	78.5	79.1	79.6	80.1
50	KNO_3	13.3	20.9	31.6	45.8	63.9	83.5	110.0	138	169	201	246
51	KOH	48.7	50.8	53.2	56.1	57.9	58.6	59.5	60.6	61.8	63.1	64.6
52	KSCN	63.8	66.4	69.1	71.6	74.1	76.5	78.9	81.1	83.3	85.3	87.3
53	K_2CO_3	51.3	51.7	52.3	53.1	54.0	54.9	56.0	57.2	58.4	59.6	61.0
54	K_2CrO_4	37.1	38.1	38.9	39.8	40.5	41.3	41.9	42.6	43.2	43.8	44.3
55	$K_2Cr_2O_4$	4.30	7.12	10.9	15.5	20.8	26.3	31.7	36.9	41.5	45.5	48.9
56	K_2HPO_4	57.0	59.1	61.5	64.1	67.7		72.7				
57	K_2MnO_4										66.5	
58	K_2SO_3	51.30	51.39	51.49	51.62	51.76	51.93	52.11	52.32	52.54	52.79	53.06
59	K_2SO_4	7.11	8.64	9.95	11.4	12.9	14.2	15.5	16.6	17.7	18.6	19.3
60	$K_3Fe(CN)_6$	23.9	27.6	31.1	34.3	37.2	39.6	41.7	43.5	45.0	46.1	47.0
61	K_3PO_4	44.3										
62	$K_4Fe(CN)_6$	12.5	17.3	22.0	25.6	29.2	32.5	35.5	38.2	40.6	41.4	43.1
63	$LaCl_3$	49.0	48.5	48.6	49.3	50.5	52.1	54.0	56.3	58.9	61.7	
64	$La(NO_3)_3$	55.0	56.9	58.9	61.1	63.6	66.3	69.9	74.1			
65	LiCl	40.45	42.46	45.29	46.25	47.3	48.47	49.78	51.27	52.98	54.98	56.34
66	$LiNO_3$	34.8	37.6	42.7	57.9	60.1	62.2	64.0	65.7	67.2	68.5	69.7
67	LiOH	10.8	10.8	11.0	11.3	11.7	12.2	12.7	13.4	14.2	15.1	16.1
68	$LiSO_4$	26.3	25.9	25.6	25.3	25.0	24.8	24.5	24.3	24.0	23.8	23.6
69	$MgBr_2$	49.3	49.8	50.3	50.9	51.5	52.1	52.8	53.5	54.2	55.0	55.7
70	$MgCl_2$	33.96	34.85	35.58	36.20	36.77	37.34	37.97	38.71	39.62	40.75	42.15
71	$Mg(NO_3)_3$	38.4	39.5	40.8	42.4	44.1	45.9	47.9	50.0	52.2	70.6	72.0
72	$MgSO_4$	18.2	21.7	25.1	28.2	30.9	33.4	35.65	36.9	35.9	34.7	33.3
73	$MnCl_2$	38.7	40.6	42.5	44.7	47.0	49.4	54.1	54.7	55.2	55.7	56.1

续表

序号	分子式	0℃	10℃	20℃	30℃	40℃	50℃	60℃	70℃	80℃	90℃	100℃
74	$Mn(NO_3)_2$	50.0										
75	$MnSO_4$	34.6	37.3	38.6	38.9	37.7	36.3	34.6	32.8	30.8	28.8	26.7
76	NH_4Cl	22.92	25.12	27.27	29.39	31.46	33.50	35.49	37.46	39.40	41.33	43.24
77	NH_4F	41.7	43.2	44.7	46.3	47.8	49.3	50.9	52.5	54.1		
78	NH_4HCO_3	10.6	13.7	17.6	22.4	27.9	34.2	41.4	49.3	58.1	67.6	78.0
79	$NH_4H_2PO_4$	17.8	22.0	26.4	31.2	36.2	41.6	47.2	53.0	59.2	65.7	72.4
80	NH_4NO_3	54.0	60.1	75.5	70.3	74.3	77.7	80.8	83.4	85.5	88.2	90.3
81	NH_4SCN								81.1			
82	$(NH_4)_2C_2O_4$	2.31	3.11	4.25	5.73	7.56	9.37	12.2	15.1	18.3	21.8	25.7
83	$(NH_4)_2HPO_4$	36.4	38.2	40.0	42.0	44.1	46.2	48.5	50.9	53.3	55.9	58.6
84	$(NH_4)_2S_2O_8$	37.00	40.45	43.84	47.11	50.25	53.28	56.23	59.13	62.00		
85	$(NH_4)_2SO_3$	32.2	34.9	37.7	40.6	43.7	47.0	50.6	54.5	58.9		
86	$(NH_4)_2SO_4$	70.6	73.0	75.4	78.0	81.0	84.2	88.0				
87	$NaBr$	44.4	45.9	47.7	49.6	51.6	53.7	54.1	54.3	54.5	54.7	54.9
88	$NaBrO_3$	20.0	23.22	26.65	29.86	32.83	35.55	38.05	40.37	42.52		
89	$NaC_2H_3O_2$	26.5	28.8	31.8	35.5	39.9	45.1	58.3	59.3	60.5	61.7	62.9
90	$NaCl$	35.7	35.8	36.0	36.3	36.6	36.8	37.3	38.0	38.4	39.0	
91	$NaClO$	22.7										
92	$NaClO_2$							9.53				
93	$NaClO_3$	44.27	46.67	49.3	51.2	53.6	55.5	57.0	58.5	60.5	63.3	67.1
94	$NaClO_4$	61.9	64.1	66.2	68.3	70.4	72.5	74.1	74.7	75.4	76.1	76.7
95	NaF	3.52	3.72	3.89	4.05	4.20	4.34	4.46	4.57	4.66	4.75	4.82
96	$NaHCO_3$	6.48	7.59	8.73	9.91	11.13	12.40	13.70	15.02	16.37	17.73	19.10
97	$NaHSO_4$											33.3
98	NaH_2PO_4	36.54	41.07	46.00	51.54	57.89	61.7	62.3	65.9	68.7		
99	NaI	61.2	62.4	63.9	65.7	67.7	69.8	72.0	74.7	74.8	74.9	75.1
100	$NaIO_3$	2.43	4.40	7.78	9.60	11.67	13.99	16.52	19.25	21.1	22.9	24.7
101	$NaNO_2$	41.9	43.4	45.1	46.8	48.7	50.7	52.8	55.0	57.2	59.5	61.8
102	$NaNO_3$	73	80	88	96	104	114	124	135	148	162	180
103	$NaOH$	30	39	46	53	58	63	67	71	74	76	79
104	$NabB_4O_7$	1.23	1.71	2.50	3.82	6.02	9.7	14.9	17.1	19.9	23.5	28.0
105	Na_2CO_3	6.44	10.8	17.9	28.7	32.8	32.2	31.7	31.3	31.1	30.9	30.9
106	$Na_2C_2O_4$	2.62	2.95	3.30	3.65	4.00	4.36	4.71	5.06	5.41	5.75	6.08
107	Na_2CrO_4	22.6	32.3	44.6	46.9	48.9	51.0	53.4	55.3	55.5	55.8	56.1
108	$Na_2Cr_2O_7$	62.1	63.1	64.4	66.1	68.0	70.1	72.3	74.6	77.0	79.6	80.0
109	Na_2HAsO_4	5.6										67
110	Na_2HPO_4	1.66	4.19	7.51	16.34	35.17	44.64	45.20	46.81	48.78	50.52	51.53

续表

序号	分子式	0℃	10℃	20℃	30℃	40℃	50℃	60℃	70℃	80℃	90℃	100℃
111	Na_2MoO_4	30.6	38.8	39.4	39.8	40.3	41.0	41.7	42.6	43.5	44.5	45.5
112	Na_2S	11.1	13.2	15.7	18.6	22.1	26.7	28.1	30.2	33.0	36.4	41.0
113	Na_2SO_3	12.0	16.1	20.9	26.3	27.3	25.9	24.8	23.7	22.8	22.1	21.5
114	Na_2SO_4			16.13	29.22	32.35	31.55	30.90	30.90	30.02	29.79	29.67
115	$Na_2S_2O_3$	33.1	36.3	40.6	45.9	52.0	62.3	65.7	68.8	69.4	70.1	71.0
116	Na_2WO_4	41.6	41.9	42.3	42.9	43.6	44.4	45.3	46.2	47.3	48.4	49.5
117	Na_3PO_4	4.28	7.30	10.8	14.1	16.6	22.9	28.4	32.4	37.6	40.4	43.5
118	$Na_4P_2O_7$	2.23	3.28	4.81	7.00	10.10	14.38	20.07	27.31	36.03	32.37	30.67
119	$NiCl_2$	34.7	36.1	38.5	41.7	42.1	43.2	45.0	46.1	46.2	46.4	46.6
120	$Ni(NO_3)_2$	44.1	46.0	48.4	51.3	54.6	58.3	61.0	63.1	65.6	67.9	69.0
121	$NiSO_4$	21.4	24.4	27.4	30.3	32.0	43.1	35.8	37.7	39.9	42.3	44.8
122	$PbCl_2$	0.66	0.81	0.98	1.17	1.39	1.64	1.93	2.24	2.60	2.99	3.42
123	$Pb(NO_3)_2$	28.46	32.13	35.67	39.05	42.22	45.17	47.90	50.42	52.72	54.82	56.75
124	$RbCl$	43.58	46.65	47.53	49.27	50.86	52.34	53.67	54.92	56.08	57.16	58.15
125	$SbCl_3$	85.7										
126	$SnCl_2$	46	64									
127	$SrCl_2$	31.93	32.93	34.43	36.43	38.93	41.94	45.44	46.81	47.69	48.70	49.87
128	$Sr(NO_3)_2$	28.2	34.6	41.0	47.0	47.4	47.9	48.4	48.9	49.5	50.1	50.7
129	$Sr(OH)_2$	0.9										
130	Tl_2SO_4	2.65	3.56	4.61	5.80	7.09	8.46	9.89	11.33	12.77	14.18	15.53
131	$ZnCl_2$		76.6	79.0	81.8	81.8	82.4	83.0	83.7	84.4	85.2	8.60
132	$Zn(NO_3)_2$	47.8	50.8	54.4	79.1	79.1	80.1	87.5	89.9			
133	$ZnSO_4$	29.1	32.0	35.0	41.3	41.3	43.0	42.1	41.0	39.9	38.8	37.6

资料来源：Lide D R. 2010. CRC Handbook of chemistry and physics. 90th ed.

附录9　常用酸、碱的浓度

试剂名称	密度 /(g·cm⁻³)	质量分数 /%	物质的量浓度 /(mol·L⁻¹)	试剂名称	密度 /(g·cm⁻³)	质量分数 /%	物质的量浓度 /(mol·L⁻¹)
盐酸	1.18	37		乙酸	1.05	99	17.5
	1.10	20	6		1.04	35	6
	1.03	7	2		1.0	12	2
硫酸	1.84	98	18	氢氧化钠	1.44	41	14.3
	1.18	25.4	3		1.22	20	6
	1.06	9	1		1.08	7.5	2
硝酸	1.42	70	16	氢氧化钾	1.40	40	10
	1.19	32	6		1.26	27	6
	1.07	12	2		1.09	10	2
磷酸	1.68	85	14.6	氨水	0.90	28	14.8
	1.10	17.5	2		0.96	10.7	6
	1.05	9.4	1		0.98	3.5	2
高氯酸	1.67	70	11.6	碳酸钠	1.19	17.7	2
	1.11	18	2		1.10	9.5	1

附录10 强酸、强碱、氨溶液的质量分数与密度、当量浓度(N*)的关系

质量分数/%	H_2SO_4		HNO_3		HCl		KOH		NaOH		氨溶液	
	密度/(g·cm^{-3})	当量浓度/N	密度/(g·cm^{-3})	当量浓度/N	密度/(g·cm^{-3})	当量浓度/N	密度/(g·cm^{-3})	当量浓度/N	密度/(g·cm^{-3})	当量浓度/N	密度/(g·cm^{-3})	当量浓度/N
2	1.013		1.011		1.009		1.016		1.023		0.992	
4	1.027		1.022		1.019		1.033		1.046		0.983	
6	1.040		1.033		1.029		1.048		1.069		0.973	
8	1.055		1.044		1.039		1.066		1.092		0.967	
10	1.069	2.2	1.056	1.7	1.049	2.9	1.032	1.9	1.115	2.8	0.60	5.6
12	1.083		1.068		1.059		1.100		1.137		0.953	
14	1.098		1.080		1.069		1.118		1.159		0.946	
16	1.112		1.093		1.079		1.137		1.181		0.939	
18	1.127		1.106		1.089		1.156		1.213		0.932	
20	1.148	4.7	1.119	3.6	1.100	6	1.176	4.2	1.225	6.1	0.926	10.9
22	1.158		1.132		1.118		1.196		1.247		0.919	
24	1.174		1.145		1.121		1.217		1.268		0.913	12.9
26	1.190		1.158		1.132		1.240		1.289		0.908	13.9
28	1.205		1.171		1.142		1.263		1.310		0.908	
30	1.224	7.5	1.184	5.6	1.152	9.5	1.268	6.8	1.332	10	0.906	15.8
32	1.238		1.198		1.163				1.362		0.893	
34	1.256		1.211		1.173				1.374		0.889	
36	1.273		1.225		1.183	11.7			1.395		0.884	18.7
38	1.290		1.238		1.194	12.4			1.416			
40	1.307	10.7	1.251	7.9				1.411	10.1	1.437	14.4	
42	1.324		1.264						1.437		1.458	
44	1.342		1.277						1.460		1.478	
46	1.361		1.290						1.485		1.499	
48	1.380		1.303						1.511		1.519	
50	1.399	14.3	1.316	10.4				1.538	13.7	1.540	19.5	
52	1.419		1.328						1.564		1.560	
54	1.459		1.340						1.590		1.580	
56	1.460		1.351						1.616	16.1	1.601	
58	1.482		1.362						1.622			
60	1.503	18.4	1.373	13.1					1.645	24.6		
62	1.525		1.384									
64	1.547		1.394									
66	1.571		1.403	14.7								
68	1.594		1.412	15.2								
70	1.617	23.1	1.421	15.8								

续表

质量分数/%	H_2SO_4		HNO_3		HCl		KOH		NaOH		氨溶液	
	密度/($g\cdot cm^{-3}$)	当量浓度/N	密度/($g\cdot cm^{-3}$)	当量浓度/N	密度/($g\cdot cm^{-3}$)	当量浓度/N	密度/($g\cdot cm^{-3}$)	当量浓度/N	密度/($g\cdot cm^{-3}$)	当量浓度/N	密度/($g\cdot cm^{-3}$)	当量浓度/N
72	1.640		1.429									
74	1.664		1.437									
76	1.687		1.445									
78	1.710		1.453									
80	1.732	28.3	1.460	18.5								
82	1.755		1.467									
84	1.776		1.474									
86	1.793		1.480									
88	1.808		1.486									
90	1.819	33.4	1.491	21.5								
92	1.830		1.496									
94	1.837		1.500									
96	1.840	36	1.504									
98	1.341	36.8	1.510									
100	1.838	227.5	1.522	24.2								

注：$当量浓度=\frac{密度\times质量分数\times10}{当量}$

* $1\ N=\frac{1\ mol\cdot L^{-1}}{离子价数}$

附录 11　酸碱指示剂

指示剂	变色 pH 范围	颜色		pK_{HIA}	浓度
		酸色	碱色		
百里酚蓝（第一次变色）	1.2～2.8	红	黄	1.6	0.1%（20%乙醇溶液）
甲基黄	2.9～4.0	红	黄	3.3	0.1%（90%乙醇溶液）
甲基橙	3.1～4.4	红	黄	3.4	0.05%水溶液
溴酚蓝	3.1～4.6	黄	紫	4.1	0.1%（20%乙醇溶液），或指示剂钠盐的水溶液
溴甲酚绿	3.8～5.4	黄	蓝	4.9	0.1%水溶液，每 100 mg 指示剂加 0.05 $mol \cdot L^{-1}$ NaOH 溶液 2.9 mL，再稀释至 100mL
甲基红	4.4～6.2	红	黄	5.2	0.1%（60%乙醇溶液），或指示剂钠盐的水溶液
溴百里酚蓝	6.0～7.6	黄	蓝	7.3	0.1%（20%乙醇溶液），或指示剂钠盐的水溶液
中性红	6.8～8.0	红	黄橙	7.4	0.1%（60%乙醇溶液）
酚红	6.7～8.4	黄	红	8.0	0.1%（60%乙醇溶液），或指示剂钠盐的水溶液
酚酞	8.0～9.6	无	红	9.1	0.1%（90%乙醇溶液）
百里酚蓝（第二次变色）	8.0～9.6	黄	蓝	8.9	0.1%（90%乙醇溶液）
百里酚酞	9.4～10.6	无	蓝	10.0	0.1%（20%乙醇溶液）

附录 12　危险化学品名录(部分)

危险货物编号	名称	别名	UN号
第1类　爆炸品			
11026	高氯酸(浓度>72%)		
11081	高氯酸铵		0402
11082	硝酸铵(含可燃物>0.2%,包括以碳计算的任何有机物,但不包括任何其他添加剂)		0222
第2类　压缩气体和液化气体			
21001	氢(压缩的)	氢气	1049
21002	氢(液化的)	液氢	1966
21005	一氧化碳		1016
21006	硫化氢(液化的)		1053
23002	氯(液化的)	液氯	1017
23003	氨(液化的,含氨>50%)	液氨	1005
23004	溴化氢(无水)		1048
23005	磷化氢	磷化三氢;膦	2199
23006	砷化氢	砷化三氢;胂	2188
23007	硒化氢(无水)		2202
23008	锑化氢	锑化三氢;锑	2676
第3类　易燃液体			
31025	丙酮	二甲(基)酮	1090
31026	乙醚	二乙(基)醚	1155
32061	乙醇(无水)	无水酒精	1170
32061	乙醇溶液(−18℃≤闪点<23℃)	酒精溶液	
第4类　易燃固体、自燃物品和遇湿易燃物品			
41001	红磷	赤磷	1338
41501	硫磺		1350,2448
41502	镁(片状、带状或条状)		1869
41502	镁合金(片状、带状或条状,含镁>50%)		
42001	黄磷	白磷	2447,1381
42009	硫化钠(无水或含结晶水<30%)		1385
42010	硫化钾(无水或含结晶水<30%)		1382
43002	金属钠	钠	1428
第5类　氧化剂和有机过氧化物			
51001	过氧化氢(含量>60%,特许的)	双氧水	2015
51001	过氧化氢(20%≤含量≤60%)	双氧水	2014

续表

危险货物编号	名称	别名	UN号
51002	过氧化钠	双氧化钠;二氧化钠	1504
51016	高氯酸钙	过氯酸钙	1455
51017	高氯酸铵	过氯酸铵	1442
51018	高氯酸钠	过氯酸钠	1502
51019	高氯酸钾	过氯酸钾	1489
51030	氯酸钠		1495
51030	氯酸钠溶液		2428
51031	氯酸钾		1485
51031	氯酸钾溶液		2427
51048	高锰酸钾	过锰酸钾;灰锰氧	1490
51056	硝酸钾		1486
51063	硝酸银		1493
51073	亚硝酸钾		1488
第6类　毒害品和感染性物品			
61001	氰化钾		1680
61007	三氧化(二)砷	白砒;砒霜;亚砷(酸)酐	1561
61009	亚砷酸钠	偏亚砷酸钠	2027
第7类　放射性物品			
第8类　腐蚀品			
81002	硝酸		2031
81007	硫酸		1830
81011	亚硫酸		1833
81013	盐酸	氢氯酸	1789
82001	氢氧化钠	苛性钠;烧碱	1823
83503	氯化铜		2802
83504	氯化锌		2331